선교·문화 커뮤니케이션

이종우 지음

기독교문서선교회

기독교문서선교회(Christian Literature Crusade: 약칭 **CLC**)는 1941년 영국 콜체스터에서 켄 아담스에 의해 시작되었으며 국제 본부는 영국의 쉐필드에 있습니다.
국제 CLC는 59개 나라에서 180개의 본부를 두고, 약 650여 명의 선교사들이 이동도서차량 40대를 이용하여 문서 보급에 힘쓰고 있으며 이메일 주문을 통해 130여 국으로 책을 공급하고 있습니다.
한국 CLC는 청교도적 복음주의 신학과 신앙서적을 출판하는 문서선교기관으로서, 한 영혼이라도 구원되길 소망하면서 주님이 오시는 그날까지 최선을 다할 것입니다.

Mission·Culture Communication

by
Jong Woo Lee

Korean Edition
Copyright © 2011 by Christian Literature Crusade
Seoul, Korea

증보판을 내면서

그동안 이 책을 통하여 선교의 입문자들과 선교사님들, 목회자들의 사역에 많은 도움이 되었다는 답변을 여러 차례 접하였고, 그동안 연구한 내용들을 더 첨부하여 증보판을 출판하게 되어 매우 기쁘고, 하나님께 참으로 감사와 영광을 돌린다.

선교는 문화적으로 커뮤니케이션이 매우 중요한데 이 책을 처음 낼 때보다 현재까지도 이 주제가 여전히 가르쳐질 필요가 있고, 현장에서 중요한 주제로 떠오르고 있다는 사실에 놀라움을 금할 수 없다. 역시 우리는 상황속에 사는 상황적인 존재이기 때문이며, 선교현장은 쉬지 않고 변하고, 상황을 잘 읽고 주님의 지혜로 대처해 나아가야 하기 때문일 것이다.

이 책을 처음 출판할 때보다 지구촌 상황은 많이 변하였다. 이슬람권에 소셜서비스 네트워크에 따른 튀니지발 정치 지각변동이 쓰나미처럼 각국에 번져가고 있고, 세계 각국은 대지진, 기상이변, 일본의 원자로 폭발사고 등으로 인한 연쇄적 두려움이 점증되고 있다. 또한 중국의 후진타오 주석의 미국방문으로 G2 체제의 예견 등 국제정치구도도 급변하고 있다.

그러므로 상황화를 위한 기본적 이해와 노력, 지혜로운 적용이 더욱 중요하겠는데, 이 책을 교과서로 사용하신 타 학교 교수님들로부터 상황화에 대한 몇몇 외국저자들의 책이 너무 이론적이며 딱딱하고, 성경적 뒷받침이 부족하지만, 이 책은 일목요연하여 학생들이 이해하기 쉽고, 성경을 기초로 연구하였을 뿐만 아니라 역사적 배경, 신학, 현장을 잘 연결하여 기술한 점이 매우 유용하다고 반응해 주었다.

어쩌면 그것은 그동안 상황화에 대한 외국서적들의 번역본들만 소개되었고, 그것이 한국 신학도들과 목회자들, 선교사 후보생들에게 너무 이질적이어서 상황화라는 것이 너무나 어려운 먼 이론처럼 느껴졌는데, 이 책이 그런 책들을 충분히 소화하여 용해했을 뿐 아니라, 성경적으로 정리하여 상황화에 대하여 한국적으로 잘 토착화된 책이기 때문이라고 생각된다.

이번에 출판되는 책은 초판에다 위대한 선교사 바울에게 있어서의 선교의 상황화를 더 첨부하였다. 바울의 설교, 상징사용, 교회이슈들을 다룸, 리더십, 교회유형 등에 대해 어떻게 상황화하여 한 영혼이라도 더 구원하려 했던가를 첨부하였다.

아무쪼록 이 책이 문화의 질그릇에 복음의 보배를 잘 담아 선교현장에서 성령과 능력으로 전달함으로 아름다운 열매를 맺도록 하는데 밑거름이 되는 책이 되고, 독자들에게 선교적 이해와 도전에 작은 디딤돌이 된다면 더 바랄 나위 없겠다.

안서골에서
이종우

서문

역사의 강물은 단순히 흘러만 가는 게 아니다. 그 역사의 축적된 노하우들이 후세에 거울이 되기 때문이다. 기독교 선교의 역사도 과거를 살펴 보면 다시 캐내야 하는 보배도 많고, 너무 무지했던 것들도 많았다.

19세기까지 선교는 신학적 선포와 설득만으로 충분하다고 생각하였다. 그러나 격동의 20세기를 지나면서 선교는 수많은 시행착오 속에서 노하우를 발전시켜 왔다. 이제 21세기 지구촌 시대, 세계화 시대를 살면서 우리는 삼방향의 대화, 즉 신학, 선교학, 인류학이란 대화를 더욱 절실하게 인식하게 되었다.

이 책은 필자의 석사학위 논문 "선교 커뮤니케이션을 위한 하나님의 방법 연구"를 매년 천안대학교(현 백석대학교)에서 "선교와 커뮤니케이션"이란 주제로 강의하면서 수정하고 첨부했던 내용들을 정리한 것이다.

이 논문을 쓰고 나서 필자 자신의 사역이 많이 변화되었으며, 동역자들과 나누고 싶은 마음이 간절하였는데 오늘에야 빛을 보게 되었다. 이 책을 내는 데 용기를 더해 준 것은 매 학기 이 강의를 통해서 학생들이 실제적 유익이 되었노라는 즐거운 반응들 때문이기도 하거니와, 지난 해 봄 중국에서 목회하시는 어떤 목사님이 나의 강의집을 읽고 참으로 사역에 도움이 많이 되었다며 진심으로 고마워하는 모습을 접하였기 때문이다.

그래서 선교를 준비하고 공부하는 후학들과 이 시대 문화 속에서 말씀사역을 하는 목회자들이 선교와 커뮤니케이션, 선교 상황화 등에 대하여 준비하고 정리하는 데 하나의 디딤돌이 될 수 있다는 작은 확신과 소망을 가지고 책을 내게 되었다.

이 책이 선교와 목회를 위해 하나님의 말씀을 어떻게 효과적으로 중거할 것인가를 삼방향적 대화를 기초로 기술하였다. 무엇보다도 "지금 이 시간 들려오는 살아있는 하나님의 말씀"이 되게 하기 위한 원리들을 다루고 있다.

모쪼록 이 작은 책이 목회와 선교를 준비하는 학도들과 목회자들에게 조금이나마 유익이 되고 하나님께 영광 돌려지길 간구한다. 끝으로 원고의 교정부터 출간하기까지 수고해 주신 사단법인 CLC 직원들께 감사드린다.

안서골에서
이종우

목차

증보판을 내면서 / 5
서문 / 7

제1장 서론 ··· 13

제2장 선교 커뮤니케이션의 정의 ··· 17
   1. 선교의 정의 • 18
   2. 선교 커뮤니케이션의 정의 • 29

제3장 커뮤니케이션의 원리 ··· 33
   1. 커뮤니케이션의 정의 • 34
   2. 커뮤니케이션의 효과에 영향을 주는 요소들 • 37
   3. 자아노출 • 52
   4. 수신자 관련구조 • 56
   5. 세계관과 관습의 이해 • 61

제4장 하나님의 커뮤니케이션 케이스의 적용 ······················· 65
   1. 현현 • 66
   2. 선지자들 • 72
   3. 제사장들과 레위인들 • 86
   4. 성자의 커뮤니케이션 • 92
   5. 성령의 커뮤니케이션 • 97
   6. 맺는 말 • 98

제5장 선교 커뮤니케이션과 문화의 관계 ················ 101
   1. 문화의 특성 • 103
   2. 상황화의 방법론 • 124
   3. 상황화와 보편적 신학 문제 • 144

제6장 하나님의 선교 커뮤니케이션 방법 ················ 147
   1. 선포적 방법 • 148
   2. 설득적 방법 • 165
   3. 선교 커뮤니케이션의 시행자 • 188

제7장 바울선교의 상황화 ································· 193
   1. 의식의 상황화 • 193
   2. 바울의 메시지 전달에 나타난 상황화 • 195
   3. 교회의 쟁점들에 대한 성경적 응답으로서의 상황화 • 229
   4. 교회유형에 나타난 상황화 • 231
   5. 지도력에 나타난 상황화 • 238
   6. 맺는 말 • 241

제8장 선교 커뮤니케이션의 역사적 모델들 ·················· 243
    1. 로마 가톨릭의 선교 • 243
    2. 초기 개신교 선교 • 248
    3. 교회성장운동의 창시자-도널드 맥가브란 • 252
    4. 돈 리차드슨의 구속의 유비 • 255

제9장 상황화의 실제 ·· 259
    1. 진리전달을 위한 접촉점 • 259
    2. 사람들의 필요에 응답함 • 263
    3. 사회적 이슈들에 응답함 • 264
    4. 교회 이슈들에 응답함 • 264
    5. 신학적 균형잡기 • 265
    6. 교회의식의 상황화 • 268
    7. 교회정치와 행정의 상황화 • 271
    8. 목회훈련의 상황화 • 271
    9. 교회건물의 상황화 • 272
    10. 교회음악의 상황화 • 275

부록 / 277
참고문헌 / 285

예수께서 또 가라사대
너희에게 평강이 있을지어다
아버지께서 나를 보내신 것 같이 나도 너희를 보내노라
(요 20:21)

제1장
서 론

    현대는 지구촌의 시대이며, 각종 환경의 종말적 위기의 시대이다. 아울러 과거 어느 때보다 선교적 환경이 무르익고 "어서와 우리를 도우라"는 요청의 소리가 온 세계에서 들려오는 때이다. 그러므로 우리는 시대적 요청이며 그리스도의 지상명령인 세계선교를 효과적으로 수행하기 위해 이 시대에 걸맞은 패러다임을 연구하고 무장해야 할 것이다.
    1960년대 이후에 선교개념에 있어서 WCC의 새 선교 개념이 대두되었다면, 1970년대 이후에는 복음주의적 선교론에 인류학이 도입되기 시작하였다. 하비 칸은 1970년대의 선교학적 관심의 초점이 "상황 참여화" 문제라고 하면서 이때부터 전통적인 양자대화(dialogue), 즉 선교와 신학, 선교와 인류학간의 대화에서 신학, 선교학, 인류학 간의 삼자대화(trialogue) 시대가 되었다고 지적하고 있다.[1] 전통적인 성경관이 흔들리게 된 것은 아니지만 선교지의 문화적 차이에 따라 성경을 번역하거나 진리를 전달하고 신학을 수립함에 있어서 보다 역동적 자세를 취하지 않으면 안된다는 인식을 하게 되었다.

---

1) Harvie M. Conn, *Eternal Word and Changing Worlds* (Grand Rapids: Zondervan publishing House, 1984), 128.

여러 가지 제기된 문제들 가운데 선교언어학자들은 특히 선교지에서의 복음전달을 위해 커뮤니케이션이라는 관점에서 선교를 이해하려는 시도를 했다. 위클리프 성경번역회의 하기 언어 강좌 교수였던 유진 나이다(Eugene A. Nida)는 성경번역에 있어서 언어와 문화적 문제의 중요성을 인식하고 "역동적 상응어 모델"(Dynamic Equivalence Model)을 주장했다.[2] 이어 풀러신학교의 찰스 크래프트(Charles H. Kraft) 교수는 "수신자 중심적 커뮤니케이션"(Receptor-Oriented Communication)이라는 수신자 주도형의 신학 형성을 시도했다.[3]

21세기는 종교적으로 다원주의 시대요, 사상적으로 포스트모더니즘 시대이며, 영적으로 진리가 혼돈된 시대이다. 그 결과로 상대주의가 팽배해 있으며 특히 문화적 상대주의적 관념도 적지 않게 만연되어 있다. 그러므로 과거와 같이 선교사들이 선교지의 문화를 도외시한 채 선교사 나라의 교회문화를 성경진리에 착색하여 전하고자 하면 자연히 강한 반발에 부딪히게 되며 병약한 교회를 만들게 된다.

뿐만 아니라, 문화상대주의적 입장에서 선교지 문화를 그대로 수용하거나 성경진리를 그들의 문화에 맞게 상황화시키는 것도 올바르지 않은 것이다. 왜냐하면 거기엔 이교적인 요소, 죄악의 요소들이 많이 내재해 있기 때문이며, 나아가 진리의 변질이 일어나게 되기 때문이다. 그렇다면 문화권을 넘어 효과적으로 선교하기 위해 우리는 어떻게 성경말씀을 전달해야 할까? 가장 바람직한 선교를 위한 커뮤니케이션 방법은 무엇일까?

이 문제에 대해 크래프트 교수는 매우 중요한 제안을 하였다. 그는 그의 저서 『복음전달을 위한 하나님의 방법』(Communicating the Gospel in God's Way)에서 하나님의 말씀을 전달하고자 하는 사람들이 전할 '메시

---

2) Eugene A. Nida, *Custom and Culture* (William Carey Library, 1982), 217.
3) Charles H. Kraft, *Christianity and Culture* (New York: Orbis Books, 1984)

지'를 위해서는 성경을 보면서, 전할 '방법'을 위해서는 성경을 거의 보지 않았다는 것을 지적하면서, "성경의 영감이 '메시지'와 '방법'에까지 다 작용되었다고 믿는다"[4]고 하였다. 그리고 성경계시를 '커뮤니케이션을 위한 하나님의 모델'로 제시하고 있다. 커뮤니케이션은 메시지의 내용도 중요하지만 그 메시지를 효과적으로 전달하기 위한 방법도 똑같이 중요한 요소로 이해되는데, 이상적인 방법을 성경에서 찾고자 하는 것이다.

필자는 그의 계시이론을 모두 찬동하지는 않지만, 적어도 그가 선교커뮤니케이션의 방법론의 모델을 '성경 속에서', '하나님의 방법에서' 찾고자 했다는 사실에 대해 매우 훌륭한 시도라고 평가한다. "모든 성경은 하나님의 감동으로 된 것으로…하나님의 사람으로 온전케 하며 모든 선한 일을 행하기에 온전케 하려 함이니라"(딤후 3:16-17)는 말씀을 볼 때, 성경은 개인적 경건을 위해 필요한 교훈을 줄 뿐만 아니라, "모든 선한 일" 즉 하나님의 사역을 위한 원리와 방법에 대한 것까지도 지침을 제공해 주고 있다고 본다.

그러므로 필자는 성경저자들과 예수님의 커뮤니케이션 원리들을 탐구할 것이며, 또한 선교역사에서 성공하거나 실패했던 극단의 커뮤니케이션 실제 모델들을 다루었다. 그리하여 이 책을 공부해 가는 과정을 통하여, 독자들은 이 시대와 다른 문화권의 사람들에게 어떻게 살아 계신 말씀을 효과적으로 인상 깊게 증거할 것인가 하는 방법과 지혜를 터득하게 될 것이다.

아울러, 지난 10여 년간 한국에 소개되어 온 상황화 신학들은 주로 폴 히버트나 헤셀그레이브 등 서구 신학자들의 것이었는데, 어렵기도 하고 한국목회자와 한국선교사들이 적용하기에 비실제적인 점도 많았

---

4) Charles Kraft, *Communicating the Gospel in Gods Way* (New York: Orbis Book, 1979), 6.

다. 그러므로 이 책은 상황화 신학에 있어서 단순히 서구 신학을 소개하는데 그치지 않고 한 단계 더 한국적으로 토착화 하려고 노력하였기 때문에, 국내의 사역자들이 읽고 수용하기가 한결 쉬울 것이라고 본다.

제2장
선교 커뮤니케이션의 정의

근래에 커뮤니케이션에 관한 이론이 발달되면서 세부적으로 문화 커뮤니케이션, 국제 커뮤니케이션, 사회 커뮤니케이션, 조직 커뮤니케이션, 소집단 커뮤니케이션, 대인 커뮤니케이션, 개인 커뮤니케이션, 심지어 자아 커뮤니케이션 등의 이론들이 나왔다.[1] 신학적 영역에서도 복음전달을 하나의 커뮤니케이션으로 이해하여 설명하려는 이들이 있으며, 혹은 설교를 커뮤니케이션 사건으로 이해하여 설교이론을 주장하는 이들도 있다.[2] 따라서 선교 커뮤니케이션이라는 것은 선교학의 범위 안에서 보다 제한된 영역을 차지한다는 것을 의미한다. 필자는 우선 선교의 정의를 고찰할 필요를 느낀다. 그것은 곧 하나님의 커뮤니케이션 방법을 연구하는 적극적 목적이 선교를 위함이기 때문이다. 나아가 선교를 명하시고 시행하시는 하나님은 곧 커뮤니케이션하시는 하나님과 동일하시기 때문이다. 그러므로 우선 이 연구의 목적이라는 차원에서 선교론을 고찰하되, 에큐메니칼 운동의 정의와 복음주의 진영의 정의를 고찰한 후 필자 나름대로 성경적으로 구원론적 선교의 정

---

1) 홍기선, 『커뮤니케이션론』 (서울: 도서출판나남, 1991).
2) C. Pennington, 『말씀의 커뮤니케이션』, 정장복 편역 (서울: 대한기독교서회, 1990).

의를 내리고자 한다. 그리고 '선교 커뮤니케이션'의 의의를 이해해야 할 것이다.

1. 선교의 정의

"오늘날 세계선교는 수직주의(verticalism)와 수평주의(horizontalism)로 양분되고 있다."[3] 전자는 교회의 전통적인 견해로 선교를 전도와 동일시 내지는 연장선에서 보는 견해이며, 후자는 선교에 대한 새로운 이해를 시도한 것이다. 이러한 선교 신학적 변화는 2차 대전 후 일어났다. 전도가 현존(presence), 인간화, 해방화로 대치되었다. 이런 급진적 선교사상이 세계 교회에 소용돌이치는 가운데도 복음주의 교회는 여전히 '복음을 듣지 못한 자들'(unreached people)에게 전도하는 것을 강조하여 선교전략 개발에 열중하고 있다. 양 견해를 살펴보면서 성경적 선교개념을 피력하고자 한다.

1) 에큐메니칼 운동의 선교 개념

에큐메니칼 운동의 서구지도자들은 전통적인 선교개념을 포기하고 사회 구원적 선교개념을 주장하였다. "1928년 예루살렘에서 모인 국제선교회에서는 '대전도'(Larger Evangelism)라는 신(新) 용어로써 선교는 영혼만 구원하는 것이 아니라 육체 문제도 관심을 두어야 한다고 주장하는 이론이 등장하였다."[4] 그러다 1952년의 윌링겐(Willingen) 회의에서는 삼위일체 하나님의 화해사역에 중점을 두는 '하나님의 선교'(Missio Dei)

---

3) 全浩鎭, 『宣敎學』(서울: 개혁주의신행협회, 1986), 15.
4) *Ibid.*, 16.

가 등장하였다. '하나님의 선교' 개념에 의하면 "선교란 삼위일체 하나님이 이 세상에서 일하셨고, 또 지금도 일하시는 사역에 대해 교회가 민감하게 반응하는 것"[5]이라고 규정하였다. 윌링겐 대회의 선교개념 정립에 영향을 끼친 것은 휘체돔(G. F. Vicedom)의 『하나님의 선교』란 책이다. 휘체돔에 의하면 선교에 있어서 모든 주역은 하나님이시다. 이 하나님은 교회나 모든 세상기구들을 통하여 자신의 선교를 해내고 있다. 여기서 교회는 하나님의 도구 그 이상이 아니다.[6] 여기서 선교 개념은 더 이상 영혼구원을 위한 교회만의 사역이 아니라, 온 세상을 위한 하나님의 섭리적 활동을 모두 포함하는 것이 되고 말았다.

하나님의 선교에서는 교회와 세상의 구별이 없다. 하나님이 세상의 역사 속에서 일하시기 때문이다. 그러므로 '복음을 전파한다'라는 사실도 따지고 보면 별로 중요한 일이 못되며, 오직 선교의 한 일을 분담하는 것 이상이 아닌 것이다. 1960년대 에큐메니칼 선교신학은 사회 문제에 본격적인 관심을 가지고 선교를 인간화로 정의하였다. 하나님의 선교신학을 발전시키는데 공헌을 한 호켄다이크(J. C. Hockendyk)는 "선교신학의 세속화"를 주장하였다. 그에 의하면 "교회론 중심의 선교는 기독교의 근본진리의 왜곡이며, '선교'란 선포(kerygma), 교제(koinonia), 및 봉사(diakonia)이다. 그는 이 지상에서 메시아 왕국을 세우는 소위 평화(shalom)의 선교를 부르짖는다."[7] 호켄다이크가 말하는 선교에 있어서의 '선포'란 그 평화가 이미 도래하여 그리스도가 현존하고 있음을 선포하는 것이요, '교제'란 이미 사람들 가운데 나타나 있는 평화를 표현하는 것이요, '봉사'란 평화를 의미하는 겸손한 봉사의 언어로 번역한 것이다.[8] WCC 총회는 1960년대 초기 '하나님의 선교' 개념과 호켄

---

5) Rodger C. Bassham, *Mission Theology* (pasadena: William Carey Library, 1980), 33.
6) George F. Vicedom, 『하나님의 선교』, 박근원 역 (서울: 대한기독교출판사, 1980), 92.
7) J. C. Hockendyk, *The Church Inside Out* (Philadelphia: Westminster, 1966), 25.
8) J. C. Hockendyk, "The Call to Evangelism" *The Concilian Evangelical Debate: The*

다이크의 선교개념에 의해 1968년 웁살라총회에서 선교의 목표를 '인간화'로 규정하였다.

우리는 인간화를 선교의 목표로 규정한다. 왜냐하면 우리는 우리 역사의 시대에서는 그것이 메시아적 목표의 의미라고 믿기 때문이다. 과거에는…선교의 목적이 기독교회로서 그리스도와 그의 교회를 통하여 사람을 하나님께로 인도하는 것이었다. 그러나 현재의 중요한 문제는 참 인간의 문제이다. 따라서 선교 교회의 주요 관심은 선교의 목표가 그리스도 안에서 인간성을 지배하는 것이다.[9]

웁살라 대회의 주제는 "보라 내가 만물을 새롭게 하노라"(계 21:5)였다. 이 말씀은 사도 요한이 본 환상 가운데 새 하늘과 새 땅이 나타난 직후 보좌에서 들려 온 말씀이었다. 웁살라에서는 이것이 미래적 소망의 표현이 아닌 "사회 및 정치 변혁의 가속화"의 표현으로 사용되었다.[10] 아르네 소비크는 구원개념을 인간화라고 정의하면서 "인간이 된다고 하는 것 즉 구원이라고 하는 것은 사랑 속에 있으며 사람에 의한 사람의 착취와 모든 형태의 정치적, 경제적, 사회적, 인종적 억압에 대해 싸우는 '투쟁'에 몸 바치는데 있다"고 주장하고 있다.[11]

에큐메니칼 운동의 이와 같은 선교개념에 대해 존 스토트가 제기한 다음과 같은 비판은 진리의 말씀에 비추어 볼 때 합당하다고 본다. 첫째, 역사의 주인이신 하나님은 또한 역사의 심판자라는 것이다. 모든 혁명적 운동들을 신적 혁신의 징조로 치하하는 것은 유치하다. 사실 혁명이 일어난 후의 새로운 현상은 종종 혁명 전보다도 더 많은 불의와

Crucial Documents, 1964-1976. Donald McGavran, ed. (pasadena: William Carey Library, 1977), 50.
9) W.C.C, *The Church for Others* (Geneva: W. C. C., 1968), 78.
10) John R. W. Stott, 『성경적 선교관』, 김의환 편저, 『福音主義 宣教神學의 動向』(서울: 생명의말씀사, 1990), 155.
11) Arne Sovik, 『오늘의 구원』, 박근원 역 (서울: 대한기독교출판사, 1981), 63.

압력을 구축하고 있는 것이다.[12] 구약성경에서 북 왕조 이스라엘은 약 250년 동안 여덟 번이나 군사혁명으로 왕조가 바뀌었으나 나라의 형편은 나아지지 못했고 결국 하나님의 심판을 받아 앗수르의 손에 의해 멸망했던 사실이 그 실례이다(왕하 17:1-23; 18:12).

둘째, '샬롬'의 성경적 범주들과 새로운 인간성과 하나님의 왕국은 사회개혁과 동일시될 수 없다는 점이다.[13] 물론 히브리인들에게서 샬롬의 개념은 건강, 안전, 번영, 물질적 풍요, 사업의 성공, 전쟁에서의 승리 등 사람이 안심하고 평안히 사는데 필요한 모든 조건을 다 구비한 평화를 나타낸다.[14] 그러나 선지자들이 바라본 메시아 왕국의 샬롬은 종말론적이며, 여호와의 날 이후에 있게 될 신천신지(新天新地)를 의미한다. "이사야는 메시아를 샬롬의 왕이라고 불렀고(사 9:5), 그가 오시면 전 우주의 샬롬의 시대가 시작된다고 하였다(사 2:2-4; 미 4:1-3; 사 11:1-9; 32:15-20). 구약의 샬롬은 메시아와 직결된 것이다. 따라서 샬롬의 완성은 메시아가 오셔서 만방을 통치함으로 이룩된다고 선지자들은 내다보았다."[15] 구약의 이러한 예언들이 모두 문자적, 물질적으로 성취되었다고 생각하여 선교를 사회 전반적 개혁의 성취로 규정하는 것은 그리스도를 강제로 왕 삼으려고 했던 실수(요 6:15)와 동일한 실수를 범하는 것이다.[16] 샬롬은 메시아가 자기 백성들에게 부여하시는 축복이다. 새로운 피조물과 인간성은 그리스도 안에 있는 자들에게서 찾을 수 있다(고후 5:17). 천국은 어린 아이처럼 받는 것이다(막 10:15).

---

12) John R. W. Stott, 『성경적 선교관』, 156.
13) Ibid.
14) 배제민, "히브리인의 평화관", 『새로운 형태의 구약연구』 (서울: 총신대학출판부, 1986), 92. 평강, 안전(시 38:4; 단 10:19; 삿 6:23), 행복한 장수(창 15:15), 번영과 물질적인 풍부(애 3:17; 시 37:11; 슥 8:12; 욥 5:19-26; 레 26:6-8), 사업의 성공(삿 18:5-6; 삼상 1:17), 전쟁의 승리(삿 8:9; 왕상 22:27-28).
15) Ibid., 97.
16) John R. W. Stott, 『성경적 선교관』, 156.

천국은 불완전한 인간의 정치개혁에 의해 성취되는 것이 아니라, 그리스도의 재림으로 완성되며, 천국에 입성하는 것은 영적 중생에 의존한다(요 3:3-5).

셋째, '선교'란 단어가 하나님이 세계 속에서 하시는 모든 것을 포괄하는 의미로 쓰일 수는 없다는 점이다. 하나님은 섭리와 보통은혜로써 모든 사람, 모든 사회 속에서 전체적으로 활동하시는 것이 사실이다.[17] 그러나 이것이 '선교'는 아니다. 선교는 구속받은 백성에 관한 것이며 그들을 세계 속으로 파송하여 일하게 하시는 것과 관계 된다.[18]

넷째, 웁살라총회가 사회개혁에 대한 관심에 몰두한 나머지 복음적 관심의 여지를 거의 혹은 전혀 제공하지 않았다는 점이다.[19] 그들은 현 세계의 육신적 기아와 가난에 대하여는 진지한 관심을 보였으나 인간의 영적 기아에 대해서는 무관심했다. "교회는 최고의 우선권을 수십억의 사람들이 그리스도 없이 멸망해 가고 있다는 사실에 두어야 한다."[20] 바울은 온 세상 사람들이 다 죄 아래 있고(롬 3:9), 율법 아래 있고 하나님의 심판 아래 있다(롬 3:19)고 증거한다. 교회는 이처럼 죄와 심판 아래 처해있는 사람들에게 구원의 주를 전하는 일에 최고의 관심을 기울여야 마땅하다. 뿐만 아니라, 그들은 성경에서 그리스도가 주신 지상 위임령에 대해 거의 관심을 표명하지 않고 있다. 지상 위임령이 사도들에게만 주어진 명령이 아니라 모든 교회에 주신 명령이 분명하다면, 교회는 마땅히 다른 이 세상적 봉사를 논하기 전에 먼저 지상 위임령에 대해 연구하고 순종할 준비를 해야 하지 않겠는가!

---

17) 마 5:45, 행 17:25-28
18) John R. W. Stott, 『성경적 선교관』, 156.
19) *Ibid.*, 157.
20) *Ibid.*

2) 복음주의적 선교 개념

'선교'라는 용어는 라틴어 '미토'(*mitto*, 보내다)에서 유래된 말로 이것은 헬라어 '아포스텔로'(αποστέλλω)와 펨포(πέμπο)에 해당된다. '아포스텔로'는 135회, '펨포'는 80회가 각각 신약성경에 나타나고 있는데, 이 뜻은 '파송'(to send forth)을 의미한다.[21] 독일의 선교학자 구스타프 바르넥(G. Warneck)은 선교를 비기독교 세계에 교회를 설립하기 위한 복음전파라고 보았다.[22] 바르넥의 이러한 선교개념은 20세기에 들어와서 그대로 유지되었다. 미국의 선교학자 스피어(Robert Speer), 즈웨머(Samuel Zwemer), 라토렛(Kenneth Latourette) 등은 이러한 사상의 대표적 인물이다. 현대교회성장학의 창시자 맥가브란(Donald A. McGavran)은 선교를 정의하길,

> '선교'란 예수 그리스도를 따르지 아니하는 사람들에게 전도하기 위하여 복음을 들고 문화의 경계를 넘는 것이며, 또한 사람들을 권하여 예수를 주와 구주로 영접하게 하여 그의 교회의 책임적인 회원이 되게 하여, 성령이 인도하시는 대로 전도와 사회정의를 위한 일을 하며, 하나님의 뜻이 하늘에서 이룬 것같이 땅에서도 이루게 하는 것이다.[23]

맥가브란의 정의는 타문화권에 가서 복음을 전한다는 점이 우선되고, 그들을 교회의 책임 있는 일원이 되게 하는 것과 사회정의를 위한 활동들도 포함하고 있다. 그러나 실제적으로 맥가브란의 여러 주장들과 활동을 보건데, 그는 하나님의 선교가 오직 복음전도 위임만을 포함

---

21) Gerhard Kittel, ed., *Theological Dictionary of the New Testament*, Vol. I (Grand Rapids, Michigan: Wm. B. Eerdmans publishing company, 1964), 398-406.
22) 전호진, 『宣敎學』 (서울: 개혁주의신행협회 1986), 18.
23) Autur F. Grasser and Donald A. McGavran, *Comtemporary Theologies of Mission* (Grand Rapids Baker Book House, 1983), 26.

하고 있고, 문화위임은 포함하고 있지 않다는 주장에 거의 가까운 입장을 취하였다.[24] 와그너는 랄프 윈터 교수의 표기법을 사용하여 선교유형을 사도행전 1장 8절 말씀을 통하여 3가지 문화적 거리로 나누어 설명하였는데 다음과 같다.

(1) **선교유형 1 〈M-1〉**: 그들 자신이 있는 문화권내의 사람들에게 복음을 전하는 것이다. 즉 "예루살렘과 온 유대" 같은 곳에 교회를 설립하는 것이다.
(2) **선교유형 2 〈M-2〉**: 다른 문화를 향하여 가서 선교하는 것이지만 양문화의 차이가 심한 것은 아니다. "사마리아"가 하나의 예가 될 수 있다.
(3) **선교유형 3 〈M-3〉**: 전혀 다른 문화권, 즉 "땅끝까지" 가서 전도하는 것이다.

이 같은 와그너 교수의 설명은 선교를 전도의 연장선에서 본 것이며, 그리스도의 '지상 위임령'을 토대로 복음을 전하는 행위를 선교로 보았고, 선교의 전략을 문화적 거리에 따라 적절하게 수립해야 할 것을 요구하고 있다. 복음주의자들에 있어서 선교개념이 일치하는 것은 아니지만 기본적으로 선교의 중요한 동기는 첫째, '그리스도의 지상 위임령'(마 28:19-20)에서 찾아야 한다는 것과, 둘째, 우리가 선교하지 않으면 복음을 듣지 못한 사람들이 영원히 멸망에 이르게 된다는 확신감에서 오는 것이다.[25]

그러나 복음주의 내에서도 에큐메니칼적 선교개념을 수용하여 보다 폭넓은 선교개념을 말하는 학자들도 있다. 선교를 타문화권 전도로만

---

24) C. Peter Wagner, 『교회성장에 대한 신학적 이해』, 이요한 역 (서울: 성서연구사, 1986), 40.
25) David J. Bosch, 『선교신학』, 전재옥 역 (서울: 두란노서원: 1980), 45.

보지 않고 전도와 사회봉사를 선교로 간주하고자 하는 것이다. 존 스토트(J. Stott)가 그 대표적 학자인데, 그는 WCC의 '하나님의 선교'의 영향을 받아 WCC가 선교와 전도를 동일시하는데 반대하지 않고 "선교란 하나님의 속성에서 나타나는 하나님의 활동이다. 성경의 살아계신 하나님은 파송하는 하나님으로 이것이 곧 선교이다"[26]라고 했다. 그의 사상은 1966년 백림대회에서는 교회의 설교, 회심, 교육을 선교라고 하였으나, 나중에는 회심에 사회적 책임인 봉사를 첨가시켰다. 그는 "선교는 하나님이 이 세상에 자기 백성을 보내어 행하라고 요구하시는 모든 것을 포용하는 포괄적인 개념이다"[27]라고 하였다.

허버트 케인(Herbert Kane)도 선교를 영혼 구원과 사회봉사로 해석한다. 그는 "복음주의자들은 선교를 전도와 동일시하여 영혼구원은 잘 하지만 다른 활동에 참여하는 데는 느린 반면, 자유주의자들은 사회봉사는 잘 하지만 영혼구원에는 관심이 없다"[28]고 양자의 문제점들을 지적하면서 전도는 복음의 "구속적 선포활동"이며 선교는 전도와 사회봉사를 다 포함하는 것으로 보았다.

그런데 이들이 선교의 내용으로서 사회봉사라는 말은 의료봉사, 교육사업, 농업사업 등 사회적 봉사를 말하며 사회개혁을 위한 혁명세력을 동조하거나 지원하는 것이 아니라는 점에서 에큐메니칼 선교개념과 다른 점이다. 피터 와그너는 교회의 '사회봉사'(social service)와 '사회운동'(social action)들을 그리스도의 지상적 위임이 아닌 문화위임적 수행이라고 보고[29] 양자에 대해 다음과 같이 설명하였다.

사회봉사는 '구제'(relief)와 '개발'(development)인데, 구제는 증상들에 대

---

26) John Stott, "The Biblical Basis of Evangelism" *Let the Earth Hear His Voice*, J. D. Douglas ed. (Minneapolis: World Wide publications, Co., 1975), 66.
27) David J. Bosch, 28.
28) J. Herbert Kane, *The Christian World Mission: Today and Tomorrow*, (Grand Rapids: Baker Book House, 1981), 144.
29) C. Peter Wagner, 『교회성장에 대한 신학적 이해』, 62.

한 사후 처리적 성격을 갖는 것이며, 개발은 중상들의 원인을 해결하기 위한 병원설립, 교육, 우물파기, 가내공업을 일으키는 것, 농기구를 지원하는 일 등과 같은 활동인데, 이 구제와 개발은 다 사회봉사이다. '사회운동'은 사회구조를 변화시키는데 알맞은 종류의 사회사역이다. 사회운동에는 사회-정치적 변화를 위한 각종 운동이나 혁명의 지원, 폭력과 항거 등을 수반할 수 있다.[30]

이 두 가지 문화위임 가운데 예수님이 제자들을 세상 속으로 보낼 때 사회봉사와 매우 밀접한 관계가 있는 표적들을 위임하셨으며, 사회운동과 같은 표적들은 위임하지 않았다.[31] 독일 복음주의 신학자들이 작성한 '프랑크푸르트선언'은 "선교란 교회와 충분한 권위를 부여받은 전도자들이 예수 그리스도의 이름으로 설교, 성례, 봉사를 통하여 영원한 구원을 증거하고 제시하는 것이다. 이 구원은 모든 인류를 위하여 단번에 이루어진 예수 그리스도의 희생적 십자가에 기인한다"[32]고 하였다.

3) 복음주의와 에큐메니칼의 관계

지난 20세기 후반은 양 진영간의 신학적 갈등으로 한국에서도 교회와 교단분열의 큰 진통을 겪어야 했다. 그러나 1990년대 이후 점점 양 진영을 대표하는 합동교단과 통합교단 간에 총회교류 등 화합의 분위기가 무르익기도 하였다. 복음주의자들의 모임인 로잔대회(1974)에서는 복음주의의 전통적 선교가 영혼구원에만 집중하다보니 사람들의 현재적 삶의 문제에 민감하지 못하고 통전성을 상실한 점을 반성하고 사회참여를 크게 보완하여 선교에서 복음전도와 사회참여의 통전성을

---

30) *Ibid.*, 63.
31) *Ibid.*, 64.
32) Peter Bayerhause, *Mission: Which Way? Humanization on Redemption*, (Grand Rapids: Zondervan House, 1971), 116.

지향하는 선언문을 채택했다. WCC 전총무였던 세뮤얼 코비아는 복음주의의 세계복음화와 세계의 아픔에 대한 복음주의 교회들의 공헌을 칭찬하면서 화합의 필요성을 주장하기도 하였다.

이런 흐름에도 불구하고 한국내 복음주의 교단에서는 WCC의 신학적 문제, 특히 종교다원주의적 경향에 대하여 강한 불만내지 적대감을 표하고 있다. 이에 대해 2013년 WCC 부산총회를 앞두고 2010년 12월 13일 한국연합선교회(KAM/ Korean Association Mission) 주최로 학술대회를 가졌다. WCC와 WEA[33] 간에 신학적 이해를 위한 세미나였다고 본다. 여기서 WCC측의 발제자 한국일 교수가 한 내용은 WCC를 이해하는데 도움을 주었다.

> WCC가 고유한 신학을 가지고 있는가라는 질문에 대하여 WCC기관 내부에서 나오는 답변은 "아니오"이다. 이는 WCC가 어떤 특정한 신학적 방향을 지향하는 기관이나 운동단체가 아니라 전세계에 흩어져 있는 5억 8,000만 명의 회원을 가지고 있는 140개 나라의 349개 교회를 대표하는 기관으로서 매우 포괄적인 신학적 성향을 가지고 있기 때문이다. WCC 회원교회 중에는 아주 복음적이거나 보수적인 교회들이 있는가 하면 매우 급진적인 성향을 지닌 교회들도 있다. 그러므로 WCC는 어떤 특정한 방향의 신학을 자신의 신학으로 제시할 수 없는 특성을 가지고 있다.
>
> 탈식민지 시대 이후 아시아, 아프리카, 남미의 기독교 인구가 급격하게 증가한 반면 서구 기독교인 수가 급속히 감소하는 현상으로 인해 기독교가 세계 북반구 지역에서 남반구 지역으로 그 중심이 옮겨가면서 세계교회가 신생교회들의 신앙경험과 신학적 해석에 귀를 기울이게 되었다. 이것은 다른 복음이 아니라 동일한 복음에 대한 다양한 경험과 이해를 반영한 것이다.
>
> 지금까지는 서구 교회의 신학과 전통이 세계교회를 대표하는 보편적인

---

33) WEA(The World Evangelical Alliance)는 예수 그리스도의 복음을 선포한다는 공동 관심사에 참여하는 세계교회 연맹체이며, 1951년 WEF(The World Evangelical Fellowship)로 발족하였으며 2001년 말레이시아 쿠알라룸푸르 총회에서 WEA로 개칭하였다.

것으로 간주되었지만 이제 기독교가 세계 각 지역의 다양한 경험과 전통으로 인해 더 풍성한 형태로 발전하게 되었다.[34]

WEA와 WCC의 주요 지향점의 차이점이 여기에 있다고 본다. WEA를 중심으로 한 복음주의 입장이 선교란 무엇인가 등의 질문에 대한 보편적인 답변과 전체 교회의 지향점을 제시하는데 주력한다면, WCC는 교회일치를 가장 중요시 하며, 변방과 2/3세계권 국가에서의 신학적 이슈들에 귀를 기울이면서 그들을 포괄하려는 자세를 취한다는 점이다. 그런 점에서 복음주의에서 수용하기 어려운 내용이 발표될 때가 있지만, 그것들이 전체 교회의 보편적인 입장이 아니라는 것이다.

20세기 후반에 극단적 대립관계에 있었던 WCC와 WEA는 21세기를 들어와 추구하는 이슈의 입장은 다르지만 그리스도의 몸의 지체란 큰 틀에서 서로 인정하며, 강단교류, 각종 NGO 사역, 기독교 언론, 기독교 교도소 등 많은 복음화사역에서 협력하고 교류하는 추세에 있다. 한국에서 2012년 WEA, 2013년 WCC 대회를 한국에서 유치하면서, 종교다원주의, 대화신학 등의 문제로 인해 긴장도 있지만, 그런 신학적 문제에 대한 긴장감을 가지면서도 서로 다른 특징을 가진 "그리스도 안의 형제"로서 나름대로 하나님 나라와 세계복음화를 위해 이바지하고 있다.

---

34) 한국일, "WCC신학의 이해", 한국연합선교회학술대회, 『WEA와 WCC의 신학과 선교』, 2010, 27-28.

2. 선교 커뮤니케이션의 정의

1) 선교 커뮤니케이션의 과정

　선교는 하나의 커뮤니케이션 사건이다. 선교 커뮤니케이션의 근본 목적은 그리스도의 복음을 전하여 멸망에 처한 자로 하여금 그리스도를 구주로 믿게 하여 구원을 얻게 하려 함이다. 이에 대해 바울은 로마서 10장에서 분명하게 가르치고 있다. 로마서 10장 13-15절의 말씀에 나타난 커뮤니케이션의 과정을 정리해 보면 다음과 같은 사슬고리로 연결되어 있음을 볼 수 있다.

　　　구원 ----- 부름 ----- 믿음 ----- 들음 ----- 전파 ----- 파송

"이 사슬고리는 바울사도가 로마서 5장 3절이나 8장 29-30절에 묘사한 사슬과 다르다. 그것들은 역사적인, 인과관계의 형식으로 진행되어 나가지만, 로마서 10장 13절부터 15절까지의 고리는 역행적이다."[35] 그는 이 사슬고리를 배열할 때 전도자를 임명하신 하나님(혹은 그리스도)을 맨 마지막에 둠으로써, 결국 하나님이 가장 강조되게 하였다.[36] 그리스도의 메시지가 수신자에게 전달되어 구원에 이르기까지의 과정을 전달순서의 고리로 바꾸어 놓으면 다음과 같다.

　　　파송 ----- 전파 ----- 들음----- 믿음 ----- 부름 ----- 구원

---

35) William Hendriksen, 『핸드릭슨 성경주석 로마서(하)』, 75.
36) *Ibid.*, 76

이것이 곧 선교커뮤니케이션의 과정인데, 그 각 과정을 살펴보면 다음과 같다.

(1) 파송

"보내심을 받지 아니하였으면 어찌 전파하리요"(15절). 구원의 메시지의 근원은 결국 전도자를 임명하신 하나님이시다. 파송하는 자는 삼위일체 하나님이시다. 선교사는 그리스도의 사자로 부름을 받아 복음을 들고 나아간다. 그는 자의로 나아가는 자가 아니요, 자기를 보낸 자의 명령을 따라 나아간다. 예레미야 시대에 하나님이 보내지 아니하였어도 달음질하며 하나님이 말씀하지 아니하였어도 말하는 거짓선지자들이 많이 있었다(렘 23:21).

선교사는 하나님의 보냄을 받은 자, 즉 복음의 메시지를 이방에 전달하기 위해 그리스도의 소명을 받은 자이다. 히비트 케인은 선교사의 소명은 '호기심'(curiosity), '관심'(interest), '이해'(understanding), '확신'(assurance), '확고한 신념'(conviction), '서약'(commitment), '행동'(action)에 이르는 일곱 단계가 전 인격에 관여되어 일어난다고 하였다

(2) 전파

"그런즉…전파하는 자가 없이 어찌 들으리요 보내심을 받지 아니하였으면 어찌 전파하리요 기록된바 아름답도다 좋은 소식을 전하는 자들의 발이여 함과 같으니라"(롬 10:14-15). 소명을 받은 자는 나가서 그리스도의 구원의 메시지를 전한다. 복음전파의 수단으로서는 여러 가지 매개체가 있겠으나 선교사 자신과 언어들, 상통하는 상징매체들을 통하여 복음을 전파하고 가르쳐야 한다. 예수 그리스도는 유대인들이 주된 청중인 사람들에게 전파하실 때 토속어인 아람어를 주로 사용하였

으며, 사도 바울은 당시 세계의 통용어였던 헬라어로 주로 전도하였고, 구약을 인용할 때는 히브리어 성경이 아닌 70인역을 사용하였다. 윌리암 캐리는 그의 저서 『탐구』에서 선교사로 갈 사람의 언어공부에 대해 말하기를 "보통 사람은 1년이나 적어도 2년 안에는 지구상의 어떤 민족의 언어라도 배워야 한다"고 말했다. 허버트 케인은 중국에서 대화의 모든 것을 쉽게 이해할 수 있기까지 3년이 걸렸으며, 또 다른 2년이 지난 후부터는 중국어로 생각하고 말하게 되었다고 고백한다.[37] 허버트 케인은 선교지의 언어를 잘 배우기 위해 다음과 같은 제안을 하고 있다.[38]

① 본국에서 기본적인 것을 배우라.
② 선교지에서 정규언어훈련을 받으라.
③ 언어학교 이후에도 계속 공부하라.
④ 사회적인 접촉을 이용하라.
⑤ 가능한 빨리 말하기를 시작하라.
⑥ 노트를 손에 갖고 다니며 새로운 문구나 단어를 기록하라.

(3) 들음

"그런즉 저희가 믿지 아니하는 이를 어찌 부르리요 듣지도 못한 이를 어찌 믿으리요 전파하는 자가 없이 어찌 들으리요"(롬 10:14).

"그러므로 믿음은 들음에서 나며 들음은 그리스도의 말씀으로 말미암았느니라"(롬 10:17). 복음은 꿈이나 환상으로 접하는 것이 아니라 들어야만 하는 것이다. 아직도 중국 내지에는 교회가 없을 뿐만 아니라, 예수라는 이름을 한 번도 들어본 적이 없는 이들이 많다. 뿐만 아니라 지구상에는 그들의 언어로 복음을 듣지 못한 족속들이 2,000여 족속,

---

37) Herbert Kane, *The Christian World Mission: Today and Tomorrow*, 185.
38) *Ibid.*, 193-197.

3억이나 된다. 저들을 위해 필요한 것은 그들의 부족어로 성경을 번역하는 일과 그들의 언어로 복음을 듣게 하는 일이다. 이런 선교 커뮤니케이션의 효율화를 위해 선교지의 교회 지도자들을 훈련시켜 그들을 통하여 그들 족속에게 전도하는 것은 바람직하다.

(4) 믿음과 부름

그들이 복음을 들을 때 믿음을 갖게 된다. 믿음의 반응은 그리스도를 부름으로 표현된다. 마음으로 믿고 입으로 시인하여 구원에 이르게 된다. 데살로니가 교인들은 바울이 그들 가운데 들어가 핍박을 무릅쓰고 복음을 전했을 때, 우상을 버리고 하나님께로 돌아와서 사시고 참되신 하나님을 섬기며, 그리스도의 강림을 기다리는 생활을 했다(살전 1:9-10). 바울은 그들에게서 믿음의 역사와 사랑의 수고와 그리스도에 대한 소망의 인내를 발견하고 그들의 택하심을 알았다(살전 1:3 4).

이상과 같은 선교 커뮤니케이션의 과정을 미루어 볼 때, "파송-전파"의 과정은 하나님에게서 인간을 향하는 활동이며, 이 활동은 죄인을 구원받게 하려는 하나님의 열망의 표현이다. 다음, "들음-믿음과 부름"은 인간에게서 하나님께 대한 반응을 나타낸다. 구원을 위한 하나님의 전달행위에 대한 인간의 반응이 불신앙과 거절이 아닌 믿음과 부름이라는 순종으로 나타날 때 여기에 하나님의 구원의 팔이 나타나며, 마침내 성공적인 선교 커뮤니케이션이 이루어지는 것이다.

이와 같이 볼 때, **선교 커뮤니케이션이란, 하나님의 보냄을 받은 자가 문화의 차이를 넘어서 사람들에게 그리스도의 복음을 전하여 그들이 믿고 그리스도를 부름으로써 구원을 받도록 하는 일련의 과정이다**라고 정의할 수 있다.

제3장

커뮤니케이션의 원리

전 장에서 선교와 선교 커뮤니케이션의 개념을 고찰하면서 죄인을 구원하시려는 하나님의 열망이 바로 선교 커뮤니케이션으로 나타났음을 이해하였다. 그러므로 우리는 선교 커뮤니케이션이 가장 효과적으로, 가장 성공적으로 이루어지도록 연구하고 개발해야 한다. 그러므로 우리는 하나님의 커뮤니케이션 방법을 고찰하기에 앞서 커뮤니케이션론이라는 사회과학적 방법론을 통하여 이해의 빛을 제공받는 것이 유익하다고 본다. 오늘날 연구되고 있는 커뮤니케이션에 관한 이론은 매우 광범위하고 다양하다. 개인 간의 정보교환을 다루는 대인 커뮤니케이션에서부터 집단 커뮤니케이션, 국제간의 정치, 문화, 상업적 관계를 다루는 국제 커뮤니케이션, 수신자의 집단성을 토대로 대중전달 매체를 사용하는 매스컴 커뮤니케이션 등 다양하며 앞으로는 전화, 컴퓨터를 이용한 전달 등 테크놀로지의 고도의 발전에 따라 커뮤니케이션의 흐름의 윤곽도 새로운 기능과 기대에 따라 변화할 것이다.[1] 본 장에서는 커뮤니케이션의 정의를 고찰하고, 커뮤니케이션에 미치는 주요한

---

1) D. McQuail, and S. Windahl, 『커뮤니케이션 모델』(서울: 도서출판나남, 1991), 24-30.

요소들을 논하고자 한다. 커뮤니케이션 이론은 매우 광범위하게 여러 분야가 있기 때문에 선교커뮤니케이션이란 성격상 인격 상호간의 관계에서 일어나는 커뮤니케이션을 다루는 대인(對人) 커뮤니케이션이론(Personal Communication Theory)을 다루고자 한다. 물론 선교 커뮤니케이션은 복합문화적 상황의 커뮤니케이션이기 때문에 대인 커뮤니케이션 이론이 선교 커뮤니케이션이론의 근거를 마련해 주는데 부족한 점도 없지 않다. 그러나 커뮤니케이션 원리에 대한 선이해(先理解)가 선교 커뮤니케이션의 하나님의 방법들을 이해하는데 적지 않은 유용성이 있음을 부인할 수 없다고 본다.

1. 커뮤니케이션의 정의

커뮤니케이션(Communication)이란 말은 본래 '공동' 또는 '공유한다', '나누어 갖는다'는 의미를 지닌 라틴어 'Communicare'에서 유래된 것이다.[2] 라틴어에서 'Communicare'는 'Communication'의 동사로서 ⓐ 나누다, 공유하다, ⓑ (말이나 글로) 전달하다, 전하다, 아무개에게 무엇을 알리다, ⓒ 상담하다, 이야기하다, 연합하다 등의 뜻을 갖고 있다.[3] 사전적 정의를 살펴보면, 웹스터 사전에는 "전달행위", "전달된 사실이나 정보", "사상이나 의견의 상호교환", "효과적 사상표현을 다루는 예술"이라고 정의하였다.[4] 대영백과사전에서는 "상징들의 공동체계를 통한 개체들 사이의 의미교환"[5]이라고 했다.

---

2) 차배근, 『커뮤니케이션학 개론(상)』 (서울: 세영사, 1978), 19.
3) D. Simson, *Cassells New Latin-English English-Latin Dictionary*, (London: Cassell & Comony Ltd., 1975), 120.
4) "Communication", *Webster's Third New International Dictionary*, 1979 ed., S. V.
5) *The Encyclopedia Britannica*, Macroedei. vol. 4.(U. S. A. : Encyclopedia Britannica, Inc. press, 1982), 1005.

커뮤니케이션에 관해 연구한 학자들의 정의를 살펴보면, 뉴우컴(New Come)은 "의미의 전달"[6]이라고 했고, 슈람(Wilbur Schramm)은 "자극을 전달하는 과정"[7]이라고 했으며 호브랜드, 재니스와 켈리(Hovland, Janis and Kelley)는 "한 개인(전달자)이 다른 개인(청중)들의 행동을 수정하려고 주로 언어적인 자극을 전달하는 과정이다"[8]고 했다. 커뮤니케이션에서 '자극'(stimulus)이란 요소가 매우 중요한 것임을 강조한 것이다. 크래프트 교수도 효과적인 커뮤니케이션을 위해서는 적당한 정도의 충격(impact)을 주어야 한다고 했다.[9] 그는 커뮤니케이션에 있어서 하나님의 방법을 가리켜 "하나님은 충격으로 메시지를 전달하신다. 충격은 인상(impression)을 남기는 것이며 그것을 받는 사람들에게 그들에게 전해진 메시지에 대해 무엇인가 응답하도록 하는 것이다"[10]라고 하였다. 모어(William F. More)는 "커뮤니케이션이란 인간과 인간, 인간과 그의 환경, 환경과 환경 사이에서 공통적으로 이해된 관계를 수단으로 하여 어떤 것을 전달하는 과정"[11]이라고 정의한다. 모어의 정의에서는 '공동의 이해'라는 것이 커뮤니케이션에서 매우 중요한 것으로 나타난다. 이해의 공동분모가 없이는 커뮤니케이션은 존재할 수 없는 것이다.

여기서 널리 알려진 커뮤니케이션 모델을 하나 예로 들어 설명을 해 보자.

이 모형의 정보원(메시지의 출처)은 커뮤니케이션 행위의 주체이며 정보원에 대한 공신력은 커뮤니케이션 효과에 중대한 영향을 미친다.

---

6) 차배근, 『커뮤니케이션학 개론(상)』, 5.
7) *Ibid.*, 19.
8) J. D. Barman, 『현대설교학 입문』, 정장복 역 (서울: 양서각, 1983), 21.
9) Charles H. Kraft, *Christianity in Culture*, 149.
10) Charles H. Kraft, *Communication the Gospel in God's Way*, 8.
11) 최창섭, 『교회와 커뮤니케이션 총론』 (서울: 성바오로출판사, 1978), 31.

〈도표 1〉 샤논(Shannon)-위버(Weaver)의 커뮤니케이션 모형[12]

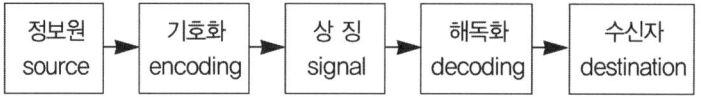

기호화는 전달자가 자신이 가지고 있는 정보를 상대방에게 전하기 위해 어떤 언어적, 혹은 비언어적 기호로 표현하는 것을 말한다. 상징(symbol, signal)은 상대방이 이해해서 의미를 터득할 수 있는 언어나 다른 동작, 상징, 표현 등을 말한다. 메시지를 담고 있는 매체는 언어나 음성과 같은 감정을 전달 할 수 있는 매체일 수도 있고 전자매체일 수도 있다. 메시지의 해독화는 매체를 통하여 기호로 받은 메시지를 수신자가 풀어서 그 의미를 터득하는 과정이다. 그 메시지가 겨냥한 대상은 청중이다.[13] 이 모델에서 볼 때, 의사소통에 있어서 양자 간의 이해의 공통분모인 상징기호가 중요하며 그것을 적절하게 표현하는 기호화(encoding)와 그것을 해석하는 해독화(decoding) 작업이 매우 중요한 과정임을 알 수 있다. 수신자는 전달자가 보낸 상징을 통해서만 메시지를 이해할 수 있기 때문이다. 또 한 가지 중요한 것은 이러한 커뮤니케이션은 단순한 지식의 전달만을 의미하는 것이 아니라, 전달자의 메시지가 수신자에게 전달되어 어떤 반응을 얻어내는 것을 포함한다는 것이다. 슈람은 커뮤니케이션을 정의하기를 "커뮤니케이션이란 A가 B라는 내용을 C라는 채널(Channel)을 통해서 D에게 전달해서 E라는 효과를 얻는 과정"[14]이라고 정의하였다. 커뮤니케이션은 어떤 반응을 얻기

---

12) Merrill R. Abbey, *Communication in Pulpit and Parish*, (philadelphia: the Westminster press, 1972), 28.
13) *Ibid.*, 28-31.
14) Severin & Thankard, *Communication Theories*, (New York: Hastings House, 1979), 24.

위한 목적이 분명히 있는 행위이다. 그러므로 커뮤니케이션이라 할 때는 일방적인 독백(monologue)이 아니라 지식을 함께 공유하는 과정으로서 상호간의 대화(dialogue)라는 성격을 띠는 것이다.

이상과 같은 정의들과 커뮤니케이션의 주요한 요소들을 종합해 볼 때, 커뮤니케이션이란 한 사람이 어떤 의미나 정보를 다른 개인이나 집단에 양 인격들 간의 공통적인 상징매체를 통하여 전달함으로써 반응을 불러 일으키는 과정이라고 정의할 수 있다.

2. 커뮤니케이션의 효과에 영향을 주는 요소들

구조적으로 커뮤니케이션의 효과에 영향을 주는 여러 요소들이 있다.

1) 동질성과 이질성 문제

동질성과 이질성이란 대인 커뮤니케이션을 하는 두 사람사이의 사회적 거리를 뜻한다. 즉 대화를 하는 두 사람의 사회적 특성이 어느 정도 차이가 나는가를 설명하는 개념이다. '동질성'이란 송신자와 수용자의 특성이 비슷하다는 것을 말하며 '이질성'이란 특성에 차이가 있다는 것을 말한다.[15] 아래 모형은 두 사람 사이의 동질성과 이질성 그리고 정보전달에 가장 효과적인 이질성의 정도를 보여 주고 있다.

---

15) E. M. Rogers & F. F. Shoemaker, *Communication of Innovations* (New York: Free press, 1971), 210.

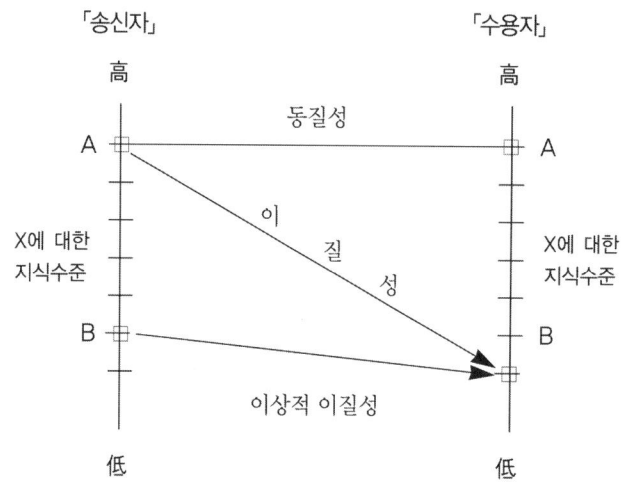

〈이상적인 동질성과 이질성〉[16]

일반적으로 동질성이 높으면 즉 교육수준, 사회적 지위, 경제 수준 등이 비슷한 사람들 간에는 커뮤니케이션이 쉽게 이루어지고 이질성이 높으면 커뮤니케이션이 이루어지기 어렵다. 그러나 특정 주제에 대한 정보전달을 목표로 하는 커뮤니케이션의 경우, 그 주제에 대한 지식까지도 동질성을 띠었다면 그 커뮤니케이션은 별 의미가 없게 된다. 반대로 주제에 대한 지식이 너무 큰 차이가 나면 상대방을 이해시키는 데 어려움을 겪게 된다. 이런 경우 이상적인 동질성과 이질성의 정도는 사회 인구학적 특성이 동질적일수록 커뮤니케이션은 쉽게 이루어지고 특정주제에 대한 지식전달은 어느 정도 이질성이 있을 때 정보전달이 가장 효과적으로 이루어진다.

이에 관한 연구의 주요내용을 요약하면 다음과 같다.

---

16) *Ibid.*, 211.

① 송신자와 수용자가 동질적일 때 커뮤니케이션은 쉽게 이루어진다.
② 송신자와 수용자가 동질적일 때 커뮤니케이션의 효과는 크게 나타난다.
③ 송신자와 수용자간의 커뮤니케이션이 효과적일수록 양자의 지식, 신념, 행위에서 보다 큰 동질성이 나타나게 된다.
④ 송신자와 수용자가 주제에 관하여 최적의 이질성을 가지고 있을 때 커뮤니케이션을 통한 변화는 가장 쉽게 이루어진다.
⑤ 이질적인 커뮤니케이션은 송신자가 수용자에 대해 높은 감정이입(Empathy)을 가지고 있으면 보다 용이하게 이루어진다.
⑥ 만약에 송신자가 이질적 수용자에 대해 잘 모르든가 또는 자기와 이질이라고 생각하는 경우에 커뮤니케이션은 비효과적이다.
⑦ 이질적 커뮤니케이션일 경우에 송신자가 수용자의 반응(feedback)에 관심을 기울이면 보다 효과적이 된다.[17]

이와 같은 연구결과는 선교 커뮤니케이션과 다른 점도 없지 않다. 왜냐하면 선교는 불신앙적, 이교적 사람들에게 낯선 신앙체계, 즉 그리스도를 전하는 것이기 때문이다. 그러나 그리스도를 전하는데 있어서 그들이 가지고 있는 나머지 수준들이 동질일 때 그것은 보다 효과적으로 전달될 수 있음이 역사에서도 많이 입증되고 있다. 하나님이 이방인의 선교사로 히브리파인 베드로보다는 헬라파인 바나바와 바울을 택하신 것은 동질성을 통해 선교 커뮤니케이션의 효과를 높이고자 한 뜻이 있다. 당시 세계의 셋째 도시요, 헬라의 중심도시였던 안디옥에 구브로와 구레네 출신의 그리스도인들을 통해 교회가 설립되었을 때 사도들은 예루살렘교회의 창설멤버인 바나바를 보내었다. "그가 비록 레위족의 사람이었고 요셉이라는 유대이름을 가지고 있었으나, 그는 헬라파 사람이었다."[18] 안디옥과 같은 세계도시의 분위기는 예루살렘의 경우와 크게 달랐으며, 안디옥의 새로운 교회의 분위기는 또한 예루살

---

17) J. DeVito, *Communication: Concepts & Processes* (New Jersey: Prentice Hall, 1976), 196-198. 요약.
18) F. F. Bruce, 『新約史』, 나용화 역 (서울: CLC, 1984), 273.

렘의 어머니교회의 경우와는 크게 달랐을 것이 틀림없다. 이러한 교회에 바나바와 다소출신의 사울은 적절한 인물이었다.[19] 네비우스 정책에 의하면, 초창기 한국선교사들은 한국인 목사들의 교육수준을 너무 높게 하지 않고 성경을 가르쳐 전도하게 했다.[20] 지식적 수준의 최적의 이질성이 선교 커뮤니케이션에 효과적인 것이다. 뿐만 아니라, 서로간의 커뮤니케이션은 서로 개인적인 관계가 깊어졌을 때 활발하게 이루어지는데, 알트만(Altman)과 테일러(Taylor, 1973)는 개인적 관계변화를 "오리엔테이션, 감정적인 변화의 탐색, 감정적인 변화, 안정된 변화"의 네 단계로 구분했다."[21] "오리엔테이션 단계는 판에 박은 듯한 응답으로 특징되고 관계에 있어서 각인들의 인격의 외부적인 면이 반영된다. 감정적 변화의 탐색단계는 동료 개개인의 주변에 대한 상호작용을 포함하며 또 친밀하고 여유 있는 관계성을 내포한다. 다음 완전한 감정적 변화의 단계는 여유만만하고 자유자재한 상호작용과 동료의 인격의 중심부에 있는 자기노출을 증진시킨다. 안정된 변화의 단계는 동료들이 그들 자신을 서로에게 완전히 표현했을 때를 나타내며, 커뮤니케이션은 가장 효과적이다."[22] 커뮤니케이션은 단순히 동질적인 단계

---

19) *Ibid.*, 273-274.
20) 김의환, "宣敎史的 측면에서 본 한국교회 100주년" 『복음주의 선교신학의 동향』 (서울: 생명의말씀사, 1990), 45-49 참고.
   1896년에 북장로교 레이놀즈(Renolds) 선교사에 의해 발표된 북장로교 한국 선교부의 『한국교역자 양성 원칙』은 선교부의 선교정신을 그대로 반영하였는데, 그 가운데 "초창기에는 외국 유학을 시키지 말 것" "한국 문화 수준에 맞추어 교역자의 질적 향상을 추진할 것"이란 항목이 들어 있다. 이런 정책에 대해 교회사가 백낙준 박사는 "선교사들이 한국 교역자의 질적 수준을 최저로 했어야 했다는 것은 도무지 이해할 수 없다"고 비판했는데, 일리가 없는 바는 아니나, 당시의 여건으로 보나 커뮤니케이션이라는 견지에서 볼 때도 교역자의 수준이 신자집단에 비해 너무나 큰 차이가 난다면 이는 목회와 전도의 차원에서는 분명히 역효과가 났을 것이며, 초창기 한국교회의 역동적인 부흥운동과 희생적인 전도운동은 이루어지지 못했을지도 모른다.
21) William B. Gudykunst, Stella Ting-Toomey, *Culture and Interpersonal Communication* (Califonia: Sage publications, Inc., 1988), 186.
22) *Ibid.*

로서 뿐만 아니라, 서로에 대한 신뢰를 통하여 개방하는 단계로 나아갈 때 더 효과적이 된다는 것이다.

이 동질성과 이질성의 원리에 대해 이의를 제시해 보자.

두 가지 면에 대해 각각 생각해 본다. 먼저, 사회적 위치나 신분의 경우 같은 위치일수록 커뮤니케이션이 가장 잘된다고 하였다. 그런데 사역해야할 대상이 사역자와 사회적 신분이 너무나 차이가 난다면 어떻게 해야 하는가? 사역지를 정할 때, 어느 정도 사역자의 성향과 은사에 조화가 되는 사역지를 택하는 것이 바람직하다고 본다. 그러나 불가피하게 그렇게 되지 않는 경우도 많다. 그럴 경우에는 성경의 원리를 따라야 할 것이다.

사역 대상이 사역자보다 수준이 월등히 높은 경우에는 겸손의 띠를 띨 것이며, 또 담대함으로 무장해야 할 것이다. 아무리 사역 대상이 사회적 지위가 높고 물질적으로 부요한 사람이지만, 사역자는 주의 사역자로 주께서 함께 하시고 주의 대사로 왔다는 사명감과 자의식을 가져야 할 것이다.

또 사역자보다 비천한 사람들을 만날 때 사역자는 겸손의 띠를 띠고 자기를 그리스도와 같이 비워 종의 자세를 가지고 그를 친구와 같이 만날 수 있는 사랑의 마음이 있어야 한다. 양자가 다 사랑이다. 사랑을 가지면 지위고하를 다 뛰어넘는 교제를 할 수 있는 것이다. "사랑 안에 두려움이 없고 온전한 사랑이 두려움을 내어 쫓나니"(요일 4:18)라고 하였다.

그리고 어떤 정보에 대한 지식수준이 최적의 이질성을 나타낼 때 가장 커뮤니케이션이 잘 된다고 하였다. 그런데 사역자가 상대해야 하는 청중이나 개인이 사역자와 지적 차이가 너무 크게 난다면 어떻게 해야 할까? 두 말할 나위 없이 메신저는 눈높이를 맞추기 위해 자신을 조절해야 할 것이다. 필요하다면 그 부류의 심리학책까지라도 보면서 연구해야 할 것이다. 필자가 설교한 경험으로 가장 땀 흘리며 설교를 준비한 때는 어느 해 여름 영아부(생후 3개월부터 네 살 부서)의 여름성경학교 주강사를 맡은 때였다. 물론 어머니들이 함께 예배하는 것이었지만, 적지 않은 고민이 되었다. 평소 주일에도 가끔씩 설교해 보면 아기들은 설교단 뒤로 와서 기어오르려 하는 등 산만하기 그지없는 연령층이다. 그때 필자는 주일학교 도서관에서 유아심리학 책을 빌려서 읽었는데, 읽는 중에 유아기의 특성을 더 잘 이해하게 되고, 그 시기에 맞는 표현 방법과 다룰 내용들을 접하게 되면서, '아! 이런 식으로 이런 내용의 설교를 하면 되겠구나'라는 지혜가 떠올랐다. 그렇게 준비한 그 설교는 정말 명설교(?)가 되었다. 매일 약 7분 정도의 설교시간에 자모들도 은혜 받고, 유아들도 시선을 집중하며 은혜 받는 결과를 가져왔다.

그 연령층과 그 계층에 대한 연구를 하고 그 눈높이에 맞는 메시지를 계발해야 한다. 그래서 최적의 이질성을 갖춘 메시지를 자신이 준비하는 성실함을 가진다면 어떤 계층 앞에서도 성공적인 메시지를 전할 수 있을 것이다.[23]

2) 자아위치

사람은 다른 사람과 마주 대하면 상대방과 자신 사이에 어떤 관계가 있는지 확인하려고 한다. 이러한 관계에 대한 인식은 곧 상대방에 대한 행동의 근거가 된다.[24]

예를 들어 상대방이 친구라고 인식되면 수평적 행동을 하게 되나 만약 윗사람으로 생각되면 자연히 자기는 아랫사람으로 행동을 하게 된

---

23) 과거 윗필드가 영국에서 설교할 때, 그의 청중은 때론 탄광의 광부들이거나, 때론 대서양을 항해하는 해군군인들일 때도 있었고, 때론 농부들, 때론 영국 왕실의 귀족들과 대학자들 앞에서 설교하기도 하였는데, 그때마다 그는 청중들의 수준에 알맞는 적절한 방법으로 설교했다고 한다.

24) D. F. Faules & D. C. Alexander, *Communication and Social Behavior: A Symbolic Interaction perspective* (California: Addison-Wesley publishing company, 1978), 52.

다. 이처럼 상대방에 대하여 느끼는 자신의 관계를 '자아위치'(ego state)라 하는데, 에릭 번(E. Berne)은 자아위치를 세 가지 유형으로 분류하였다. 그는 모든 인간은 상황에 따라 다른 자아위치를 가지며 이러한 자아위치는 크게 부모적 자아위치(parent ego state), 성인적 자아위치(adult ego state), 아동적 자아위치(child ego state)로 나눌 수 있다고 하였다.[25] "부모적 자아위치는 상대방에 대해 부모와 같은 위치를 취하는 것으로 아랫사람에게 하는 하강적 커뮤니케이션 유형을 말한다.

〈자아위치에 따른 커뮤니케이션의 구조〉[26]

P: 부모적 자아위치   A: 성인적 자아위치   C: 아동적 자아위치

	(ㄱ)			(ㄴ)	
(1) P　　　　P	P　　　　P
A ⇌ A	A　　　　A
C　　　C	C　　　　C
(a)　　(b)	(a)　　(b)
(2) P　(ㄷ)　P	P　(ㄹ)　P
A╳A	A　→　A
C　　　C	C　　　　C
(a)　　(b)	(a)　　(b)

성인적 자아위치는 상호 간에 수평적 관계로서 논리적 자세로 커뮤니케이션을 하게 된다. 아동적 자아위치는 상대방에 대해 아랫사람으로서

---

25) E. Berne, *Games People Play: The Psychology of Human Relationships* (New York: Grove press, 1964), 317.
26) J. A. De Vito, *Communicology: An Introduction to Study of Communication* (New York: Harper& Row, 1978), 319.

의 관계를 의미하는데, 이 경우의 커뮤니케이션은 주로 감정적이며 복종적인 형태를 취하게 된다."[27] 그런데 이 주관적으로 느끼는 자아위치가 서로 일치하지 않을 때 커뮤니케이션은 원만하게 이루어지지 못한다.

상기 도표에서 (a)와 (b)는 대면적 상황에 있는 두 사람을 의미하며 화살표는 자기가 상대방에 대하여 생각하는 자아위치이다. 이 도표에서 (1)의 (ㄱ) 경우에는 서로의 자아위치가 수평적으로 일치된 관계이므로 메시지의 흐름은 쌍방적이 되며 커뮤니케이션은 원활하게 된다. 대부분의 교우관계가 여기에 속한다. (1)의 (ㄴ)의 경우는 한 사람이 부모적 자아위치이며 다른 편은 성인적 자아위치이므로 반응을 통한 쌍방적 커뮤니케이션이 이루어진다. 교사와 학생사이, 선교사의 설교나 가르침이 이 경우에 해당된다. 이 (1)의 두 경우는 양자 간의 자아위치가 일치하므로 커뮤니케이션이 성공적으로 수행될 가능성이 크다. 그러나 (2)의 경우들은 그렇지 못하다. (ㄷ)의 경우는 서로에 대해 부모적인 자아위치를 주장하므로 각자의 일방적 전달만 일어난다. (ㄹ)의 경우에 (ㄷ)보다는 커뮤니케이션의 양이 많으나 서로에 대하여 서로에 대한 자아인식이 조정되지 않으면 커뮤니케이션은 지속되지 못한다. 한 쪽이 무시당하는 느낌을 갖기 때문이다.

이런 자아위치를 고려할 때 선교적 커뮤니케이션은 대부분 (ㄴ)의 경우에 해당된다고 볼 수 있다. 물론 선교사와 설교자는 겸손히 자신을 낮추어 남을 섬긴다 하더라도 그들은 그들에게서 가르침을 받는 사람들에게 존경받는 부모적 자아위치에 서야만 한다. 하나님의 사자로 선교사는 상대방이 느끼는 자아위치에 따라 자신의 자아위치를 조정할 줄 아는 지혜가 필요하다. 초창기 한국에 왔던 선교사들 대부분은 매우 탁월한 능력을 지닌 분들로서 한국 백성들에게 존경을 받으며 선교

---

27) *Ibid.*

활동을 했다. 언더우드는 그의 헌신, 친절과 겸손, 지혜와 능력으로 사람들에게 존경과 사랑을 받았으며, 특히 황실(고종황제와 민비)에게서도 남다른 각별한 사랑을 받았다.[28]

과거에 한국에 욕 잘하기로 유명한 부흥사가 있었다. 교육수준이 떨어지고 여성들이 집안에서 천대받던 시절에는 그런 패턴이 오히려 잘 수용되었다. 그것은 부흥사는 부모적 위치에 서게 되고, 청중은 아동적 자아위치에 설정되기 때문에 자연스러웠으리라고 본다. 그러나 교육수준이 높아진 지금에는 그런 패턴은 환영받지 못하고 거부당하게 된다.

또 젊은 설교자가 나이든 권사님들에게 권사들이라 한다거나 하대하는 투로 말할 때, 듣는 이들은 그 젊은 설교자의 인격에 실망하게 된다. 목사가 자기보다 나이 많은 장로나 평신도에게 항상 "내가…내가…"라는 식으로 하대함으로 인해 너무나 분노하고 실망하여 교회를 떠나는 장로도 보았다. 자아위치가 미조정된 상태로 지속될 때 분노와 실망만 야기되는 셈이다.

필자가 부목사로 시무하던 때의 일이다. 담임목사님이 부교역자들과 대화를 나누던 중, 나이 많으신 은퇴 장로님이 사무실에 들어오셨다. 젊은 교역자들은 모두 앉아서 인사하는데, 육십이 넘으신 담임목사님은 일어나시며 공손히 인사를 하시는 것이었다. 그 후로 나는 그 모습을 잊지 않고 실천하려고 애쓴다. 교회 내의 직위로 본다면 목사가 위에있지만, 개인적으로 본다면 나이순을 존중해야 옳다고 본다. 그럴 때 그 장로님은 더욱 목사님을 존경하게 되고 더 목회사역에 잘 협조하게 된다.

---

28) L. H. Underwood, 『언더우드』, 이만열 역 (서울: 기독교문사, 1990), 156, 162, 172.

3) 보강방법

앞서 말한 동질성의 문제나 관련구조, 자아위치문제가 커뮤니케이션의 전제적 바탕이 되는 요소라면, '보강'은 메시지의 내용에 관한 문제이다.[29]

이것은 메시지에 담긴 방향으로 행동하거나 제시한 조건을 수락하면 바람직한(positive) 또는 바람직하지 않은(negative) 결과를 얻게 된다고 일러주는 것이다. 이것은 수용자로 하여금 기대되는 결과를 얻거나 피하기 위하여 메시지가 가르치는 대로 따르게 하는 설득방법이다. 밴듀라(Bandura)는 대리강화를 통한 관찰자 행동의 증가에 대한 연구를 했는데, "일반적으로 타인의 성공적인 행동에 대한 관찰은 유사한 행동을 증가시키고 처벌된 행동의 관찰은 그 행동 경향성을 감소시킨다"[30]고 보았다. 연구에 의하면, 일반적으로 모델만 제시하는 것보다 모델의 행동이 강화되는 것을 보임으로써 비슷한 형태의 행동이 더 효과적으로 일어남을 보여준다고 한다.[31]

---

29) 메시지의 내용구성에 있어서 그 전개과정을 최초로 체계적으로 종합한 사람은 아리스토텔레스이다. 아리스토텔레스는 메시지의 전개과정을 다음과 같이 5단계로 나누고 있다.
　첫째, 창출(創出: inventio-invention) 단계로 전하고자 하는 소재를 설정하는 커뮤니케이션의 첫 단계이다. 둘째, 배열(配列: disositio-arrangement) 단계로 창출한 메시지 요소를 일정한 순서에 따라 논리적으로 전개하는 것이다. 셋째, 메시지에서 풍기는 멋(elocutio-style)으로 같은 내용이라도 표현하는 방식에 따라 이지적일 수도 있고 감정적일 수도 있다. 또한 송신자의 인간적 미를 담아서 친근성과 호소력을 높이기도 한다. 넷째, 전달(傳達: pronunciatio-deliver) 단계로, 일정한 물리적 형식을 갖추어 메시지를 전달하는 과정이다. Aristoteles는 목소리를 통한 전달형식에 관심을 가졌으나 오늘날에는 다양한 매체를 통하여 메시지가 전달되는 상황도 고려할 수 있다. 다섯째, 기억(記憶: memoria-memory) 단계로 지금까지의 네 단계를 거쳐 구성된 메시지를 좀 더 인상적이고 기억에 남도록 하는 방법이다. 이와같은 아리스토텔레스의 수사학은 오늘날도 전파매체의 내용을 구성하고 분석하는데 잘 적용이 된다. Aristotles, *The Rhetoric of Aristotle, Trans., Lane Cooer*, (New York: Appleton-Century-Crofts, 1960), 16-25.
30) Albert Bandura, 『사회적 학습이론』, 변창진·김경린 역 (서울: 중앙적성출판사, 1984), 125.
31) *Ibid.*, 126.

(1) 긍정적 보강과 부정적 보강

보강법의 메시지 내용에 따라 긍정적 보강(positive reinforcement)과 부정적 보강(negative reinforcement)이 있다. 긍정적 보강(positive reinforcement)은 대부분의 상품광고를 예로 들 수 있다. 특정 상품을 이용하면 응분의 보상이 따른다고 설득함으로써 구매의욕을 자극하는 것이다. 또한 올림픽에서 금메달을 딴 선수에게 보장하는 연금이나 혜택에 대한 약속도 강한 동기를 유발하는 보강의 긍정적 방법 가운데 하나이다.

긍정적 보강법의 전략은 교육현장에서도 많이 인정되고 있다. "일찍이 로마제정기(帝政期)의 대표적 교육가였던 퀸틸리아누스(Quintilianus Marcus Fabius, B. C. 35-95?)는 당시 스파르타식의 강제적 교육방법이 성행되던 때 강제에 의해서가 아닌, 상품에 의한 자극 경쟁을 통한 승리라는 유희식 학습법에 의해 동기를 자극할 것을 강조했다."[32] "인문주의자였던 에라스무스(Erasmus Desiderius, 1464-1536)의 교육사상도 당시 중세기의 채찍에 의한 교육을 비난하고 '상찬(賞讚)은 모든 기능의 어머니다'라고 하여 내적 자극에 의한 교육을 장려했다."[33] "'상벌(賞罰)에 의한 학습동기'를 연구한 학자들의 견해에 의하면 학습의 동기유발에 있어서 상이 벌보다 유효한 효과를 올린다고 말하고 있다. 지능이 높은 학습자에게는 벌(罰)도 유효하지만 낮은 학습자는 상(賞)의 효과가 크다고 한다."[34] "칭찬과 질책 등의 방법으로 동기는 여러 가지로 영향을 받는데 대체로 칭찬이나 상을 즐겁게 생각하여 행동을 적극적으로 하고 벌이나 질책은 불쾌를 유발하여 그것을 피하기 위하여 행동이 달라져 행동을 조절하게 된다."[35] 더구나 오늘날은 민주화 의식이 높아져 벌보다는 상을 통한 방법이 더욱 더 바람직하다고 본다.

32) 이원호, 『敎育史槪說』 (서울: 제일문화사, 1981), 61, 62.
33) Ibid., 134.
34) 민영순, 『敎育心理學』 (서울: 교육출판사, 1981), 265.
35) 라병술, 『心理學槪論』 (서울: 형설출판사, 1981), 176.

부정적 보강(negative reinforcement) 방법이란 일정한 방향으로 행동하지 않으면 괴로움을 겪게 된다고 위협함으로써 수용자에게 특정 행동을 취하도록 설득하는 것이다. 앞에서 예로 든 교육 동기유발을 위한 질책이나 체벌 등 벌도 그 한 예이다. 그러나 "부정적 보강은 개인에게 행위를 강요할 수는 있지만 근본적인 태도를 바꾸는 데는 별 효과가 없다"[36]고 한다.

뿐만 아니라, 인간의 행동은 전적으로 외적인 보상이나 처벌에 의해서만 결정되는 것은 아니다. 인간행동을 외적인 보상과 벌의 소산만으로 설명하려는 이론은 단편적인 인간상을 나타낼 따름이다. 인간은 어떤 메시지나 통제력을 가진 긍정적 보상이나 부정적 보강이 있다 하더라도 그 내심의 가치관과 신앙관을 따라 이를 수납하거나 거부하기 때문이다. 밴듀라는 이를 '자기강화'(self-reinforcement)라고 부른다. "인간은 자신의 감정, 사고 및 행위에 대한 어느 정도의 통제를 가능케 하는 자기반응능력(self-reactive capacities)을 갖고 있기 때문이다."[37] "인간에게는 예상되는 결과에 의해 유지되는 활동도 있으나 대부분의 활동은 자기강화의 통제를 받는다. 자기 통제과정에서 인간은 자신의 행동에 대한 일정한 표준을 설정하고 자기 보상적 또는 자기 통제적 방법으로 자신의 행위에 반응한다."[38] 성경은 이러한 인간의 내면의 자기통제적 작용을 '믿음'이라 부르며 그것이 외적으로 나타난 것, 곧 믿음의 증거는 '순종'이라고 부른다.[39] 그러므로 그리스도의 종들이 긍정적 강화를 무

---

36) J. W. McDavid & H. Harari, *Psychology and Social Behavior* (New York: Harper& Row press, 1974), 110-111.
37) *Ibid.*, 136, 137.
38) *Ibid.*
39) 히 3:18-4:3에서 성경기자는 출애굽하여 가나안땅의 약속을 받은 사람들이 많이 있었으나 그 약속을 받은 사람들 가운데 오직 믿음을 화합하여 순종한 사람들만 가나안땅에 들어갔다고 말하고 있다. 그들은 약속을 받았고, 불순종하는 자들의 처벌과 순종하는 자들이 경험하는 놀라운 기적들을 많이 목격한 자들이었다. 그러나 그 반응은 믿음이냐 불신앙이냐 라는 내면적 자기통제작용에 의해서 각각 다르게 나타났다.

슨 만병통치의 특효약처럼 사용하여 행위의 결단을 기대하는 것은 그릇된 자세이다. 메시지의 기계적 반응을 기대할 것이 아니라, 먼저 영혼에 대한 참 사랑과 인격적 존중 가운데 복음의 메시지를 전달해야 한다. 또한, 인간의 마음속에 신앙을 불러일으키는 것은 오직 하나님의 주권적 역사로서의 성령의 권고하심에 있는 것이다(요 14:16, 26; 16:13; 고전 12:3). 그러므로 복음의 메신저는 하나님의 주권적인 선하신 권고하심과 성령의 역사하심을 통한 회심과 구원을 간구하는 가운데 복음의 메시지를 전해야 한다.

아울러 자기통제를 통하여 행동을 선택하고 결단하는데 있어서, 이러한 외적 보상이 적지 않은 영향을 끼친다는 사실도 간과해서는 안된다. 그러므로 "상과 벌은 어디까지나 목적이 아니라 수단이라는 점을 뚜렷이 인식하고 적당한 학습장면에서 효과적으로 사용해야 한다."[40] 보강법은 교육의 내용이나 메시지의 내용이 아니라, 메시지를 전달하기 위한 수단이라는 점을 기억해야 한다. 성경의 가르침에서도 하나님의 말씀을 믿고 순종하는 것이 하나님의 뜻이며, 그에 순종했을 때 하나님이 복을 주시고 불순종의 대가는 징계라고 하였을 때, 긍정적 보상인 축복론을 지나치게 강조하면 기복신앙(祈福信仰)으로 흐르게 될 수 있다. 성경이 가르치는 진리의 양면을 다 가르치지 않으면 그것은 성경이 말하는 기독교가 아닌 탈선된 종교가 되기 쉽다. 그러므로 하나님의 종들은 성경의 모든 교훈들, 진리에 대한 믿음과 순종, 축복과 영생이란 보상과 징계와 심판이란 처벌의 진리를 다 전해야만 한다. 그리고 하나냐와 미사엘과 아사랴의 자세와 같이 현세에서 하나님의 구원과 이적의 역사가 나타나지 않고 풀무불이라는 극히 부정적 처벌이 눈앞에 닥쳐왔지만 왕의 명령을 거절하고 하나님의 명령을 따르겠노

---

40) 민영순,『敎育心理學』,(서울: 교육출판사, 1981), 265.

라고 했던 "그리 아니하실지라도"의 신앙을 가르쳐야 할 것이다.[41]

그럼에도 불구하고 성경에서 하나님의 메시지 가운데 보강법은 분명히 여러 곳에서 발견되며, 인간의 마음에 결단을 위한 격려를 보강하는 데 유익하므로 그리스도의 제자 된 서기관들은 새 것과 옛 것을 그 곳간(庫間)에서 내어오는 집주인처럼(마 13:52) 지혜롭게 이를 잘 활용하여 전해야 할 것이다.

(2) 설교자의 자기강화

누구나 자기강화 능력이 있는데, 메신저는 타인들에게 메시지를 전하기에 앞서서, 메신저 자신이 먼저 스스로에게 내적으로 긍정적 자기강화를 할 필요가 있다. 요한 웨슬레는 설교하기 전에 항상 기도하기를 "하나님이여, 하늘을 가르시고 강림하사 지금 제가 전하는 이 말씀이 하나님의 말씀임을 인쳐 주옵소서!"라고 부르짖었다고 한다. 하나님의 성령에 의해, 그 말씀이 하나님의 말씀이라는 내적 확신으로 강화된 말씀은 분명히 청중을 사로잡고 변화를 일으킨다.

우리에게 오는 자극들 가운데서 우리를 파멸시키고 함몰되게 하는 자극들도 있으며, 우리를 격려하고 영혼을 높은 수준으로 업그레이드 시켜주는 자극들도 있다. 설교자는 죄의 유혹이나 시험의 가능성을 피하고 자주 신선한 도전을 받음으로 스스로에게 내적 강화를 해주는 일이 필요하다.

그런 면에서 필자는 "영웅을 모방하라"(imitate)고 말하고 싶다. 몇 해 전, 우리 학교에서 신입생 면접을 하는데 면접질문들 가운데 하나가 "존경하는 이가 누구냐?"라는 것이었는데, 대다수의 학생들이 "존경하

---

41) 저 소년들은 그들이 느브갓네살의 요청을 거부하고 금신상 앞에 절하기를 거절했을 때 하나님이 그들을 풀무 가운데서와 왕의 손 아래서 건져 주실 줄을 믿었다. 이 약속은 하나의 보상이다. 그러나 그들은 그렇게 되지 않는다 하더라도 하나님의 명령을 따라 우상 앞에 절하지 않겠다는 자세를 취했다(단 3:16-18).

는 사람이 없다"는 것이었고, 그나마 몇몇 학생이 "내 아버지"라는 대답이었다. 참 가슴이 아프다. 그러나 나는 정말 이 시대에 존경할 만한 인물이 없기 때문임은 아니라고 본다. 그것은 그들의 관심영역에 문제가 있다고 본다. 그 사람에 대한 관심이 없거나 무지하면 그 사람을 존경할 수도 없고 본받고자 할 일도 없다. 그러나 우리가 눈을 들어 비전의 차원에서 사람을 찾는다면 이 시대에도 존경할 만한 영웅들은 얼마든지 있다.

스포츠계에선 골프의 황제 타이거 우즈를 비롯하여 한국의 박세리 등 여러 골퍼들, 야구계에선 미국의 맥과이어, 소사, 한국의 이승엽, 박찬호 등 대단한 인물들이 많다. 그런데, 골퍼의 경우, 자꾸 명 골퍼의 포즈를 흉내 내면, 자연히 좋은 골퍼가 된다. 야구투수의 경우, 박찬호의 투구를 연구하고 그가 어떻게 피칭연습을 하는지를 알아보며 모방하려고 노력하면 그도 점점 좋은 투수가 되게 될 것이다.

그리스도인의 사역의 세계에서도 마찬가지이다. 시대마다 영적 거장들이 있다. 우리나라에도 세계에서 가장 큰 교회, 가장 큰 장로교회, 가장 큰 감리교회, 가장 큰 성결교회가 있다. 그리고 수많은 사람들을 그리스도께로 인도한 영적 거장들이 있다. 그런 분들의 삶을 눈여겨보고 모방하기를 노력해야 한다. 실패자, 안 되는 이들을 자꾸 보면 부정적 보강이 된다. 그러나 크게 성공한 이들을 자꾸 접하면 높은 긍정적 보강이 속에서 일어날 수 있다. 그런 이들의 전기나 전집을 가까이 두고 자주 읽거나, 그런 이들을 만날 수 있다면 좋을 것이다.

새들백교회의 목회자인 릭 워렌이 대학생 때 그가 존경하던 크리스웰(W.A. Criswell) 목사가 자기 집으로부터 500여 마일 떨어진 곳에서 집회한다는 말을 듣고 하루 종일 자동차로 달려가 크리스웰 박사의 설교를 듣고, 그 목사를 만나 축복을 받았다는 고백을 하고 있다. 릭 워렌은 당시 남침례교단 최대의 교회를 담임하던 영적 거장의 목회를 패러디

하는데 성공했던 것이다.[42]

　나는 개인적으로 한 사람의 목사로서 이용도 목사, 존 웨슬레, 윗 필드, 오스왈드 스미스 등 영적 거장들을 모방하며, 이 시대에 새롭게 패러디하여 자신의 영성과 삶에 활기를 불어넣고 있다.

　물론 문화적 패턴까지 똑같이 모방할 필요는 없다. 그러나 영성이나 사역의 탁월한 능력의 비결에는 어떤 공통점, 어떤 원리(principle)가 있는 것이다. 영적 거장들의 삶을 모방하라. 그러면 당신도 새로운 시대의 거장이 될 수 있을 것이다.

3. 자아노출

　대인 커뮤니케이션에서 메시지의 효과에 영향을 미치는 또 하나의 요인으로서, '자아노출'(self-exposure)을 들 수 있다. '자아노출'이란, 상대방에게 자신을 얼마나 공개하느냐에 관한 문제로서 화자 상호간에 자신을 많이 공개할수록 메시지의 흐름은 쌍방통행이 되고 커뮤니케이션의 양도 많아진다는 것이다.

　이에 관해 연구한 조하리(Johari)의 도움을 받고자 한다. '조하리의 창'(The Johari Window)이란 도식을 참고하면, 한 사람의 전체적인 자아를 4종류로 나누고 있다.

　첫째, '열린 자아'(open self)이다.

　이것은 자신뿐 아니라 상대방도 알고 있는 자아의 모습을 가리킨다. 열린 자아의 내용은 주로 정보, 느낌, 인상, 욕구 등인데, 이를 친밀성

---

[42] 여기서 모방이라 하지 않고 '패러디'(parody)라고 한 이유는, 그가 크로스웰 목사의 목회를 그대로 모방한 것이 아니라, 새로운 전략을 개발하는 크로스웰 목사의 목회스타일처럼, 그도 새 시대에 적합한 새로운 전략을 개발하는데 주력했다는 점이다.

이라고도 말할 수 있으며, 상대방에 따라 크게 다르게 나타난다. 대인 커뮤니케이션에 있어서 열린 자아가 전체에서 나타나는 비율이 클수록 자신을 많이 개방하게 되는 것이며, 메시지의 전달효과도 크다. 반면에 열린 자아가 작을수록 커뮤니케이션 효과는 떨어진다.

〈자아노출상태/The Johari Window〉[43]

	자신이 아는 자아	자신이 모르는 자아
남이 아는 자아	열린 자아(Open Self)	눈 먼 자아(Blind Self)
남이 모르는 자아	숨긴 자아(Hidden Self)	모르는 자아(Unknown Self)

둘째, '숨긴 자아'(Hidden Self)이다.

이것은 열린 자아의 반대개념이며, 자신은 알고 있으나 상대방에게는 숨기고 있는 자신의 모습을 말한다. 하나님 앞에는 자백하지 않은 죄가 이에 해당된다.

대인 커뮤니케이션에 있어서 자신의 실패나 부끄러운 과거, 단점, 성관계 등 상대방에게 알리고 싶지 않은 부분들이 이에 해당된다. 이는 열린 자아와 역 관계에 있으며, 따라서 숨긴 자아가 커질수록 커뮤니케이션 효과는 떨어지며 대화는 일반적일 수 있다. 그리고 서로에 대해 무언가 미흡한 느낌을 남기게 된다. 심각한 정신장애가 있는 사람들은 대개 숨긴 자아 속에 남아 있는 사람이다.

셋째, '눈 먼 자아'(Blind Self)이다.

이것은 자신은 알지 못하나 상대방은 알고 있는 자신의 모습이다. 예를 들어 특유한 자신의 몸짓이나 습관, 특별한 사고방식 등이다. 눈 먼 자아가 클수록 상대방으로부터 냉소적인 반응을 받을 수 있으며 공동

---

43) J. Luft, *Group process: An Introduction to Group Dynamics*, (Palo Alto, Cal.: National press Books, 1970), 11.

체 내에서 왕따를 당할 수 있다. 눈 먼 자아를 줄이는 방법은 자신을 개방하여 타인들과 대화를 가짐으로써 자신에 대한 모습을 상대방으로부터 알아내는 것이다.

그러므로 자신의 단점을 조언해 줄 수 있는 좋은 친구를 두는 게 좋으며, 누군가로부터 자신의 그런 단점을 지적받을 때, 기꺼이 수용하며 인정할 수 있는 마음의 태도를 가져야 할 것이다.

넷째, '모르는 자아'(Unknown Self)이다.

이것은 자신도 상대방도 모르는 자신의 모습이다. 이것은 잠재해 있는 자아이기도 하다. 다양한 경험이나 대화들을 통해서 새롭게 나타나게 된다. 이것은 존재하지 않는 자아가 아니라, 다른 경험을 통하여 나타날 수 있는 가능성의 자아이며, 잠재적인 자아이기도 하다. 그러므로 다양한 경험과 대화들을 통하여 모르는 자아를 돌출해 내어 자기를 계발할 뿐 아니라, 커뮤니케이션의 효율성도 높일 수 있다.

이와 같이 자신을 여는 정도에 따라 대인 커뮤니케이션의 메시지의 흐름과 양은 증감될 수 있다. 대신 커뮤니케이션에 있어서 성령께 순종하는 것은 항상 하나님을 향해 자아를 여는 것이라고 볼 수 있다. 그러므로 성령 충만한 그리스도인은 비그리스도인이나 육신적인 그리스도인들보다 훨씬 건강한 자아를 가지고 있다고 말할 수 있다.

사실 우리가 알고 있는 자아에 대한 인식은 아주 불충분하다고 해도 과언이 아니다. 내가 알고 있고 남이 알고 있는 자기란 자기의 참 본질에 비하면 빙산의 일부라고 해야 옳을 것이다. 사람 속에 있는 천재성이나 탁월한 재능은 감추어 있다가 어떤 계기를 만나서야 나타나는 경우가 많다. 그러므로 우리 안에 잠재해 있는 재능이나 탤런트를 끄집어내기 위해서 다양한 경험, 독서, 대화, 좋은 스승과의 만남 등은 필수적이다. 천재란 대개 어릴 때부터 일찍이 그 가능성을 캐내어 계발한 사람들이라고 말할 수 있다.

자아에 관한 이해를 위해 심리학에서 말하는 네 가지 유형의 기질에 대해 논해 보자. 사람의 기질은 대개 다혈질, 담즙질, 우울질, 점액질 네 가지로 나누는데, 베블리 라헤이는 『기질과 자녀교육』에서 각 기질이 다른 기질과 어느 정도 복합되어 있어서 12가지 유형이 있다고 한다.[44]

네 가지 성격의 유형을 간단히 표현해 본다면, 첫째, 다혈질의 사람이다.

이런 사람은 애교 있고 상냥하며, 누구에게나 친절히 잘 지내고 사교성이 좋다. 그런 반면, 화도 잘 내며 풀기도 쉽게 푼다. 분노를 속에 감추고 오래 가는 일이 없다. 다혈질은 한 가지 일에 지속적이기보다는 다채로운 경험을 하기를 좋아하는 경향이 있으며 내향적이 아니라 외향적이다. 스포츠맨이나 활발한 세일즈맨, 사업가들이 이런 성향의 사람들이 많다고 보겠다.

둘째, 담즙질의 사람이다.

이런 사람은 의지의 사람이다. 무엇이든지 혼자 독립적으로 해 보려는 의지가 강하다. 활동적이며 책임감이 강하며, 강력한 지도력을 행사하려고 한다. 이런 사람은 지도자적 위치에 서는 것을 좋아하며, 타협이나 양보를 싫어하고 독단적으로 처리하기를 좋아한다.

셋째, 우울질의 사람이다.

이런 사람은 조용하고 사색적이며 민감하다. 예술적인 재능이나 학자적 분석력이 뛰어나다. 많은 잠재력이 있으며, 현실도피나 자기연민, 불평주의적인 성향을 가질 수도 있다. 그가 충분한 사랑 속에 자라고 재능이 계발되면 훌륭한 문학가나 예술가, 목회자가 될 것이다.

넷째, 점액질의 사람이다.

이런 사람은 "무엇 때문에 무리한 노력을 하겠는가?"가 그 좌우명이

---

44) Beverly LaHaye, 『기질과 자녀교육』, (서울: 생명의말씀사, 1986)

다. 그는 거의 매사에 적극적이지 않고 방관적인 경향이 있으며, 편안하고 주위의 일에 대해 흥미를 별로 두지 않는다. 매사에 별 문제의식을 갖지 않고 태평한 기질이다. 그러나 자신에게 주어져 꼭 해야 할 일에 대해서는 끈기 있게 해낸다. 그는 편안한 사람이고 끈기 있고 변함없는 사람이다.

　이런 기질들은 다 나름대로의 장단점을 가지고 있는데, 중요한 것은 그 어떤 기질도 하나님의 형상의 반영이란 점이다. 즉 하나님을 닮은 고귀한 특성들이다. 그러므로 이런 기질들을 잘 관리하고 계발해야 한다. 모든 기질은 잘못 길들여질 때 단점이 극대화되어 범죄유형이 된다. 그러나 성령 충만하고 성령의 지배를 받을 때, 각각의 기질은 아름답게 나타나고 하나님께 귀히 쓰임을 받는다. 그 어떤 기질도 하나님의 선물이며 하나님의 형상의 반영이다. 그러기에 성령 안에서 자신의 자아를 긍정적으로 수용하고, 자신의 기질을 성령 안에서 즐거이 표현하는 것은 가장 좋은 커뮤니케이션 자세가 될 것이다.

4. 수신자 관련구조

1) 공동의 문화경험인 '상징'

　다음 도표에서 슈람(Schramm)은 두 개의 개체 사이에 있어서 기호를 매개로 서로 공통된 의미 즉 경험의 영역을 공유해 나가는 과정을 설명하고 있다. "커뮤니케이션은 송신자와 수신자간에 공동의 경험을 토대로 이루어지며, 서로의 커뮤니케이션을 통하여 그 공동경험의 폭도 넓어지게 된다."[45]

---

45) 홍기선, 『커뮤니케이션론』, (서울: 도서출판나남, 1991), 442.

〈'슈람'의 대인커뮤니케이션 모형〉[46]

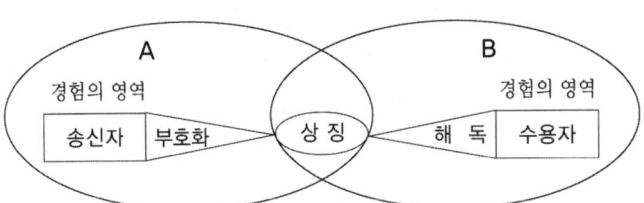

슈람의 모델에서 각 원은 두 사람의 경험영역을 의미하며, 두 원이 겹쳐진 부분은 공통된 경험의 영역이다. 여기서 공유된 영역이 클수록 커뮤니케이션이 원만하게 이루어진다는 것이다.[47] 여기에서 송신자는 수신자와 공동으로 경험되고 약속된 상징들(symbols, signs)을 통하여 메시지를 보낸다. "인간의 의사전달을 가능케 하는 것은 문화적인 상징물의 공유가 그 특성이다. 우리는 우리의 사상을 다른 사람의 머리에 옮길 수 없다. 우리는 그것들을 먼저 다른 사람이 이해하는 상징물로 기호화하여야 한다."[48] 특히 문화는 커뮤니케이션을 원활하게 하는 공통된 경험영역에서 중요한 부분을 차지한다고 보겠다. 그러므로 성공적인 커뮤니케이션을 수행하기 위해서 문화적 요소를 충분히 인식하고 활용하는 것이 필수적이라고 본다.

문화의 구성요소들은 사물을 인식하는 방법, 사고방식(mentality), 상징체계(symbol system), 구체화된 상징체계인 언어(language), 가치(value), 규범(norm) 커뮤니케이션 습관(communication habits) 등이 문화를 구성하는 하부체계가 된다. 이러한 문화를 구성하는 여러 요소 중에서도 가

---

46) W. Schramm, "How Communication Works" *The process and Effects of Mass Communication* (Urbana: University of Illinois press, 1954), 15.
47) *Ibid.*
48) Paul G. Hiebert, *Anthropological Insights for Missionaries* (United States of America: Baker Book House company, 1985), 38.

장 기본적인 것으로 문화의 상징체계를 들 수 있다.[49] 커뮤니케이션은 이러한 문화요소 특히 부호(codes)와 상징(symbols)들을 통해서 이루어진다. "상징이나 부호는 인간이 보고, 느끼고, 생각한 것 등을 표현하고 전달하기 위하여 임의로 만들어 낸 것으로 이는 구성원 사이에 일종의 약속으로 이루어진다."[50]

그런데 같은 문화권에서는 같은 상징을 사용하기 때문에 뜻이 쉽게 전달되고 커뮤니케이션이 원활하게 이루어지지만, 문화권이 다를 때에는 커뮤니케이션을 하는데 많은 어려움이 따르게 된다. 문화가 다르면 상징체계가 다르고 상징에 부여되는 의미와 그 해석방식도 다르기 때문이다.[51] 따라서 원활한 커뮤니케이션을 위해서는 문화요소, 그 가운데 특히 언어와 부호들의 상징체계를 동일시해야 한다는 것이 필수적이라고 하겠다.

2) 수신자 관련구조

메시지의 송신자는 수신자가 이해하는 상징체계를 통해서 메시지를 전달해야만 커뮤니케이션이 가능하다. 그러므로 송신자는 수신자의 관련구조(문화구조, 상징들)를 이해할 필요가 있다. 크래프트(Charles Kraft)는 의사전달의 기본원리 10가지를 열거하면서 '수신자 관련구조'를 통하여 메시지를 전달하는 '수용자 방향(Receptor-Oriented)의 메시지'를 강조하였다.[52] 수용자가 전달자의 의사를 명확히 이해하기 위해서는 수

---

[49] F. E. Jandt, *The process of Interpersonal Communication* (San Francisco: Comm. Field press, 1976), 182.
[50] S. I. Hayakawa, *Language in Thought and Action* (London: Allen & Unwin Ltd., 1964), 24.
[51] 홍기선, 『커뮤니케이션론』. (서울: 도서출판나남, 1991), 47.
[52] Kraft가 주장한 의사전달의 10대 원리는 다음과 같다.
 ① 커뮤니케이션의 목적은 전달자에 의해 주어진 메시지를 수납자에게 이해하도록 하는

용자가 가지고 있는 지식의 분량이나 문화적 상황을 충분히 고려하지 않으면 안된다는 것이다. "전달자는 수용자의 머릿속에 의미들을 자극하는 문화적 형태를 통해 메시지를 보내며, 각 수용자는 그 의미들을 궁극적으로 산출하는 메시지로 정리한다."[53] "전달자는 그 메시지를 효과적으로 전달하기 위해 수용자 방향이 되어야 한다."[54] "의사전달은 전달자와 수용자가 다 같은 상황과 위치와 구조 가운데 참여할 때 가장 효과적이다."[55]

이와 같은 전달자와 수신자 사이의 커뮤니케이션 원리들에 대해 크래프트는 다음과 같이 세 가지 상황으로 요약한다.

    것이며 어떤 방법을 통해서 실질적으로 전달자의 의향을 교환한다.
② 이해되는 것은 적어도 수납자가 어떻게 전달자가 그것을 주는 방법 그대로 인지하느냐에 의존한다. 이해되는 것의 마지막 형태화는 전달자의 머리가 아닌, 수납자의 머리 속에서 이뤄진다.
③ 전달자는 메시지를 수납자의 머리 속에 의미들을 자극하는 문화적 형태를 통하여 보내며, 각 수납자는 그 의미들을 궁극적으로 산출하는 메시지로 정리한다.
④ 전달자는 그 메시지를 효과적으로 전달하기 위해 수용자 방향(receptor-oriented)이 되어야 한다.
⑤ 만약 전달자의 메시지가 수납자에게 영향을 주고자 한다면 그것은 적당한 정도의 충격(impact)을 보내야 한다. '엄격하게 정보적인 메시지'는 만약 수납자가 그것을 절실한 필요를 가지고 인식하지 않으면 높은 효과를 성취할 수 없을 것이다.
⑥ 가장 충격적인(효과적인) 의사전달은 인격적인 상호작용으로부터 초래한다. 커뮤니케이션은 삶에 대한 삶의 마찰(rubbing)이지 단순히 굉장히 효과적으로 만들어진 목소리나 인쇄된 상징들을 주고받는 것이 아니다. 메시지는 전달자의 삶과 수납자의 삶에 관련된 본질에 의해 믿을 만 하거나 또는 불신적인 것이 된다.
⑦ 의사전달은 전달자와 메시지와 수납자가 다 같은 상황과 위치와 구조 가운데 참여할 때 가장 효과적이다.
⑧ 의사전달은 전달자가 선택된 관련 구조 내에서 존경할 만한 인물로 신뢰를 얻었을 때 매우 효과적이다.
⑨ 의사전달은 메시지가 수납자의 삶에 특별히 관련되어 수납자에게 이해될 때 효과가 매우 높다.
⑩ 의사전달은 수납자가 첫째, 최소한 부분적으로나마 전달자와 동질화할 능력을 발견할 때, 둘째, 메시지가 자신의 삶에 관계가 있음을 발견할 때 그것은 매우 효과적이다.

53) Ibid., 148
54) Ibid.
55) Ibid., 149.

① 첫째 상황[56]

전달자 A와 수신자 B가 각기 다른 관련 구조에 존재하는 경우인데, 전달자 A는 자신의 구조로 표현하기 때문에 수신자 B는 A가 전달하고자 하는 바를 전혀 이해하지 못한다.

② 둘째 상황

전달자는 수신자를 수신자의 관련 구조로부터 끄집어내어 전달하는 방식인데, 이 경우는 수신자가 전달자의 구조를 잘 이해할 때만 커뮤니케이션이 가능하다. 또한 수신자가 전달자로부터 배우고자 하는 높은 동기가 있을 때 가능하다.

③ 셋째 상황

전달자가 수신자의 관련 구조를 이해하고 익혀서 수신자의 관련 구조를 통하여 전달함으로써 수신자는 전달자의 메시지를 잘 이해할 수 있다. 전달자가 수신자와 동일시함으로써 커뮤니케이션은 원활하다.

가장 효과적인 의사전달은 세 번째 방법임은 두 말할 나위가 없다. 수신자의 관련구조로 메시지를 표현하는 이 방법을 크래프트는 곧 '수신자 방향적 커뮤니케이션'(Receptor-Oriented Communication)이라 부르며, 이 커뮤니케이션 원리를 일찍이 우리 주님과 사도 바울이 복음 진리를 전달하는데 사용하셨다고 주장한다.[57] 최한구 박사는 『기독교 커뮤니케이션론』에서 '청취자 제일의 원리'(Sovereign Audience)를 기독교 복음전파의 기본적 원리라고 말한다. 오늘날 기독교 복음을 전달하는데 있어서도 성경적 근본 원리에 상처를 주지 않는 한에서, 메시지의 수신자의

---

56) Charles H. Kraft, *Christianity in Culture*, 155.
57) 聖子께서 성육신하시어 인간의 모습으로 인간과 함께 하시며 인간의 언어로 말하며 생활하시며 천국복음을 전달하신 것은 메시지의 전달 방법에 있어서 수신자 중심의 커뮤니케이션의 대표적 예이다. 또한 바울 사도도 아덴에서 전도할 때 "알지 못하는 신에게"(To an Unknown God)라고 새긴 그들의 제단을 발견하고 저들에게 그 알지 못하는 신을 소개하겠다고 하였다(행 17:22,23) *Ibid.*, 153-154.

심정 상태와 문화적 입장, 수신자의 관심 영역에 대해 적절하도록 메시지가 상응해야만 한다. 이것이 곧 기독교 커뮤니케이션에 있어서의 "청취자 제일의 원리", 혹은 "청취자 우대원리"이다.[58]

5. 세계관과 관습의 이해

각 문화마다 그 핵심에는 그 문화의 세계관이 있다. 폴 히버트(Paul Hiebert)에 의하면, 세계관은 한 문화의 믿음과 행위 이면에 있는 현실에 관한 기본적인 전제이다. 또한 세계관은 모든 사물과 사건들, 문화를 이해하는 지도(map)와 같은 것이며, 이해의 틀임을 알 수 있다. 그러므로 모든 행동의 패턴은 그 세계관의 반영이라 해도 과언이 아니다. 선교사는 선교지 문화의 세계관을 충분히 이해하지 않으면 안된다. 각 문화의 관습 또한 이 세계관을 중심으로 형성되어 있다. 그러므로 링겐펠터는 예수는 200퍼센트의 사람이셨으며, 선교사는 150퍼센트의 사람이 되어야 한다고 하면서, 선교사는 자문화뿐만 아니라, 선교지의 문화도 최대한 익혀야 한다고 말하고 있다.[59] 이 책에서 그들은 여섯 가지 면에서 새로운 관습과의 관계에서 발생하는 긴장에 관해 말하고 있다. 첫째, 시간 성향과 행사 성향, 둘째, 분석적 사고방식과 총체적 사고방식, 셋째, 신분중심과 성취중심, 넷째, 위기의식과 비위기의식 성향, 다섯째, 업무중심과 사람중심 성향, 여섯째, 연약함의 은폐와 연약함의 노출 성향 등을 논하고 있다. 이런 각 성향들의 차이는 물론 문화권마다 큰 차이가 나지만, 동일문화권 내에서도 그의 직업이나 신분, 또는 성격에 따라 개인적 차이가 상당히 있음을 부인할 수 없다.

---

58) 최한구, 『기독교 커뮤니케이션論』 (서울: 양서각, 1988), 46.
59) Sherwood G. Lingenfelter, Marvin K. Mayers, 『문화적 갈등과 사역』 (서울: 죠이선교회, 1989).

특히 선교사는 전혀 다른 성향의 사람들이나 관습에 대하여 빨리 이해하고 수용하기를 배워야 한다.

사람중심, 행사성향의 가장 전형적 예는 아마 집시문화일 것이다. 집시들을 위해 사역하는 한국선교사들의 보고에 의하면, 집시들은 주일예배를 위해 토요일 오후부터 모이기 시작하여, 주일 오후까지 찬양하고 커피를 마시고 이야기하며, 설교를 듣고 거의 하루를 예배드린다고 한다. 이들에겐 시간관리란 개념이 거의 없다.

옥일환 선교사가 브라질의 어느 마을(상파울로에서 70km 떨어진 이따꽈꿰세뚜바)에서 결혼식 주례를 부탁받고, 열심히 준비하여 정한 시각인 토요일 오후 4시에 결혼식 장소에 나갔다. 그러나 아무도 오지 않았다. 그는 자신이 실수했는지 몰라 몹시 당황했다. 초조한 가운데 두 시간이 지나서야 사람들은 모이기 시작했고, 저녁 7시가 되어서야 신랑의 부친은 "목사님, 이제 시작 하시죠"하더란다. 처음엔 그들의 태도가 노저히 납득이 안 되었고 몹시 불쾌했으나, 사람들이 다 모여야 일을 시행하는 그들의 사람중심의 세계관을 이해하고 나서 그는 그들을 용납하고 그들과 편안하게 대화할 수 있었다. 또 주례를 하기 위해 단상에 서자마자 갑자기 팡파레와 함께 약 20쌍 가량 되는 남녀들이 발맞춰 앞으로 나왔다. 옥 선교사는 갑자기 벌어진 돌발 사태에서 "내가 연합결혼식 주례를 맡은 것인가? 그에 대한 준비는 하지 못했는데"라는 생각이 들어 당황했다. 그러나 곧 동역하는 인디오 전도사로부터 그들은 신랑신부의 들러리로 축하하기 위한 순서였다는 말을 듣고 안심이 되었다. 이들의 관습은 다분히 행사중심적이요 사람중심적이다.

케냐의 한 미국선교사 부부는 원주민들과 가까워지기 위해 많은 노력을 기울였다. 그는 추장과 이웃들과 친해지려고 세 차례나 음식을 정성껏 준비하고 초청했다. 그러나 그들은 선교사들을 초청하지도 가까워지려고도 하지 않았으며 1년이 지나도록 여전히 그들 사이에는 거리감이 있었다. 그러나 비슷한 지역에 들어간 한국선교사는 별 노력이 없이도 그들과 금방 친해졌다는 보고가 있다. 한국선교사는 그들을 결코 정식으로 초청하지 않았다. 그 대신에 지나가는 길에 그저 그들의 집을 잠깐 잠깐 방문했을 뿐이다. 원인은 바로 거기에 있었다. 그들에게 초청형식이란 하나의 '의례'(rite)로 인식되었다. 친구라면 불쑥, 예고 없이 언제든지 찾아가는 것이다. 미국선교사는 이런 관습을 이해하는 데 1년 이상이 걸려야 했던 것이다. 신뢰감은 관습을 이해하고 함께 하지 않으면 결코 생겨날 수 없다. 관습의 공감 속에서 신뢰감을 형성할 수 있는 것이다.

내가 다시는 여호와를 선포하지 아니하며
그 이름으로 말하지 아니하리라 하면
나의 중심이 불붙는 것 같아서 골수에 사무치니
답답하여 견딜 수 없나이다
(렘 20:9)

제4장

하나님의 커뮤니케이션 케이스의 적용

하나님은 초문화적 존재이시다. 문화를 초월해 계시는 그 분은 문화 속에 존재하는 인간들과 끊임없이 커뮤니케이션하셨다. 뿐만 아니라, 그 분의 의사전달은 항상 그 어떤 의사전달보다 월등하고 탁월하며 완벽하였다. 찰스 크래프트(Charles Kraft)는 그의 저서 『복음전달을 위한 하나님의 방법』(*Communicating the Gospel in God's Way*)에서 "여러 세대에 걸쳐 하나님의 말씀을 전달하고자 하는 사람들이 전할 메시지를 위해서 성경을 보아왔으나 전할 방법을 위해서는 성경을 거의 보지 않았다는 것을 안타깝게 생각한다. **나는 성경의 영감이 '메시지'와 '방법'에까지 다 작용되었다고 믿는다**"[1]고 하면서, **성경계시를 커뮤니케이션을 위한 하나님의 모델로 제시**하고 있다. 커뮤니케이션은 메시지의 내용도 중요하지만 그 메시지를 효과적으로 전달하기 위한 방법도 똑같이 중요한 요소로 이해하면서, 이상적인 방법을 성경에서 찾고자 하는 것이다. 필자는 그의 계시론 전체를 찬동하지는 않지만 적어도 그가 선교커뮤니케이션의 방법론의 모델을 '성경 속에서', '하나님의 방법에서' 찾고

---

1) Charles Kraft, *Communicating the Gospel in Gods Way* (New York: Orbis Book, 1979), 6

자 했다는 사실에 대해 매우 훌륭한 시도라고 평가한다. "모든 성경은 하나님의 감동으로 된 것으로…하나님의 사람으로 온전케 하며 모든 선한 일을 행하기에 온전케 하려 함이니라"(딤후 3:16-17)라는 말씀을 볼 때 성경은 개인적 경건을 위해 필요한 교훈을 줄 뿐만 아니라, "모든 선한 일" 즉 하나님의 사역을 위한 원리와 방법에 대해서까지도 지침을 제공해 주고 있다고 본다.

그러므로 초문화적 존재이신 하나님이 문화적 존재인 인간에게 커뮤니케이션 하신 것을 고찰하는 것은 오늘날 선교현장의 커뮤니케이션을 위한 성경적 기초가 될 뿐만 아니라, 선교 커뮤니케이션 방법론의 놀라운 지혜를 제공해 줄 것이다.

하나님은 구원을 목적으로 하여 끊임없이 자신의 뜻을 사람들에게 계시하셨다. **이 계시는 일방적 개념이 강하지만, 계시를 받아들이는 사람의 반응을 고려할 때, 하나의 커뮤니케이션 사건이라고 볼 수 있다.** 이런 점에서 하나님이 어떻게 자신을 계시하셨으며 사람이 어떻게 반응하였는가를 살펴보며 선교적 커뮤니케이션 원리로 제시해 보고자 한다.

1. 현현

하나님은 아담이 타락했을 때 그를 찾아 동산에 오셨으며, 가인에게 찾아와서 그의 범죄를 경고하셨고 범죄 후 다시 나타나시어 그와 커뮤니케이션 하셨다(창 4:6-15). 아브라함이나 롯에게 그는 직접 현현(顯現, Theophany)하여 커뮤니케이션 하셨다(창 17:1, 22; 18장; 19장). "구약의 현현들 가운데서 '주의 사자'의 현현은 특별한 위치를 차지하고 있는데 이 사자는 하나의 단순한 상징이나 피조된 천사가 아니라 인격적 계시 즉 사람들 가운데서의 하나님의 현현이었다. 지배적인 견해는 그가 삼위 중에 제2위(位)셨다는 것이다."[2]

모세에게는 자신을 직접 계시하시어 "대면하여 명백히" 말씀하셨으며(민 12:8; 출 19:19), 집단적으로 이스라엘 백성들에게 십계명(十誡命)을 하나님 자신이 직접 선포하기도 하셨는데 그 목적은 그들을 시험하고 그들로 하여금 하나님을 경외하여 범죄치 않게 하려 하심이었다(출 20:18-21). 그룹들 가운데 거하시는 여호와께서는 불과 연기의 구름들 속에서(창 15:17; 출 3:2; 19:9, 16; 33:9; 시 78:14; 99:7), 폭풍우 속에서(욥 38:1; 40:6; 시 18:10-16) 자신을 나타내셨다. "이러한 현현들은 하나님의 임재의 표식이었으며 하나님의 영광의 어떤 것을 계시하셨다."[3]

현현의 중요한 특성을 살펴보면서, 이를 선교적 측면에서 적용해 보고자 한다.

1) 하나님은 영적 눈높이에 따라 자신을 나타내셨다.

현현이 아무에게나, 대중에게 나타났다는 증거는 없다. 아브라함에게, 롯에게는 개별적으로 나타나셨지만, 소돔과 고모라 사람들에게는 그 눈을 멀게 하였으며, 상관하지도 않으셨다.

모세에게는 대면하여 말씀하셨지만 다른 이스라엘 어느 누구에게도 그렇게 말씀하지 않으셨다. 이스라엘 회중에게 시내산에서 자신을 나타내시며 십계명을 반포하실 때, 여호와께서는 삼일 전에 옷을 빨고 성결하게 준비시킨 후 반포하셨다(출 19:10-14).

마노아의 아내에게 주의 사자가 나타나 삼손을 낳을 것을 예고하며 나실인으로서 일생 바칠 것을 말씀할 때도 마노아에게 나타나지 않고 두 번 모두 그의 아내에게 나타난 것은 그의 아내가 영성에 있어서 거

---

2) L. Berkhof, 『뻘콥 組織神學 제1권, 序論』, 고영민 역 (서울: 기독교문사, 1980), 230.
3) *Ibid.*

룩하게 하나님 앞에 준비되었기 때문이라고 본다. 마노아는 그 아내의 간구에 힘입어 주의 사자를 뵈올 수 있었다(삿 13:2-14).

그리스도께서는 "거룩한 것을 개에게 주지 말며, 너희 진주를 돼지 앞에 던지지 말라. 저희가 그것을 발로 밟고 돌이켜 너희를 찢어 상할까 염려하라"(마 7:6)고 가르치셨다. 선교사는 복음진리의 핵심을 준비되지 않은 이들에게 너무 쉽게 전하여 값싼 복음처럼 들리지 않게 해야 할 것이다. 주님은 천국 진리를 비유로 말씀하시고, 후에 제자들만 모인데서 그 비유를 가르쳐 주심으로써 다른 이들이 그것을 깨닫지 못하게 하시기도 하였다(마 13:10-15, 36). 그럼으로써 진리는 망령된 자들에게는 가려졌으며, 택함을 받은 제자들에겐 상대적으로 더욱 소중하고 중요한 진리(저들에게만 드러난 비밀)로 인식되었다.

선교사는 복음을 거스르고 대적하는 사회일수록 본인의 신분을 가리고 복음을 함부로 전하지 않아야 한다. 그들이 신적 진리와 주의 사역자를 거스르며 짓밟을 것이기 때문이다.

그러므로 선교사는 선교사에게 좋은 친구가 되며 인격적인 상호관계가 형성되었을 때 그에게 점차 복음진리를 깨우쳐 주어야 한다.

파푸아뉴기니의 모크 부족에게 사역한 매노나이트 출신의 마크(Mark) 선교사는 모크 부족 가운데서 함께 살면서 그들의 언어를 익히기까지 복음을 전하지 않았다. 또 말하기를 배울 때 처음부터 복음진리를 전하지 않았고, 그들을 다 모아 신의 진리에 귀를 기울이도록 준비시켰다. 그들이 첫 모임을 가졌을 때, 그들은 굉장한 무엇인가가 전해질 것이라는 기대감으로 충만했다고 마크 선교사는 증언하고 있다. 그리고 성경을 연대기적으로 창조부터 타락, 구속에 이르는 과정을 점진적으로 가르쳤다.

그리스도의 죽음과 부활, 구약의 제사제도 등을 충분히 가르쳤을 때, 그들은 비로소 그리스도께서 자기들의 죄를 사해 주셨고 그들의 주가 되신다는 사실을 믿고 확신하며 그리스도의 백성이 되었다.

그는 귀를 기울이도록 준비된 이들에게 복음을 전하였으며, 그로 인하여 모크족 전체가 한꺼번에 그리스도 안에서 속죄를 체험한 기쁨을 경험하면서 집단 회심하는 놀라운 경험을 목격하게 되었다.[4]

2) 현현을 통하여 하나님의 동역자를 만들어 가셨다.

아브라함은 여러 차례 하나님의 현현을 통하여 하나님의 사람으로, 믿음의 조상으로 성장해 갔다. 비록 그도 실수와 부족함이 있는 사람이었지만 하나님은 아브라함을 부르실 때, 원대한 비전을 주시며 그를 가나안땅으로 가라고 하셨고(창 12:1-4), 오랜 기간 하나님으로 말미암은 연단과 격려를 통하여 독자 이삭을 하나님의 명령대로 바칠 만큼 훌륭한 하나님의 동역자로 성숙해 나아갔다.

선교사는 자신을 따르는 자들에게 자기를 내어 주고, 섬기며, 그를 격려하며 좋은 동역자로 만들어 가야 한다. 현지인을 농역자로 만들지 않고 계속 직접 사역하려고 하는 것은 바람직하지 않으며 성경적이지도 않다.

하나님도 당신의 말씀을 사람들에게 말씀하시기 위하여 그 분이 쓰실 동역자를 만드시고 훈련하여 쓰셨다. 그 일을 위해 어떤 사람을 부르시고 만나시고 가르치셨다. 어떤 사람을 동역자로 삼을 것인가? 물론 하나님이 그 마음을 열어 주시는 사람일 것이다(행 16:14).

바울은 디모데에게 "네가 많은 증인 앞에서 내게 들은 바를 충성된 사람들에게 부탁하라"(딤후 2:2)고 하였다. "많은 증인 앞에서 내게 들은 바"란 무엇을 의미하는가?

---

[4] New Tribes Mission, Korea "*EE-TAOW*"(VD)-파푸아뉴기니 모크족에게 일어난 성령의 역사.

직임서약의 말씀이라고 본다. 신앙양육을 위하여 제자훈련 사역을 통해 동역자를 기르는데 집중했던 네비게이토의 창시자 도슨 트로트멘이나 그 단체의 리로이 아임스, 월터 헨릭슨 등 네비게이토 지도자들은 "충성된 사람"을 택하여 훈련하고 위임하는 일을 매우 중요시하고 있다.[5]

3) 현현에는 여호와임을 나타내는 특별한 존귀가 있었다.

여호와께서 임하였을 때, 그는 물론 신성의 어떤 것을 감추고 나타나셨다. 그럼에도 불구하고 영적인 사람들은 은혜로 말미암아 그가 존귀한 자일 뿐 아니라, 결국 여호와 혹은 여호와의 사자란 점을 깨달았다. 아브라함의 집 앞에 지나갈 때, 아브라함은 그에게 달려 나아와 절하며 그를 집안으로 영접하였다(창 18:1-15). 물론 처음엔 여호와란 사실을 몰랐으며 지나가는 존귀한 나그네쯤으로 알고 부지중에 영접하였다(히 13:2). 롯 역시 성문에 앉았을 때 그에게 절하고 그를 자기 집으로 영접하여 들였다(창 19:1-3).

믿음의 사람들은 그가 하나님의 사자임을 즉각 알아차렸다. 심지어 소돔 사람들조차 하나님의 사자를 두고 "우리를 재판하려 왔다"고 한 것을 볼 때, 귀한 형상으로 보았는데, 그들은 하나님의 사자를 존경하지 않고 도리어 적대감을 가지고 대적하였다.

선교사는 그의 도덕성과 인격에 있어서 업신여김을 받으면 안 될 것이다. 신적 진리를 전하는 자로서 합당한 인격자로서 인정을 받을 수 있도록 자기를 준비해야 한다. 바울이 데살로니가에 들어갔을 때 데살

---

5) Walter A. Hendriksen, 『훈련으로 되는 제자』, (서울: 네비게이토출판사, 1980), 9.
   충성된 사람을 찾기는 언제나 어렵다. 하나님은 여전히 충성된 자를 찾고 계신다. "여호와의 눈은 온 땅을 두루 감찰하사 전심으로 자기에게 향하는 자를 위하여 능력을 베푸시나니"(대하 16:9).

로니가 사람들은 바울이 전한 말을 사람의 말로 듣지 않고 하나님의 말씀으로 받아 들였으며(살전 2:13), 바울과 주를 본받는 자들이 됨으로써 마케도니아와 아가야의 모든 믿는 자들의 본이 될 수 있었다(살전 1:5-8).

물론 이와 같은 본과 존경은 외모를 통해 이루어지는 것이 아니라, 그리스도와 복음에 대한 헌신과 하나님과 사람들 앞에서의 투명한 생활을 통해 이루어질 것이다.[6]

헤셀그레이브(Hesselgrave)는 선교 커뮤니케이션의 송신원에 관한 문제를 논하면서, 선교 메시지를 전하는 설교자 혹은 송신원은 "선교사는 자신이 능력과 신뢰와 선의를 가진 사람이라는 사실을 드러냄으로써 듣게 해야 한다"고 하였다.[7]

선교사의 존귀는 어디서 오는 것일까? 문화적으로 뒤떨어진 사회에서 보다 고등한 사회에 들어갈 때 선교사는 존귀는 커녕 오히려 멸시를 받을 수 있다. 그럼에도 불구하고 하나님은 그를 존귀로 인도하실 수 있다.

1913년 조선의 박태로, 김영순, 사병순 3명의 목사와 그 가족이 중국 산동성에 선교사로 들어갔을 때, 이들은 소수민족으로서 일본의 지배를 받는 입장에서 중국에 선교하려 할 때 많은 멸시를 받았다. 그런 중에 선교사들이 예의상 래양현의 관리를 방문했으며, 관리로부터 정중한 예우로 영접 받았다. 이 일은 마을 사람들의 태도변화를 가져왔다고 한다. 뿐만 아니라, 그 관리의 집무실에서 나이 많은 노학자가 선교사들이 쓴 글을 보고 한자를 매우 잘 쓴 것을 칭찬하며 마음을 열었으

---

6) 복음을 통하여 파푸아 뉴기니의 모크족 사람들이 변화된 후에 이웃부족 사람들이 찾아와서 마크 선교사에게 그들에게도 와서 복음을 전해 주기를 부탁할 때, 자기네들의 눈은 어둡고 두려움에 사로잡혀 있는데 모크족 사람들의 눈은 밝다는 것이다. 그러므로 모크족에게 전해주었던 것들을 자기들에게도 전해달라고 요청하였다. 이것이 복음으로 말미암아 나타난 향기와 존귀이다.
7) David J. Hesselgrave,『선교 커뮤니케이션론』, 강승삼 역 (서울: 생명의말씀사, 1999), 149.

며, 마가복음을 선물로 받아 간 후, 머지않아 그리스도인이 되었고, 그의 문하생들에게 큰 영향을 끼쳐 교회 부흥에 도움이 되었다고 한다.[8] 산동성에 간 한국인들은 중국 관리에게 먼저 겸손히 예의를 갖추어 방문인사를 하였으며, 또 한자를 잘 쓴 일을 통하여 중국인들로부터 존귀함을 얻게 되었다. 그때부터 전도가 되기 시작했던 것이다.

그러므로 선교사는 그 지역의 풍습을 이해하고 합당한 예의를 갖출 필요가 있다. 또 무엇인가 그들을 돕고 그들의 필요를 채울 수 있는 재능이 구비된다면 선교에 큰 유익이 될 것이다.

2. 선지자들

하나님은 선지자들(prophets)에게 말씀을 주시어 하나님의 백성들에게 말씀하셨다. 그 말씀은 백성들이 나아가야 할 하늘의 길이며, 생명을 얻는 길이었다.

선지자들은 먼저 하나님의 말씀의 수신자였다. "선지자들이 이스라엘 국가 앞에 나타난 것은 자신의 이름으로 선포할 메시지를 가진 종교 지도자로서가 아니라, 여호와께서 자신에게 주신 말씀을 선포해야 하는 자로서이었던 것이다."[9] 물론 이 말이 선지자가 자신의 역사관이 없이 수동적으로만 하나님 말씀을 받아 기계적으로 영감된 것을 의미하는 것은 아니다. 그들은 하나님 중심의 사관을 분명히 가진 자였으며, 그래서 그 문제를 놓고 하나님과 씨름한 자들이었다.

---

8) William C. Kerr, "Abstract of the Adress of the Korean Missionary to Shantung" *The Korea Mission Field*. Vol.12, No.3, 1916: 72, 73. 박기호, 『한국교회선교운동사』 (서울: IAM., 1999), 69, 70.
9) Edward J. Young, 『선지자 연구』, 정충하 역 (서울: CLC, 1989), 191.

1) 하나님의 대언자

하나님은 선지자들 속에 말씀을 주셨는데, 그들이 하나님께 받아 전했던 메시지를 '예언'(豫言)이라고 부른다. 이스라엘 역사에서 예언은 간헐적 현상이 아니었고 놀라울 정도의 계속성을 가진 독특한 운동이었다. 비록 아브라함이 선지자로 불렸고 가끔 고립된 선지자가 나타나기도 했지만 사무엘 시대로부터 구약시대 마지막까지 상당한 무리의 선지자들이 계속하여 일어났다.[10]

"선지자들의 수는 이스라엘 백성 가운데서 개혁가의 역할을 수행해야 했으므로 그 임무가 중대되면서 점점 더 많아지게 되었다."[11]

아합 왕의 시대에 오바댜 대신이 여호와의 선지자 100인을 굴에 숨기고 떡과 물을 먹였다는 기록을 볼 때, 그리고 동시대에 또한 400명의 거짓선지자들이 왕 앞에 예언한 것을 미루어 볼 때 예언자들의 숫자는 성경에 나타난 것들보다 훨씬 많다고 본다. 레온 우드(Leon Wood) 교수의 말대로 "성경에 기록된 선지자들의 숫자는 전체 선지자들의 일부분에 지나지 않는다."[12]

이와 같이 이스라엘의 역사 속에서 수많은 선지자들을 그 백성 가운데 일으키셨다는 것은 그 백성에게 말씀하고자 하시는 하나님의 열정을 발견할 수 있다.

그 하나님의 말씀을 받은 자들은 성실함으로 하나님의 말씀을 전해야 했다(렘 23:28). 심지어 어떤 경우엔 선지자가 그 받는 고난으로 인하여 다시는 예언하지 않고자 하였으나 그 내면에 역사하는 하나님의 강권적 성령의 역사로 견딜 수 없으므로 그들은 하나님의 말씀을 전했다(렘

---

10) *Ibid*.
11) Leon J. Wood, 『이스라엘의 선지자』, 김동진 역 (서울: CLC, 1990), 168.
12) *Ibid*.

20: 9). 여호와께서 말씀하신즉 누가 예언하지 않겠는가!(암 3:8) 하나님은 그의 백성들과 커뮤니케이션하기 위해 그들 가운데 사는 선지자들을 구별하여 저들 안에 계시를 주어 그 말씀을 전달하도록 하셨다.

(1) 선지자는 선지자적 영성을 가지고 말씀을 대언해야 했다.

선지자는 자신의 사상을 전하는 것이 아니라, 하나님의 메시지를 전한다는 확신과 사명감으로 나아가야 했다. 선지자를 의미하는 히브리어 단어군(群)은 나비, 로에, 호제(נביא, ראה, חזה)가 있었는데, 나비(נביא)는 말하는 자, 선지자로 불려진다. '입'과 여러 곳에서 동의어로 사용되며, 어원적으로 '부글부글 끓는다'라는 말에서 파생되었다고 보는 견해가 있다. 이것은 선지자의 엑스타시와 관련이 있다고 본다. 하나님의 영이 그에게 임할 때, 엑스타시 현상이 일어나곤 했으며(민 11: 24-26; 삼상 19:24),[13] 그들은 그가 받은 말씀을 예언하지 않을 수 없었다(렘 20:9). 그로 인하여 그 입에 하나님의 말씀과 그것을 전하고자 하는 열정이 넘쳤던 것이다. 호제(חזה)라는 표현은 '선견자'(seer)로 이해된다. 그 동사는 단순히 '본다'(see)는 의미를 갖고 있다. 로에(ראה) 역시 '라아'라는 어근의 분사형으로 '본다'는 의미를 갖고 있다. 이 두 표현에 대해 다른 직

---

13) 민 11: 24-26에 보면, 모세는 장로 70인을 모아 장막에 둘러 세웠는데, 여호와께서 구름 가운데서 강림하셔서 70인 장로들에게도 모세에게 임했던 신을 부어 주시므로 그들이 예언을 하였다. 이때 엘닷과 메닷 두 사람은 진에 머물렀으나 그들 역시 예언하였다. 이때 여호수아가 모세에게 그 보고를 하면서 만류할 것을 말하자, 모세는 "여호와께서 그 신을 모든 백성에게 주사 다 선지자(נביא) 되게 하시기를 원하노라"라고 하였다. 또 사울이 사무엘과 다윗을 찾아 라마 나욧으로 갔을 때, 하나님의 신이 다른 선지자들에게 임했던 것처럼 사울에게도 임했다. 그로 인하여 그는 길을 행하며 종일종야 벌거벗은 몸으로 누워 사무엘 앞에서 예언을 하였다. 그리하여 이 에피소드는 "사울도 선지자 중에 있느냐?"(삼상 19:24)라는 속담거리가 되었다. 그가 그렇게 벌거벗은 몸으로 누운 일은 사울에게만 해당된 것으로 다른 선지자들도 다 그렇게 된 것은 아니었다고 본다. 다만, 이와 같은 현상을 일으킨 영의 강림에 의한 엑스타시적 현상은 선지자적이란 점이다.

Edward J. Young, 김정우 역, 『선지자 연구』 (서울: CLC, 1990) 참고.

능들로 이해하려는 시도도 있었지만, 이사야 30장 9-10절은 실질적으로 동의어로 사용된 것을 볼 수 있다. 선지자가 본다는 것은 자신의 사상적 비전을 본다는 게 아니라, 하나님이 열어서 보여준다는 신비적 의미가 내포되어 있다. 실질적으로 선지자들은 그 분의 보좌를 보았고(사 6:1-7; 겔 1:22-28), 그 분이 보여주는 미래를 보았다(렘 1:11, 13) '선견자'(호제, 로에)라는 단어는 '선지자'(나비) 이전에 예언 사역의 초기 형태로 이해된다.

이와 같은 선지자적 영성을 우리는 신약에서 오순절 이후의 사도들과 초대교회의 사역자들에게서 발견한다. 이 시대의 선교사 역시 하나님으로부터 임한 성령에 충만 되어 복음사역을 감당하도록 자신의 영성을 준비해야 한다. 그는 단순히 성례를 집행하고 기독교 의식을 행하는 성직자가 아니라, 보다 역동적 의미로써 선지자적 영성을 가지고 권능 있는 말씀을 전하는 신적 메신저가 되어야 한다. 하나님의 말씀이 내 입술에만 아니라, 내 가슴속에서 살아 나를 주장하고 뜨겁게 하도록 말씀에 붙잡혀야 한다. 하나님의 말씀에 붙잡혀 성실하게 선하여 하나님을 나타내야 한다.

(2) 선지자는 하나님 중심의 새로운 공동체를 형성하는 자가 되어야 했다.

고대나 현대나 종교는 규범과 체계가 있다. 고대 이스라엘의 주변민족들은 종교적이었는데, 그들도 모두 신적 인도를 구하였다. 점과 마술은 초자연세계와 인간세계 사이에 다리를 놓아준다. 그것에 의해 인간들은 그들의 운명을 조정하는데 어떤 특별한 통찰이나 힘을 얻으려 한다. 이런 행위는 샤만(shaman)에 의하여 시행되며, 어떤 운명에 대해 조정하고 조작한다. 반 게메렌은 『예언서 연구』에서 종교의 조작적 특성에 대하여 숙고한 후, 고대 근동의 이와 같은 조작적 종교에 대하여 하나님은 모세를 통하여 반공동체(反共同體)를 만들고자 하셨다고 보았다.[14] 그 반공동체는 곧 하나님을 중심한 신앙공동체를 의미한다. 이스라엘은 그의 백성(출 19:5; 신 7:6; 14:2; 26:18), 그의 나라(시 114:2), 그의 법을 맡은 자들(롬 3:2)이 되도록 열국 중에서 선택되었다. 반 게메렌은 여호와께서는 이방종교들의 체계 속에서 운영되는 공동체에 대한 대응공동체, 대응문화를 건설하고자 하셨다고 본다. 하나님의 백성들은 열국들의 문화에서 스스로를 구별하여야 하였다. 하나님의 성령에 의해 자극되고 동원된 하나님의 백성은 대응문화로써 지구상에 그의 왕국을 건설하도록 요청되었다.

그런데 선교사는 이미 존재하는 종교 공동체 안에 들어가 새 공동체를 이루어야 한다. 그러므로 점과 마술을 행하는 기존의 악령들의 세력에 대항할 수 있는 믿음의 방패와 성령의 검, 영적 은사와 능력으로 무장해야만 한다. 그러기에 더욱 선지자적, 사도적 영성으로 무장할 필요가 있다. 멜 테리는 인도네시아에서 어떻게 전도단원들이 능력대결을 통하여 사람들을 그리스도 안으로 인도하였던가를 말하고 있다.[15]

2) 통시적 예언 – 문화를 사용하신 하나님

선지자들의 메시지는 교훈, 예언, 경고, 책망 등에 있어서 말씀을 받

---

14) Vangemeren, 『예언서 연구』 김의원, 이명철 역(서울: 도서출판엠마오, 1990), 28-47.
그는 종교와 계시의 체계에 대하여, 종교는 조작, 점과 마술, 현실정책, 백성의 소리들을 준거의 틀로 운영하며, 계시는 '복종, 신의 인도와 보호, 신적인 지혜, 대응문화'를 구축한다고 보았다. 구약성경에서 점과 마술이 많이 언급되고 암시된 것으로 보아 이스라엘의 삶이 이방종교를 배경으로 이루어졌음을 알 수 있다. 점과 마술에 내재해 있는 유혹들 때문에 하나님은 그의 백성이 여호와의 종교와 이방종교를 혼합하는 것을 금하였다. "네가 쫓아낼 이 민족들은 길흉을 말하는 자나 복술자의 말을 듣거니와 네게는 네 하나님 여호와께서 이런 일을 용납지 아니 하시느니라"(신 18:15) 전도지나 선교지에서의 능력대결에 관한 글은 존 윔버와 피터 와그너 등이 잘 다루고 있다.
15) Mel Tarl, 『급하고 강한 바람같이』, 정운교 역 (서울: 나단출판사, 1984).

는 자의 처한 상황과 관련된 것들이다. 먼 미래에 이뤄질 예언을 함에 있어서도 자주 가까운 현실에 있을 사건, 그들이 잘 이해할 수 있는 사건을 통하여 먼 미래사건을 보여 주셨다. 몇 가지 예를 고찰해 보도록 한다.

(1) 이사야 7장 14절의 '임마누엘' 약속

한 나라의 통치자로서 자국에 대한 이웃의 침략행위가 있다는 보고를 듣는 것은 두렵고 염려스러운 일이다. 유다왕 아하스는 아람왕 르신과 이스라엘왕 베가가 유다를 치려고 동맹을 맺었다는 보고를 접하고 왕과 그 백성들의 마음이 숲이 바람에 흔들림같이 흔들렸다(사 7:2). 그때 여호와께서는 이사야를 보내서 "두려워 말며 낙심치 말라…그들의 도모가…이루지 못하리라…육십 오년 내에 에브라임(이스라엘)이 패하여 나라를 이루지 못하리라"고 약속하셨다. 그리고 징조를 구하라고 하였다. 아하스가 여호와를 시험하지 않겠다고 하자, 여호와께서는 징조를 하나 주셨는데 "보라 처녀가 잉태하여 아들을 낳을 것이요 그 이름을 임마누엘이라 하리라 그가 악을 버리며 선을 택할 줄 알 때에 미쳐 뻐터와 꿀을 먹을 것이라 대저 이 아이가 악을 버리며 선을 택할 줄 알기 전에 너의 미워하는 두 왕의 땅이 폐한 바 되리라"(사 7:14)고 하였다.

그 처녀가 누구며 태어날 아이가 누구인가에 대한 해석은 단순하지는 않다. 전통적 유대교의 해석은 첫째, 그 어린아이는 히스기야이며 아하스왕 때 이사야에 의해 기적적으로 예언된 그의 잉태와 출생은 괴롭힘을 당하고 있는 예루살렘을 위한 희망의 새 시대의 여명을 알리고 있다는 것이다. 이 해석은 열왕기하 8장 12절에 따르면 주전 725년에 히스기야는 25세였으므로 연대가 맞지 않다는 모순을 안고 있다.[16] 둘

---

16) John F. A. Sawyer, 『바클레이 패턴 구약주석, 이사야(상)』, 장귀복 역 (서울: 기독교문사, 1987). 106.

째 견해는 그 젊은 여인은 이사야서 8장 3-4절과 마찬가지로 그 선지자의 아내이며 '임마누엘'은 이사야의 둘째 아들의 이름이라고 한다. 그렇게 되면 이사야 8장 1-4절과 대단히 유사하여 두 예언을 연결시켜 준다는 점에서 존 소여는 상당한 비중을 인정하고 있다.[17] 그러나 확증할 수 있는 증거는 없다.

류폴드(Leupold)는 이 예언에서 '임마누엘'이란, 약속된 구세주로서 하나님의 지혜로서 당시 아하스왕 때 나타나도록 가능하였을 것이란 생각을 제시해 본다. 그러나 성취가 어떤 상황의 변화로 인해 연기되었다는 가능성을 말한다.[18] 그러나 예언은 성취하면서도 그 징조는 700여년 뒤로 연기되었다는 추론은 납득되기 어려운 해석이라고 본다.

우리는 당시의 그 처녀가 곧 결혼하여 아이를 낳게 되었으며, 그 아이가 3-4세 무렵에 두 왕이 앗수르에 의하여 패망하였다고 볼 수 있다. 그 아이는 역사적으로 곧 성취될 일에 대한 징조였다. 그 아이가 아하스의 아들이었는지, 이사야의 아들이었는지는 불확실하지만 말이다. 뿐만 아니라, 마태는 이 예언의 궁극적 성취를 마리아에게서 예수가 탄생한 사건으로 해석하였다.[19] 우리는 그리스도의 오심이 아하스와 유대 백성에게 당장 닥치게 된 아람-이스라엘 동맹으로부터 건지시는 구원자로 보았으며, 아울러 임마누엘의 메시아적 약속으로 인해 미래에 오실 메시아를 기다리도록 하는 이중적 효과를 주었다고 본다. 여기서 우리는 이런 도식을 이끌어 낼 수 있다.

---

17) *Ibid.*
18) H. C. Leupold, 『신구약성경주석, 이사야서(상)』, 최종태 역 (서울: 크리스천서적, 1988), 166.
19) 박윤선은 여기서 '임마누엘'을 이중적 의미의 성취로 보았는데, 처음의 임마누엘은 한 아이가 아니라 그 당시의 하나님의 백성을 가리킨다고 보았으며, 궁극적으로 오신 예수 그리스도로 보았다. 박윤선, 『이사야서 주석』, 92. 반 게메렌도 임마누엘의 예언은 당시의 성취에 이어 "보호자-구원자이자 거룩한 전사인 신의 탄생에서 더욱 크게 성취된다. 마태는 이 예언을 메시아 예수에게 바르게 적용하였다"고 주장한다. 반 게메렌, 『예언서 연구』, 450.

◇ 아람 동맹군으로부터의 구원-한 아이의 탄생이 징조가 됨(현실의 수신자 관련 구조 메시지).
◇ 죄악으로부터의 구원-한 아이로 나신 그리스도가 구주이심(미래의 궁극적 메시지).

(2) 최후의 심판, 구원, 새 시대의 도래에 대한 예언들이 수신자 문화적으로 표현됨

그들의 죄에 대한 닥쳐올 심판, 크고 두려운 여호와의 날, 그로부터의 구원, 새 시대의 날(샬롬의 날)의 도래 등은 선지서들의 중요한 종말론적 메시지들이다. 그런데 이 메시지들은 모두 당시의 이스라엘의 당면 과제와 같이 묘사되었음을 주시하게 된다.

이스라엘의 우상숭배와 배도에 대한 심판으로써 하나님은 바벨론을 사용하였으며, 바벨론을 통해 이스라엘 이웃나라들도 모두 벌하였다. 이 바벨론은 또 메데-바사에 의해 멸망당할 것이 예언되었다. 이 멸망의 예고들은 단순히 그것으로 끝나지 않고 먼 미래에 있을 우주적 종말론을 동시에 언급하였다. 그러나 당시 선지자들이나 백성들은 우주적 종말보다는 그들의 왕국에 대한 심판으로 이해하였을 것이다.

여기서 모든 선지서들을 일괄하는 것은 생략하고, 짧은 예언 내용으로서 심판과 구원, 그리스도의 오심, 성령강림, 최후심판, 신천신지 등 다양한 기독교 메시지를 담고 있는 요엘서를 개관해 보고자 한다.

요엘 선지자는 주전 9세기경의 예언자이며, 요엘서의 주제는 '여호와의 날'로 불리 우는 미래에 임할 심판에 관한 내용이다.

① 심판

하나님은 '여호와의 날'(이 같은 표현은 욜 1:15; 2:1, 11, 31에 나타난다)에 유다의 죄에 대해 심판하실 것이다. 이 심판의 묘사를 보면, 메뚜기로 상징된 이민족의 침략으로 인해 늙은이들과 농부들이 소산의 소멸로 인해 슬피 통곡할 것을 예언한다(1:2-12). 이어서 제사장들과 단에 수종 드는 자들에게 그 날, 여호와의 날이 임함으로 인하여 슬피 울며 굵은 베를 입고 여호와께 부르짖으라고 요청하고 있다. 식물이 끊어지고 생축과 곡식이 다 소멸되었기 때문이다(1:13-20). 이 날은 전쟁의 날인데 (2:4-7), 묘사하는 일면은 틀림없이 우주적 종말을 말한다. "곧 어둡고 캄캄한 날이요 빽빽한 구름이 끼인 날이라 새벽 빛이 산꼭대기에 덮인 것과 같으니 이는 많고 강한 백성이 이르렀음이라 이 같은 것이 자고 이래로 없었고 이후 세세에 없으리로다"(2:2). 유대를 벌하는 전쟁은 앗수르 산헤립의 침공을 의미한다.

그러나 요엘 2장 2절의 전무후무한 대 재앙과 요엘 2장 10절 "그 앞에서 땅이 진동하며 하늘이 떨며 일월이 캄캄하며 별들이 빛을 거두도다"라는 말씀들은 우주의 최후종말을 예언하고 있는 신약말씀들(마 24:21; 벧후 3:10; 계 6:12-13)과 유사하다. 우리는 요엘과 유대 백성들이 임박한 앗수르의 침략을 통한 하나님의 심판을 바라보았으며, 그로 인해 엄청난 두려움과 경각심을 가지고 회개했을 것을 상상할 수 있다. 그 일이 시행됨을 보았을 때 그들은 요엘의 메시지가 하나님으로부터 온 사실을 깨달았을 것이다. 뿐만 아니라, 하나님은 요엘의 메시지 속에 오랜 시대 후의 우주적 종말을 분명히 예고하셨다.[20] 이 같은 종말론적 표현은 베드로가 인용한 유명한 성령강림의 예언 요엘 2장 28-29절 직후에 또 나타난다. 31절에 "내가 이적을 하늘과 땅에 베풀리니 곧 피와 불과 연기 기둥이라"라고 하였으며, 요엘 3장 14-15절에서는 "사람이 많음이여, 판결 골짜기에 사람이 많음이여, 판결 골짜기에 여호와의 날

---

20) 레온 우드는 여호와의 날의 이같은 심판이 산헤립의 침공 때 일시적으로 성취되었으나 나머지 부분은 미래에 있어질 것이며, 욜 2:11에 이 군대의 파멸에 관한 내용은 적그리스도의 군대가 그리스도에 의해 파멸당할 것과 일치한다고 보았다. 레온 우드, 392.

이 가까움이로다 해와 달이 캄캄하며 별들이 그 빛을 거두도다." 이 말씀들은 인류종말에 있을 여호와께서 적그리스도와 세상을 심판하시는 광경을 나타낸다. 그러나 동시에 이어지는 아름다운 회복의 구절들은 다분히 수신자 유대 백성의 관점으로 기록되었음을 볼 수 있다.

"나 여호와가 시온에서 부르짖고 예루살렘에서 목소리를 발하리니 하늘과 땅이 진동되리로다 그러나 나 여호와는 내 백성의 피난처, 이스라엘 자손의 산성이 되리로다 그런즉 너희가 나는 내 성산 시온에 거하는 너희 하나님 여호와인 줄 알 것이라 예루살렘이 거룩하리니 다시는 이방 사람이 그 가운데로 통행하지 못하리로다…유다 모든 시내가 물을 흘릴 것이며 여호와의 전에서 샘이 흘러 나와서 싯딤 골짜기에 대리라…유다는 영원히 있겠고 예루살렘은 대대로 있으리라 내가 전에는 그들의 피흘림 당한 것을 갚아 주지 아니하였거니와 이제는 갚아 주리니 이는 나 여호와가 시온에 거함이니라"(욜 3:16-21).

② 그리스도의 초림

요엘 2장 23절의 말씀은 한글 개역성경에는 "그가 너희를 위하여 비를 내리시되 이른 비를 너희에게 적당하게 주시리니"라고 되어 있다. 그러나 "이른 비를 적당하게"를 NIV는 "a teacher for righteousness"로 번역하였다. 즉 "의의 교사를 보내주시리라"는 약속이다. 김희보는 그의 사역(私譯)에서 "대저 그가 너희에게 의의 교사를 주시고 먼저 너희에게 비 곧 늦은 비를 내리게 하시리라"고 번역하였다.[21] 히브리어의

---

21) 김희보는 이 구절을 28절과 더불어 요엘서의 가장 중요한 두 개의 약속으로서, 28절이 오순절 성령강림의 약속이라면 23절은 의의 교사로 임하실 그리스도에 대한 약속이라고 보았다. 문제가 되는 부분은 맛소라 본문 המורה לצדקה 인데, 여기서 המורה의 מורה은 비(rain) 또는 선생(teacher)이 된다. 칼빈, 드라이버(Driver), RSV, JB, NASB은 비(rain)로 번역했으며, 루터(Luther), 헹스텐버그(Hengstenberg), Vulgate, Talgum, 그리고 NIV는 교사(teacher)로 번역했다. מורה을 사 3:20, 욥 36:22 등에서 '교사를 가르쳤는데 어근 ירה(야라)에서 온 말로 תורה(토라, 율법 또는 교훈)가 있음을 본다면, מורה를 '스승'으로

맛소라 사본의 단어와 문맥을 고찰해 볼 때 "의의 교사를 너희에게 보내시리라"로 번역함이 더 옳다고 보는데, 이른 비로 번역할 경우엔 이어서 오는 "너희에게 비 곧 이른 비와 늦은 비를 전과 같이 내리시리라"와 별 의미 없는 반복이 된다.

종말론적으로 볼 때, 그 뒤에 나오는 28절이 성령강림을 약속하였고, 30절이 종말적 흑암을 말하고 있다면, 종말론의 가장 중심이 되는 그리스도의 강림이 나와야 옳다. 그리스도의 강림 없이 예언의 성취나 종말은 있을 수 없기 때문이다. 요엘을 통하여 다가올 말세를 바라보게 하셨다면 우리는 적어도 초림과 재림의 그리스도의 강림을 기대하는 것은 당연한 것이라고 본다.

그러므로 필자는 김희보의 해석을 따라 23절을 "의의 교사(義의 敎師)를 보내주시리라"는 약속으로 본다. 그렇다면 의의 교사는 누구인가? 의의 교사는 문자적으로 "의를 위하여 오시는 교사"로 자기 백성을 의롭게 하시기 위해 오시는 교사란 의미이므로 그리스도께서 오셔서 속죄의 역사를 이루시러 오신 그리스도를 가리킨다고 본다. 이사야는 "나의 의로운 종이 자기 지식으로 많은 사람들을 의롭게 하며 또 그들의 죄악을 친히 담당하리라"(사 53:11)라고 예언하였다. 그리스도께서는 우리 무리의 죄악을 담당하심으로써 우리를 의롭게 하신 분이다. 또 그 분은 우리에게 천국진리를 가르치고 전파하신 위대한 의의 교사이시다.[22]

보는 것은 자연스러우며, 다음에 연결된 לצדקה(for righteousness)를 생각한다면 더욱 그렇다. "비"로 해석한 이들과 현대어 역들은 לצדקה를 'moderately'(적당하게)로 번역했으나, 문자적으로는 'for righteousness'라고 보는 것이 가장 합리적이다고 말한다. 김희보,『舊約요엘주석』, (서울: 총신대학출판부, 1985), 152-155.

22) 유대인들과 제자들은 예수를 처음 "랍비"로 불렀다. 예수가 부활하여 '그리스도'로 인정받기 전까지는 그를 교사로 지칭하는 것은 당연스러운 일이며, 그리스도는 '의를 전파하고 가르치는 교사'로, '의롭게 하는 구속주'로 오시는 것은 예고된 일이다. 특히나 이런 맥락에서, 쿰란 공동체는 '의의 교사'를 기다려 왔는데, 그를 구속주로서의 그리스도를 지칭한다고 확정하기는 어렵지만, 적어도 요엘 2장의 예언이 유대인

그리고 신약의 빛에서 볼 때 그는 초림의 예수라고 보는 것이 타당하리라고 본다. 재림 예수는 교사로 보기보다는 심판주로 보는 것이 더 합당하기 때문이다.

그런데 이 의의 교사를 보내주심은 여호와께서 행하신 큰 일들 가운데 하나(21절)로서 "마당에는 밀이 가득하고 독에는 새 포도주와 기름이 넘치리로다"(24절)라는 말씀과 함께 주어진다. 의의 교사의 오심은 풍요한 회복을 가져온다. 이와 같은 이른 비와 늦은 비, 농작의 풍성함은 역시 복음의 생명력으로서 유대인들의 삶에 풍요라는 수신자 상황적 성격을 띠고 있음을 볼 수 있다. 여기서 우리는 현실의 필요를 채우시며, 인간의 현실 삶에 관심을 가지고 응해 주시는 하나님의 사랑을 본다. 하나님의 약속은 결코 먼 미래의 도그마(dogma)로만 존재하는 것이 아니라 생생한 현실에 찾아와 주시며, 필요를 채워주시면서 미래를 가르쳐 보이시는 것이다.

③ 성령강림

요엘의 메시지는 회복의 메시지에 이어서 오순절의 성령강림을 예언하고 있다(욜 2:28-29). 이 말씀은 베드로 사도에 의해 사도행전 2장 16-20절에서 인용되어 오순절 성령강림사건을 통해 성취되었다고 선포되었다.

④ 영화로운 땅의 회복

회복의 영광은 두려운 여호와의 날의 심판과 함께 이루어진다. 요엘 3장 16절을 보면 "나 여호와가 시온에서 부르짖고 예루살렘에서 목소

공동체에게 미친 영향의 한 증거라고 볼 수 있는 개연성은 있다. William Sanford LaSor, *The Dead Sea Scrolls and the New Testament* (Grand Rapids, Michigan, Eerdmans publishing company, 1972) 117-128. 참고

리를 발하리니 하늘과 땅이 진동되리로다. 그러나 나 여호와는 내 백성의 피난처, 이스라엘 자손의 산성이 되리로다"라고 하여, 여호와의 날은 진동과 흑암과 심판의 날로 임하며, 동시에 이스라엘에게는 그가 피난처, 산성, 구원이 되신다. 마치 출애굽 때 애굽에는 모든 장자의 죽음이란 심판이 되었으며 동시에 그 날이 이스라엘에게는 압제로부터의 해방, 출애굽 사건이 되었던 것과 같다.

18절에, "그날에 산들이 단 포도주를 떨어뜨릴 것이며 작은 산들이 젖을 흘릴 것이며 유다 모든 시내가 물을 흘릴 것이며 여호와의 전에서 샘이 흘러 나와서 싯딤 골짜기에 대리라"고 하였다. 시내의 물이나 흐르는 샘은 김희보의 말과 같이 말세론적 축복의 상징이며 기쁨과 행복을 보여주는 말이다.[23]

레온 우드는 "우리는 이 예언이 그리스도의 초림 시에 부분적으로 성취된 것으로 믿을 수 있다"고 하면서 이 예언은 유대인들이 전에 없이 성령으로 채워질 천 년 왕국 때에 이르러서 온전히 성취될 것이다"고 하였다.[24] 그러나 종말적 회복을 유대인들이 천 년 왕국에서 회복될 것으로 보는 견해는 개혁주의, 복음주의자들에게 지배적인 견해는 아니라고 본다. 하나님의 백성은 이제 혈통적 유대인을 초월하여 그리스도 안에서 온 땅에 퍼져 있는 하나님의 자녀가 될 것이기 때문이다. 이 말씀은 그리스도께서 선포하신 하나님의 나라의 궁극적 완성으로서 신천신지(新天新地)를 나타낸다고 본다.[25]

---

23) 김희보,『요엘주석』, 249.
24) Leon J. Wood,『이스라엘의 선지자, 393.
25) Keil & Delitzsch는 이 부분은 팔레스타인의 예루살렘을 의미하는게 아니라, 그리스도께서 구속하시고 거룩하게 하시고 영화롭게 하신 교회와 영원히 결합할 것을 예언한 것으로 보았으며(C. F. Keil and F. Delitzsch, Commentary. Vol. 10. 229.) 박윤선도 유사하게 보았다(요엘서 주석, 166, 167). 김희보는 여호와의 날 이후에 도래할 생수가 흘러넘치는 영화의 날을 하나님의 나라의 완성으로서 새 땅에 세워질 "새 예루살렘"으로 보았다. 김희보,『요엘주석』, (서울: 총신대학출판부, 1985), 243-251.

이상과 같이 요엘은 유대의 죄악에 대한 심판을 예고하면서 동시에 더 미래에 다가올 엄청난 영적 사건의 봉우리들을 동시에 바라보고 예언하였는데 다음과 같이 표현해 볼 수 있다.

◇ 앗수르의 침략과 회복(유대의 풍요한 회복)-당면한 수신자 관련 구조의 메시지
◇ 그리스도의 초림, 성령강림, 종말과 심판, 신천신지의 영화-미래의 궁극적 메시지

예수께서 말씀하신 지구 종말에 대한 예언도 당시 예루살렘의 멸망에 대한 심각한 묘사를 통하여 가르치신 것이다(마 24장). 이런 예언적 시각을 통시적 방법(diachronic method)이라고 한다. 월터 카이저는 선지자들뿐만 아니라, 구약의 기술들이 통시적 배경 가운데서 하나님의 약속들을 확대하고 완성시켜 나아갔다고 말한다.[26]

그런데 이 통시적 방법은 그리스도의 보내심을 위한 하나님의 주권적인 준비라고 볼 수 있는 한편, 다른 측면에서는 수용자 방향의 메시지의 한 측면이라고 이해할 수 있다. 만약 그들에게 직접 관련되지 않고 전혀 상관이 없는 먼 미래의 약속만 주셨다면 그 약속은 듣는 자들에게 공허하게 생각되었을 것이다.

성경의 놀라운 약속인 그리스도의 구속, 영생 등을 현실을 무시하고 전한다면, 무감동한 미래의 개념으로만 들리기 쉽다. 하나님은 놀라운 약속을 주실 때, 그 시대의 배경 속에서 주셨지, 진공상태에 있는 영혼에게 주시지 않았다. 우리들도 항상 청중이 처해진 상황 속에서 하나님의 메시지를 받고, 그 상황과 문화를 통로로 사용하여야 할 것이다.

---

26) Walter C. Kaiser, 『구약성경신학』, 최종진 역 (서울: 생명의말씀사, 1985), 20-26, 73-76.

우리의 경제적, 사회적 불안정, 주가 폭락과 유가의 급등, 그런 것에 대하여, 사역자들은 관심을 가져야 하며, 그런 환경과 하나님의 영원한 약속을 결부할 줄 아는 지혜가 필요하다고 본다.

우리는 하나님의 통치와 섭리 가운데 들어 있는 하나님의 메시지, 영원한 진리에 대한 사인(sign)을 볼 수 있어야 한다. 한 사회에 복음이 들어가면 언제나 가난한 자가 부요하게 되었고, 병든 사회가 건강하게 되었다. 하늘과 땅이 만날 때 축복의 샘이 열리는 것은 당연하다. 그러므로 우리는 영생의 복음과 현실 문제를 충분히 연결지어 가르칠 수 있을 것이다.

3. 제사장들과 레위인들

1) 율법을 가르치는 직무

하나님은 선지자들뿐만 아니라 제사장들과 레위인들(Priests and Levites)을 세워 하나님의 율법을 그 백성들에게 가르치셨다.[27]

제사장들은 선지자들과 같이 개별적으로 하나님으로부터 특별한 소명을 받은 사람들이 아니라, 그들의 부모로부터 직책을 유업으로 물려받았다. 그들과 레위인들의 수는 엄청난 숫자로서 선지자들의 수보다 훨씬 많았다. "하나님은 그들에게 각 지파 중에 흩어져 있는 48개 성읍들을 주어서 살게 했는데(수 21:41), 이것은 그들 백성들 가까이에서 항상 백성들과 접촉을 유지하기 위해서였다."[28]

그들의 주요한 임무는 이스라엘 백성들을 위해 제사를 드리는 일들

---

27) Leon J. Wood, 『이스라엘의 선지자』, 168.
28) Ibid., 169.

이었지만 시간적으로 그것은 많은 편이 아니었다. 왜냐하면 다윗은 그들을 24반열로 나누어 각 반열이 일 년에 오직 두 주간만 성소에서 제사직을 수행하도록 했기 때문이다(대상 24:1-19). "이것은 나머지 50주간은 가르치는 사역을 위하여 집에서 보냈음을 의미한다."[29]

시간적으로 더 많이 주어졌던 그들의 임무는 율법을 가르치는 것이었다. 그러나 때때로 그들은 여호와의 율법을 멀리하여 자신들과 백성들의 타락을 가져오는 주요 원인이 되었다(호 4:6-10). 그러므로 이러한 부패를 개혁하기 위하여 하나님은 그 백성 가운데서 특별한 사람들을 불러 선지자로 세우셨던 것이다. "제사장들은 율법의 요구를 단순히 가르쳤으며, 선지자들은 그러한 가르침에 근거하여 그 가르침에 복종하라고 촉구하였다."[30]

(1) 복음사역자는 복음을 가르치는데 최선을 다해야 한다.

제사장과 레위인들이 성전에서 수종하는 시간들을 제외하고 보다 많은 시간들을 사적으로 이웃에게 하나님의 말씀을 가르치는 일이 임무였다면 하나님이 얼마나 당신의 율례를 가르치는 일을 중시하셨던가를 알게 된다.

오늘날 우리는 가르침보다 경청하는 일을 더 중시여기는 시대에 살고 있다. 그러나 그럼에도 불구하고 우리가 경청하기를 하는 것은 더 잘 가르치기 위함이지 가르치는 일을 그만두거나 소홀히 함을 위함이 아님을 분명히 해야 할 것이다. 우리가 내 속에 가르쳐야 할 내용과 가르치고자 하는 동기와 열정을 상실한다면 우리는 사명을 상실하고 말 것이다.

그리스도의 공생애를 특징짓는 중요한 삶 가운데 하나도 역시 가르

---

29) *Ibid.*, 170.
30) *Ibid.*

치는 일이었는데,³¹⁾ 주님은 무리 앞에서와 제자들 그룹 내에서, 그리고 개인과 만나서 가르치기를 즐겨하셨다.

베드로는 "너희 속에 있는 소망에 관한 이유를 묻는 자에게는 대답할 것을 항상 예비하되 온유와 두려움으로 하고"(벧전 3:15)라고 하였다. 바울사도는 "유익한 것은 무엇이든지 공중 앞에서나 각 집에서나 꺼림이 없이"(행 20:20) 전하여 공적인 가르침과 개인적인 가르침을 계속하였다.

오늘날 우리는 개혁자들의 유산인 카테키즘(catechism)을 많이 놓친 점이 없지 않다. 어릴 때부터 요리문답을 암송함을 통하여 교리의 뼈대를 확립시켰던 때에 비해 교단이 신봉하는 신앙고백서에 대해 전혀 가르치지 않는 경향이 있다. 내가 속한 교단의 교리적 중요성이 별로 중시되지 않고 "꿩 잡는 게 매"란 식의 실리추구의 경향으로 교파나 원리를 초월하여 교회의 수적 성장에 도움이 되는 방법론들만을 선호하는 편이며, 나이가 오늘날 젊은 세대는 감성의 시대, 느끼는 세대로 전환되어 가기 때문에 그에 따라 교육이 점점 약해지고 있는 실정이다. 우리는 이런 시대조류 가운데서 무엇을 가르칠까와 어떻게 가르칠까에 대한 진지한 노력을 게을리 하지 말아야 할 것이다. 주의 백성이 하나님 말씀에 대한 지식이 없을 때 멸망이 오기 때문이며, 그 책임은 사역자들에게 있기 때문이다(호 4:6).

(2) 복음의 사역자는 사람들 가까이 살아야 한다.

그리하여 그들의 삶을 알아야 한다. 수직적 신학을 전수하기 위하여 수평적인 교량이 되어야 한다. 제사장과 레위인은 하나님에 관한 지식과 그 백성에 관한 지식 모두에 대해 정통해야 했다. 하나님의 율례에 무식하면 하나님을 가르칠 수 없었고, 백성에 대해 무지하면 백성을 위

---

31) 마태는 그리스도의 공생애 지상사역을 가르치는 일(teaching ministry), 전파하는 일(preaching ministry), 치료하는 일(healing ministry)로 소개하였다(마 4:23-24).

하여 기도할 수도, 백성들에게 효과적으로 가르칠 수도 없었을 것이다.

그러므로 선교사나 목회자는 교인의 가정을 자주 심방하며 대화해 볼 필요가 있다. 또 뉴스 미디어를 통하여 사회적 현실과 저들의 희로애락을 알아야 한다. 메시지가 책상 앞에서만 나오면 안된다. 삶의 현장에서와 골방에서 나와야 한다.

2) 백성을 위하여 중보기도하는 직무

백성을 위하여 제사 드리는 직무, 기도하는 직무가 있었다. 제사장은 하나님 앞으로 나아가는 직책이다. 제사장의 첫째 임무로서 백성을 위하여 제사하는 일에 관하여는 제사직이 그리스도의 십자가와 부활을 통해 성취되었기 때문에 그 사역에 관해서는 생략하고 제사 행위에 따른 중보적 사역에 관해 고찰해 보고자 한다.

구약에서 제사장의 중보적 기도에 관해 중요한 모델들이 몇몇 있다. 출애굽기 32장은 모세가 십계명의 돌비를 받아 시내산에서 내려올 때, 이스라엘 백성은 자의적으로 금송아지 우상을 만들어 이것이 여호와라 하며 거기 경배하여 잔치를 벌였다. 여호와께서 진노하시어 그들을 멸하시고 모세를 통하여 더 큰 민족을 만들고자 하셨을 때, 모세는 여호와의 이름과 조상들에게 맹세하신 언약을 근거로 여호와 앞에 화를 내리지 말기를 간구하였다. 여호와께서 뜻을 돌이키시어 말씀하신 화를 그 백성에게 내리지 않으셨다(출 32:9-14). 이 일 후 모세가 산을 내려와 보았을 때 벌어진 방자한 광경은 모세에게 커다란 충격을 더하였다. 벌어진 상황을 보고야 그 사태의 심각성을 깊이 인식한 것이다. 그래서 모세는 이튿날 여호와께 올라가 "그들의 죄를 사하시옵소서 그렇지 않사오면 원컨대 주의 기록하신 책에서 내 이름을 지워 버려 주옵소서"라고 간구하였다(출 32:32). 그때 여호와께서는 "이제 가서 내가 네게 말한 곳으로 백성을 인도하라 내 사자가 네 앞서 가리라 그러나 내가 보응할 날에는 그들의 죄를 보응하리라"(34절)고 응답하셨다.

모세는 당시 제사장제도가 세워지기 전에 제사장적 기도를 드렸으며 여호와께서는 그 기도를 들으시고 진노를 거두셨다.

민수기 16장 44-50절에 고라자손의 반역의 일로 백성이 원망하자 여호와께서 진노하시어 순식간에 염병이 백성 가운데 퍼져 다 멸망하게 되었다. 그때 모세는 아론에게 향로를 취하여 회중 가운데로 가서 그들을 위하여 속죄하라고 하였으며, 아론은 백성을 위하여 속죄하고 "죽은 자와 산 자 사이에 섰을 때에 염병이 그치니라"(48절)고 하였다.

물론 여기서 죄를 아론의 속죄하는 일은 그리스도적 중보의 상징이다. 그러나 하나님의 진노를 거두시기를 위하여 멸망 당할 백성 가운데 서서 간구한 그의 모습은 그리스도의 사역자들의 중보기도의 모델이 된다고 본다.

이 일에 대하여 유진 메릴은 "향은 기도를 상징하므로(출 30:8; 시 141:2; 눅 1:10; 계 5:8; 8:3-4) 아론은 사실상 백성 중에서 그들을 위해 중보기도하는 역할이었다. 모든 사람은 하나님의 사람 손에 든 향로 하나가 많은 죄인들의 손에 든 향로 250개를 훨씬 능가했다는 사실을 분명히 알았을 것임에 틀림없다"고 말하여 신약적인 빛에서 잘 적용하였다.[32] 중보기도자는 하나님 앞에서 그의 경건과 믿음을 통하여 능력 있는 기도를 드릴 수 있는 자격을 얻게 된다.

이 두 대목에서 모세는 백성의 죄상을 심각히 인식하며 하나님 앞에 나아갔고, 아론은 사망당하는 백성의 한복판에 서서 하나님 앞에 나아갔다. 중보기도자는 백성의 문제를 깊이 인식해야 한다. 이스라엘의 제사장은 가슴의 에봇에 12보석을 달고 각 보석에는 열두 지파의 이름을

---

32) Eugene Merrill, 『민수기』, 두란노 강해주석 시리즈3, (서울: 두란노, 1983), 58.

새겼다(출 28:15-21). 제사장은 이스라엘 열두 지파를 가슴에 품고 하나님 앞에 나아가 분향하였던 것이다. 우리의 대제사장이신 그리스도께서도 당신의 택함을 받은 성도들을 가슴에 품고 하나님 우편에서 항상 살아서 중보기도 하신다(롬 8:34). 복음의 사역자들 또한 그리스도의 마음으로 영혼들을 가슴에 품고 하나님 앞에 날마다 나아가야 할 것이다.

'중보자'(mediator)는 진정한 의미에서 하나님과 사람 사이의 중보이신 그리스도밖에 없다(딤전 2:5). 그러나 '중보자'라 할 때 이것은 죄인을 공의로우신 하나님 앞에 세우는 일이며, 그리스도의 중보적 공로에 근거하여 우리는 주의 사역자로서 사람들을 위하여 하나님 앞에 나아가 기도하는 일을 할 수 있다.

바울은 "내가 첫째로 권하노니 모든 사람을 위하여 간구와 기도와 도고와 감사를 하되 임금들과 높은 지위에 있는 모든 사람을 위하여 하라 이는 우리가 모든 경건과 단정한 중에 고요하고 평안한 생활을 하려 함이니라…하나님은 모든 사람이 구원을 받으며 진리를 아는 데 이르기를 원하시느니라"(딤전 2:1-4)라고 하였다. 여기서 모든 사람들 특히 높은 지위에 있는 이들을 위해 기도해야 할 이유 두 가지가 언급되었는데, 첫째, 고요하고 안정된 생활을 위하여이며 둘째, 모든 사람들이 구원에 이르기를 위하여이다. 우리는 기도를 통하여 사회의 질서와 안녕이 설 수 있고 유지될 수 있음을 믿는다. 아말렉과의 전투에서 모세의 기도가 여호수아의 승리를 가능하게 했던 것처럼 오늘날도 신실한 믿음의 기도가 사회의 안녕과 질서, 번영에 영향을 미친다는 것을 그리스도인들은 믿는다. 또 중보기도가 없는 영혼은 중생의 경험에 나아가는 일이 매우 어렵고 많은 벽에 부딪히지만, 중보기도가 있는 영혼은 그 응답에 힘입어 쉽게 영혼이 열리고 은혜의 자리에 나아가게 된다. 하나님은 기도에 응답하여 역사하시기 때문이다.

4. 성자의 커뮤니케이션

하나님의 커뮤니케이션의 절정(絶頂)은 성자의 성육신 사건이다(요 1:18). 하나님은 우리와 함께 계시는 임마누엘이시다(마 1:23). 그러나 그분은 우리에게 무엇인가 말씀하시는, 커뮤니케이션하시는 하나님으로서 함께 계신다. 예수는 지상에 사람들과 함께 계실 때 크고 두려운 신(神)으로 자신을 드러내시지 않고 세리와 죄인들의 친구로 드러내셨다. 그는 새벽부터 밤까지, 아버지와 교제하는 것과 동시에 그 주위의 사람들과 교제하셨다. 가르치고 전파하며 치료하시면서 끊임없이 커뮤니케이션하셨다. 그는 그 백성 가운데 참된 제사장과 선지자로서 일하셨던 것이다.

그 분은 "나를 본 자는 아버지를 보았느니라"(요 14:9-10)고 하였다. 즉 아버지 품속에 거하며 아버지를 나타내 주신 성자시다(요 1:18). 주님의 가르침에 있어서 특기할 것은 비유의 교훈이다. 영원하며 보이지 않는 진리를 가까운 현실 생활의 일상사에서 유비를 끄집어내어 표현하였다.

그리스도의 성육신은 선교사의 항구적인 모델이다. 그들과 같은 모양으로 나타나야 하며, 함께 하는 생활이 되어야 한다. 또 그리스도처럼 섬기는 리더십을 발휘해야 한다. 특히 다음의 점에서 그리스도의 본을 따라야 할 것이다.

1) 하나님과의 깊은 교제를 통하여 능력을 얻어 사람들에게 나아가셨다(막 1:35; 마 14:23).

그리스도는 밤마다 오래도록 기도하셨으며, 사람들을 위한 사역을 하기에 앞서서 하나님 앞에 오래 앉아 계셨다. 이것은 그의 능력이었으며, 모든 하나님의 사역자들, 선교 커뮤니케이션을 시행하고자 하는 자들에게 항구적인 모범이 된다. "예루살렘을 떠나지 말고 아버지의 약속하신 것을 기다리라"(행 1:5)는 분부는 능력을 얻기 전에는 사역을 위해 성급하게 덤비지 말 것을 언급하신 것이다. 사도들이 능력을 얻기 전에는 아무 일도 할 수 없었으나, 오순절 이후 능력을 받은 뒤부터 하나님 나라의 새로운 역사를 쓰기 시작했던 것이다.

2) 아버지 품안에 거하여 인격으로 아버지를 나타내셨다(요 1:2, 18; 14:10).

요한복음 1장 2절에 그리스도는 말씀이신 하나님으로서 성부 곁에 영원히 함께 계셨다. 여기 '함께'라는 헬라어 단어 '프로스'(pros)는 '…을 향하여' 있음을 나타낸다. 성부와 성자가 마주 향하고 영원히 교제 가운데 있었음을 말해 준다. 또 18절엔 "본래 하나님을 본 사람이 없으되 아버지 품 속에 있는 독생하신 하나님이 나타내셨느니라"고 하였다. 그는 원래 아버지 품속에 계신 분이었다. 그리스도의 사역자들도 그를 향하여 그와의 깊은 교제 가운데 있어야 그리스도를 잘 나타낼 수 있다. 그의 품안에 있는 자가 아니면 아무도 그를 나타낼 수 없다. 그 분에 관하여 말할 수는 있지만, 그 분을 나타내지는 못한다.

3) 문화와 일상사를 예리하게 관찰하여 진리의 유비를 발견해 내고 메시지 전달에 적용하셨다.

그리스도께서는 수많은 비유를 사용하여 천국 진리를 가르치셨다. 공관복음에는 파라볼레(parable)라는 용어를 명백히 사용한 비유들이 30개이며, 선한 사마리아인, 탕자의 비유 등등을 합쳐 47개의 비유들이 있으며, 비유적 예문들이 50개 정도 더 있다고 스테인(R. H. Stein)

은 말한다. 예수의 비유에 관한 연구로는 스테인의 『비유 해석학』(*An Introduction to the Parables of Jesus*) 샤이먼 키스트메이커의 『예수님의 비유연구』(*The Parables of Jesus*) 등이 있으며, 많이 사용한 화법과 어법, 운율 등에 관한 연구로 요아킴 예레미아스(Joachim Jeremias)의 『예수의 비유』(*The Parables of Jesus*), 그의 『신약신학』(*New Testament Theology*) 등이 있다.[33]

우리의 자연적 환경과 문화적 환경은 그 분의 진리를 드러내기 위한 유비의 총체이며, 그림자들이라고 해도 과언이 아니다. 다윗은 목양을 하나님과 자신과의 관계로 보았고(시 23편), 성과 바위와 방패를 보면서 여호와의 온전한 보호를 바라보고 찬양했다(시 34:1-2). 자동차를 타고 가다가 신호등에 유의하며 목적지까지 가는 일을 통해서도 우리의 길과 진리이신 그리스도, 말씀에 순종하는 삶을 생생히 발견할 수 있다. 비유는 진리를 보다 쉽게 드러낸다.

그러므로 이런 사물과 자연에 감춰진 진리를 발견하기 위해서는 늘 기도하는 마음과 묵상하는 자세를 길러야 한다. 이런 묵상훈련에 관하여 리차드 포스터(Richard Foster)는 『영적 훈련과 성장』에서 다섯 가지 형태의 명상법을 소개하고 있지만,[34] 예수님과 같은 비유의 사용을 위한 묵상으로서 다음의 과정이 필요하다고 본다.

첫째, 영적 통찰력을 주시도록 기도해야 한다.

하나님은 자연만물에 하나님의 신성의 어떤 것들을 심어두셨다. 그것들을 발견하기 위해 기도해야 한다. 영적 지각도 하나의 은사이기 때문에 성령이 주시지 않으면 불가능하기 때문이다.

---

33) Joachim Jeremias, 정충하 역, 『신약신학』 (서울: 새순출판사, 1991).
　　Joachim Jeremias, *The Parables of Jesus* (London: SCM press, 1991).
34) Richard Foster, 『영적 훈련과 성장』 (서울: 생명의말씀사, 1978), 31-59.

둘째, 주의 깊은 객관적 관찰을 필요로 한다.

먼저 관찰 대상을 정한다. 그 대상은 자연, 역사, 일상생활, 뉴스 등 세상에서 일어나고 있으며, 사람들이 관계되어 사는 모든 것들이 될 수 있다. 대상은 주어진 과제의 특징에 따라 정할 수도 있지만, 눈에 들어오며 호기심이 가는 대로 임의로 정하는 게 좋다.

관찰 대상으로서의 자연현상이나 사물을 객관적으로 관찰하고 그 특성을 분석해야 한다. 그러기 위해서는 그 대상을 주의하여 여러 방향에서 관찰해 볼 필요가 있다. 정확한 과학적 관찰과 분석을 위해 때로 전문적 사전(예컨대, 식물사전이나 과학사전)이나 역사서 등을 참고할 필요도 있다.

셋째, 사물 속에 담긴 경이를 발견하고 그것을 축복하고 칭찬하라.

어느 작가도 자기 작품의 빼어난 점을 발견하고 칭찬하면 기뻐할 것이다. 하나님의 놀라운 지혜와 능력을 자연 가운데서 발견할 때, 그 일로 인해 하나님을 찬양하라. 길을 행할 때 볼게이트 앞에 곱게 핀 팬시 꽃을 보고 그냥 지나치지 말고 "참 곱게 피었구나. 고맙다. 예쁘다! 너희를 창조하신 하나님을 찬양한다"라고 칭찬해 주라. 시원한 물을 마실 때마다 감사를 표하라.

어느 여름휴가 때 동해안에 있는 동해시를 갔다. 추암 해수욕장의 시원한 수평선, 파도 그리고 무릉계곡과 같은 비경을 접했다. 그때 나는 하나님의 솜씨와 지혜를 찬양하였다. 그 후 시편 29편을 묵상했는데, 거기 "그 전에서(in his temple) 모든 것이 말하기를 영광(glory)이라"고 시인은 말했다. 즉, 시인은 천둥번개가 치며 장대비가 쏟아지는 날, 대자연의 엄청난 위력 앞에서 그 대자연의 성전에서 모든 만물이 "영광이라!"고 외치고 있다는 영감을 받았다. 나는 "Glory"라는 G자에 더하여 이 놀라운 대자연이 나타내는 것을 3G로 나타낼 수 없을까? 하고 묵상해 보았다. 어렵지 않게 2개의 G로 시작하는 낱말이 떠올랐다. 이 놀랍고 멋진 대자연은 무엇보다 위대하다. "Great!" 그것은 모두 하나님이 은혜로 주신 선물이다. 의인에게나 악인에게도, 그것을 누릴 자격이 없는 모든 인생에게 누리도록 주신 하나님의 넉넉한 은혜를 말해준다. 그래서 "Grace!"가 나왔다. 대자연에 대하여, 하나님의 솜씨에 대하여 얼마나 멋진 칭찬(찬양)인가!

Great! Grace! Glory!

넷째, 그 관찰, 분석의 결과로써 정리된 특성이 진리의 어떤 면에 부합되는가를 묵상한다.

분석 정리된 자연 사물의 특성이 진리로 연결되지 않으면 선교적, 복음적 메시지와는 아무 상관이 없기 때문이다. 우리는 보고 듣는 무수한 일들을 주의 진리와 관계짓는 지혜를 터득하며 발전시킬 필요가 있다. 다윗은 목자와 양과의 관계를 통해서 여호와와 자신과의 영적 관계를 발견하고 찬양했다(시 23편). 밤하늘의 달과 별들을 보면서 저런 것들을 만드신 하나님이 나같은 연약한 인생을 왜 권고하시는지 그 놀라운 사랑을 깨닫고 감격했다(시 8:3-4). 길을 달리면서 자신을 "생명 길"(요 14:6)이라고 하신 그리스도를 묵상할 수 있다.

다섯째, 자신의 삶에 적용해 보며, 혹은 메시지로 정리한다.

그러므로 이런 관찰과 묵상을 위해서는 항상 메모하는 습관을 들여야 하며, 언제나 메모할 준비를 하고 다녀야 한다. 하나님이 주시는 영감을 받을 마음의 준비로 모든 자연사물에 대해 열린 마음자세를 가져야 한다. 그리고 주변의 자연환경을 사랑하고 자주 뜨락을 거닐거나 하늘을 바라보고 자연을 접하는 게 좋다. 영감을 얻기 위해 새로운 환경을 접해보는 것도 좋다. 작은 사물하나도 무심히 지나지 않고 포착하고 관찰하는 훈련을 해야 한다. 책을 읽거나 신문을 볼 때 그리고 뉴스를 접할 때도 문제의식이 떠오르는 순간을 놓치지 말고 마음에 담아 노트를 하라.

피터 로드는 이런 깨달음이 있을 때 즉각 사진을 찍어 둔다거나, 메모를 해둔다거나 하는 실제적인 반응을 보이라고 조언한다. 이런 생활 습관을 통해서 우리는 성령의 가르침에 대해 더욱 민감해짐으로 민감성은 향상된다.[35]

물론 이와 같은 기도, 관찰, 묵상, 대화 등은 성경을 읽을 때도 마찬가지로 적용되어야 함은 두말 할 나위가 없다. 커뮤니케이션 모델로서의 성자의 커뮤니케이션은 이 외에도 연구할 대상이 너무나 많다고 본다.

5. 성령의 커뮤니케이션

선교의 커뮤니케이션론에서는 주로 사람의 마음에 세워진 문화적 장벽을 넘기 위하여 수신자 중심적 커뮤니케이션이론(receptor's oriented communication theory)을 주로 다룬다. 그러나 선교 커뮤니케이션의 종착지는 인간의 이성이 아니라 영혼이다. 아무리 이해하기 쉽고 재미있고 감동을 주는 메시지라 하더라도 그 영혼에 와닿지 않는다면 영적 변화, 회개는 일어나지 않는다. 바로 이런 이유에서 우리는 성령의 역사를 절대적으로 필요로 하게 된다.

보혜사(παρακλέτος), '파라클레토스'란 단어 역시 '곁에서 부르는 이' 즉 '곁에서 말씀하시는 분'이란 의미를 가지고 있다. 성령은 신자들의 심령에 오시어 하나님의 뜻과 그 자신을 온전히 가르치시는 보혜사이시다.

---

35) Peter Lord, 『하나님의 음성듣기』, 허영자 역 (서울: 생명의말씀사, 1999), 44-45.

그 분은 커뮤니케이션의 주체요 커뮤니케이션의 영이시다.

"오직 하나님이 성령으로 이것을 우리에게 보이셨으니 성령은 모든 것 곧 하나님의 깊은 것이라도 통달하시느니라"(고전 2:10). "우리가 세상의 영을 받지 아니하고 오직 하나님께로 온 영을 받았으니 이는 우리로 하여금 하나님이 우리에게 은혜로 주신 것들을 알게 하려 하심이라"(고전 2:12)는 말씀은 성령만이 신적 진리의 계시자요, 신령한 진리 커뮤니케이션의 주체자이심을 분명히 해준다.

그러므로 칼빈은 성령을 "진리의 영"(요 14:17), "식별의 영"(욥 20:3), 우리의 "내적 교사"라고 하여 성령의 비춰주심이 곧 우리의 통찰력이라고 하였다.[36]

진리 전달을 시도하는 모든 사역자들은 커뮤니케이션의 주체이신 성령으로 충만되고 성령의 인도를 받기를 구해야 한다. 성경의 저자이신 그가 성경을 전할 때, 깨닫는 마음을 주시도록 구해야 한다. 조용기 목사는 그의 설교론에서 설교자가 성령충만하지 못할 때 정곡을 찌르지 못하고 많은 말로 배회하게 되며, 성령충만하면 핵심을 찌른다는 말을 했는데, 공감하는 바다. 진리 전달을 위한 일에 성령보다 앞서는 커뮤니케이션은 실패할 것이다. 그러므로 선교 커뮤니케이션은 항상 무릎을 꿇는 일과 함께 시행되어야 한다.

6. 맺는 말

이스라엘과 성경의 전 역사를 볼 때 '커뮤니케이션하시는 하나님'은 곧 성경의 주요한 한 주제라 아니 할 수 없으며, '하나님의 커뮤니케이션 모델들'은 선교의 커뮤니케이션을 위하여 좋은 원리들을 제공해 준

---
36) J. Calvin, Institute 3. 1. 4.

다. 이상과 같이 하나님은 인류에게 그의 진리를 전해 주시기 위하여 역사 속에서 끊임없이 사람과 커뮤니케이션을 시도해 오셨다.

그것들을 정리할 때, 현현, 선지자를 통한 커뮤니케이션, 제사장과 레위인들을 통한 커뮤니케이션, 성자를 통한 커뮤니케이션, 성령을 통한 커뮤니케이션 등 다섯 가지 측면으로 분류하여 고찰해 보았다.

그러므로 우리는 여기에 얻어진 원리들을 숙고하여 잘 적용할 필요가 있다. 왜 하나님은 이토록 인간과 커뮤니케이션 하시기를 원하시는가? 그것은 곧 인간을 구원하시고자 하는 우주보다 넓고 큰 하나님의 사랑에서 기인한다. 그러므로 이 큰 사랑을 인하여, '하나님의 커뮤니케이션'은 과거에만 존재한 것이 아니라 지금도 계속되며, 택한 백성들의 구원이 온전히 성취되는 날까지 계속될 것이다.

여기서 우리가 주목해야할 사실이 있는데, **하나님의 커뮤니케이션은 실패한 적이 없다**는 사실이다(사 55:8-11). 하나님은 커뮤니케이션을 온전히 성취하신 분이며, 항상 당신이 원하시는 사람의 가슴속에 그의 뜻을 정확하게 인식시키셨다는 점이다. 그의 커뮤니케이션엔 순종이나 거역 둘 중의 하나가 반드시 나타났다. 그러므로 우리는 이 하나님의 커뮤니케이션의 열정을 담아 사역할 뿐 아니라, 그 원리도 적용하여, 효과적인 선교 커뮤니케이션을 이루도록 할 필요가 있다.

그러므로 너희는 가서 모든 족속으로 제자를 삼아
아버지와 아들과 성령의 이름으로 세례를 주고
내가 너희에게 분부한 모든 것을 가르쳐 지키게 하라
볼지어다 내가 세상 끝날까지 너희와 항상 함께 있으리라 하시니라
(마 28:19-20)

제5장
선교 커뮤니케이션과 문화의 관계

앞에서 말한 바와 같이 커뮤니케이션에서 메시지의 전달자는 인간의 문화적 상징체계를 통하여 메시지를 전한다. 특히 메시지를 받는 수신자의 문화와 삶의 관련구조들을 통하여 전해야 한다. 그러나 이 문제를 선교나 특히 선교현장에서 성경을 번역하거나 설교하는데 적용하기에는 적지 않은 문제점들이 내재해 있다. 그것은 곧 '상황화'(contextualization) 또는 '토착화'(indigenization)란 문제이다.[1] "그런데 이 신학적 용어들을 처음 사용한 당사자들이 소위 자유주의신학자들이었기 때문에 일반적으로 복음주의 내지 개혁신학을 표방하고 있는 신학자들은 선뜻 이 용어를 사용하기를 꺼렸으며, 지금까지도 매우 조심스러운 반응을 보이면서 그들 나름대로의 이해와 해석을 시도하고 있다."[2]

---

1) 토착화(indigenization)와 상황화(contextualization)는 혼용해서 사용하기도 하고, 다소 구분하는 경향이 있는데, 양자가 다 새로운 선교지의 상황에 관심을 두지만, 토착화란 성경진리의 문화적 표현, 특히 전통문화에 맞추고자 하는데 중점을 두고, 상황화는 성경진리의 신학적 작업에 중점을 두는 경향이 있다고 본다.
2) 상황화란 말을 처음 사용하여 그 문제를 제기한 것은 세계교회협의회(WCC)가 1972년 12월 29일부터 1973년 1월 12일에 걸쳐 "오늘에 있어서의 구원"이란 주제하에 개최한 태국 방콕대회에서였다. 홍치모, "최근 개혁신학에 있어서의 선교신학의 동향" 김의환 편저『福音主義 宣敎神學의 動向』(서울: 생명의말씀사, 1990), 131.

복음진리를 전달하고자 할 때 메시지를 전달하는 쪽과 받는 쪽 사이에 문화적 배경이 차이가 있을 경우 이 차이를 '상황의 차이'라고 가정할 수 있다. "이때 이 상황의 차이로 말미암아 메시지를 받는 쪽에서는 메시지의 수용의 변화와 이해의 차이가 있게 마련인데 이것을 최소한도로 하는 것이 상황화의 역할이다."[3] 사도 바울도 여러 복음을 전할 때 보다 많은 사람을 얻고자 하여 듣는 자들의 문화와 생활양식에 맞게 처신하여 전하려는 상황화의 노력을 피력하였다.[4] 루이스 루체다크(Louise Luzhedak)는 이를 '적응'이라는 말로 표현하여, '적응'을 기독교 신앙을 포현하기 위한 문화적 제 양식을 사용하는 제 과정으로 보았다. 그는 "적응이란 태도와 행위 또는 실제적으로 사도적 사역에 있어서 교회가 건전하게 토착문화를 존중하고 그것을 신중하게 취급하여 신학적으로도 건전하게 조정해 나가는 것"[5]이라고 하였다. "어떤 성경번역가나, 특히 수신자 언어와 문화가 전달지의 언어와 문화상황과 현지히 다른 상황에서 사역하고 있는 자는 두 가지 유형의 어려움 즉 문화적 차이와 언어적 차이를 직면한다."[6] 특히 두 언어의 상응하는 상징들이 매우 다른 기능을 가지고 있다는 것이다.

일례로 고개를 좌우로 흔드는 행위가 필리핀에서는 "아니요"(No)를 의미하고 영어에서는 전혀 다른 의미를 갖고 있다.[7] 이와 같은 언어적 기능의 차이 때문에 전달자의 메시지는 수신자에게 원래의 의도대로 전해지기 어렵다. 그러므로 또는 응용 언어학 또는 선교인류학적 상황화 작업이 필수적으로 요청된다.

---

3) *Ibid.*, 132.
4) 고전 9:20-22
5) Louis Lusbetak, *The Church and Cultures: An Applied Anthropology for the Religious Worker* (Pasadena, CA.: William Carey Library, 1975), 341.
6) A. Eugene Nida, *Message and Mission* (Pasadena, CA.: William Carey Library, 1979), 138.
7) *Ibid.*, 139.

그러나 한편 수신자의 문화적 관련구조 안에서 의사를 표현하려고 시도할 때, 성경의 메시지가 수신자 관련 구조라는 새로운 옷을 입을 때 메시지의 의미(meaning)가 변질되지는 않을 것인가? 성경의 번역을 수신자의 문화와 이해수준에 맞도록 시도할 때 원전의 정확한 의미에서 이탈되지는 않을 것인가? '상황화'의 문제는 여기서 끝나지 않는다. 문화에 대한 이해는 상황화 문제와 불가분리의 관계에 있다. 문화에 대한 기능주의적 입장을 취할 것인가? 혹은 피선교지 백성들에게 이상적인 기독교적 문화를 소개할 것인가? 상황화의 과정에서 문화적 이해에 따라 그 표현양식은 크게 달라질 것이다.

그러므로 이런 문제들을 충분히 이해하기 위해 먼저, 문화의 특색들을 논의하고 이어 상황화에 대한 선교신학자들의 연구들을 고찰하고자 한다.

1. 문화의 특성

1) 문화의 정의

(1) 문화는 인간 생활의 총체를 가리킨다.

문화에 대한 가장 고전적인 정의는 테일러(E. B. Tylor)에 의한 것으로 그는 문화를 "지식, 신앙, 예술, 법률, 도덕, 관습 그리고 사회의 한 구성원으로서의 인간에 의해 얻어진 다른 모든 능력이나 관습들을 포함하는 복합총체"[8]라고 규정하였다. 인류학의 다양한 전문분야들 가운데 구조주의 인류학, 인지인류학 및 상징인류학 등에서는 주로 관념적인

---

8) 한상복·이문웅·김광억, 『文化人類學槪論』 (서울: 서울대학교출판부, 1990), 65.

문화개념을 주장한다. 인류학자 구드이나프(W. H. Goodenough, 1961)에 의하면 문화란 사람의 행위나 구체적인 사물 그 자체가 아니라 한 사회의 구성원들의 생활양식이 기초하고 있는 관념체계 또는 개념체계라는 것으로 문화개념을 한정시켰다.[9]

(2) 문화는 각 공동체의 공유성을 띤다.

북아메리카 인디언 부족들을 연구했던 인류학자 루스 베네딕트(Ruth Benedict)는 "문화란 앞뒤와 옆이 잘 짜여진 생각과 행동의 패턴이다. 각 문화에는 다른 사회에서 공유하지 않을 수도 있는 독자적인 목적이 생성된다. 이 목적에 따라 사람들은 누구나 경험의 매듭을 차츰 엮어 가게 된다"[10]고 하였다. 선교 인류학자인 폴 히버트(Paul G. Hiebert)는 문화를 "인간이 생각하고 느끼고 행동하는 바를 조직하고 체계화하는 일단의 사람들에 의하여 공유된 사상과 감정, 가치 그리고 연관된 행동 형태와 산물들의 더 혹은 덜 통합된 체계"[11]라고 정의했다. 그러므로 하나의 발명품이나 한 개인의 습관이 일단의 사람들에 의해 공유될 때까지는 문화라고 할 수 없다. 그러므로 새로운 발명품이나 관습이 한 집단에 소개될 때, 그것의 수용, 거절, 타협 등의 절차를 거쳐 거부되어 사라지거나 적절한 변형을 거쳐 사용되기도 한다. 하나의 문화패턴은 다른 문화권 속으로 전달될 때 반드시 새로운 문화와의 타협으로 어느 정도의 변화를 거쳐 정착되게 마련이다.

(3) 문화는 인공의 화합물이다.

영어의 culture는 라틴어 *cult*에서 왔는데, *cult*란 원래 '밭을 경작한다'

---

9) *Ibid.*, 67.
10) Ruth Benedict, *Petterns of Culture* (New York: Mentor Book, 1950), 63.
11) Paul Hiebert, *Anthropological Insights for Missionaries* (Grand Rapids: Baker Book House, 1985), 30.

는 말이다. 산은 자연이다. 거기에 경작이란 노동력을 가함으로써 밭 또는 결실이란 새로운 가치를 창출하여 결국 가치상승을 가져온다. 그러므로 문화란 자연에 인공적 노력을 투자하여 가치를 상승시킨 것들이라고 할 수 있다. 리차드 니이버(H. Richard. Niebuhr)는 『그리스도와 문화』에서 "문화란 인간이 자연적인 것 위에 억지로 뒤집어 씌운 인공적인, 제2의 환경이다. 이것은 언어, 관습, 신념, 전통, 사회조직, 전해 받은 공예품, 기술적 전진 그리고 가치들로 구성된 것이다"고 하였다.[12] 예컨대 동굴은 자연이지만, 거기 시설투자를 하여 관광단지로 만들면 그것은 문화이다. 강은 자연이지만, 나루터와 항구와 운하는 문화이다.

이상의 정의들을 종합해 볼 때 문화란 인간의 산물이며, 또한 한 사회구성원들이 공유하는 어떤 유형, 무형의 가치들이다. 그런데 인간은 누구나 날 때부터 죽을 때까지 문화적 존재로서 살아간다고 해도 과언이 아니다. 한 사람이 태어났을 때 그를 감싸는 강보와 요람은 문화적 형태를 띠며 그의 출생을 축하하는 형태나 임종을 맞는 형태도 지역과 사회에 따라 각각 다른 문화적 양태를 띤다. 니이버의 말대로 "어떠한 경우에 있어서도 우리는 자연에서 도피할 수 없는 만큼 문화에서도 도피할 수 없다. 자연의 사람이란 존재하지 않는다."[13]

2) 문화의 뿌리

상기한 바와 같이 문화가 인간의 삶에 깊은 연관성을 가지고 있다고 한다면, 문화적 제요소들은 언어를 통한 복음선교, 즉 선교적 커뮤니케이션 활동에 적지 않은 영역을 차지하는 것이며, 아울러 커뮤니케이션의 효과에도 매우 큰 영향을 미친다고 보아야 한다. 그러면 성경이 가

---

12) H. Richard Niebuhr, 『그리스도와 문화』, 김재준 역 (서울: 대한기독교서회, 1990), 40.
13) Ibid, 47.

르치는 바 문화의 기원과 그 뿌리는 무엇인가?

　복음주의 신학자들은 대개 문화의 유래가 아담에게 주셨던 첫째 위임 "땅을 다스리라…정복하라"(창 1:26-28)는 명령과, 그들에게 맡겼던 에덴동산을 "다스리고 지키라"(창 2:15)는 명령에서 발견한다. 프렌시스 리(Francis Nigel Lee)는 이 명령과 결부하여 인간에게 문화적 사명을 주신 하나님께 모든 문화의 근본기원을 둔다.

　"모든 참된 문화는 인간의 자유로운 대리에 의해 하나님 자신이 창출하는 것이지만 결국 하나님 자신의 손으로 행하는 일이다. 타락 이후 비록 문화에 있어서 모든 불완전은 전적으로 인간 죄악의 결과이지만, 그럼에도 불구하고 진실로 문화에 있어서 선하고 참되며 유쾌한 모든 것은 오직 하나님의 은혜의 결과이다."[14]

　이는 만물이 그에게서 나오고 그로 말미암고 그에게로 돌아간다(롬 11:36)는 하나님의 주권론에 비추어 옳은 주장이다. "모든 진(眞), 선(善), 미(美)가 하나님으로부터 말미암으며 문화의 모든 것도 역시 그렇다."[15] 아울러 하나님의 명령을 수행하는 인간은 보다 직접적인 대행자(agent)이다. 인간은 하나님의 형상을 가진 자로서, 하나님의 대리자로서 문화적 활동을 수행한다. 브루너는 "인간이 소유하는 문화수행의 능력과 문화 창조에 대한 열정은 신적 창조의 근본적 구성에 속한 것"이라고 하였다.[16] 문화활동의 능력은 창조주께로부터 인간이 부여받은 본능적인 능력이라는 것이다.

　즉 인간의 문화활동은 인간 속에 있는 하나님의 형상의 결과인 것이다. 예컨대, 주거방법에 있어서 거미의 거미줄은 거미에게 일종의 주거형태이다. 그러나 거미는 일만 년 전의 거미나 지금의 거미나 똑같

---

[14] Francis Nigel Lee, 『문화의 성장과정』, 최광석 역 (서울: 개혁주의신행협회, 1989), 25.
[15] Ibid.
[16] Emil Brunner, *The Divine Imperative* (philadelphia: The Westminster press, 1990), 484.

은 방식대로 거미줄을 친다. 인간의 주거형태는 과거의 주거문화의 토대 위에 새로운 기술과 소재의 발명을 통해 오늘의 주거문화를 이루었다. 그러므로 전자는 아무리 미려하다 하더라도 자연이며, 후자는 문화이다. 인간만 하나님의 형상을 따라 지음 받았으므로 문화생활을 영위할 수 있는 것이다.

핸리 반 틸(Henry Van Til) 박사는 문화적 피조물로서의 인간은 창조주 하나님 아버지를 닮은 자로 다양한 영역에서 하나님의 대리자로서 통일된 활동을 하는 직분자라고 하면서, 이 직능을 그리스도의 삼직과 관련하여 설명하였다. "이 직능에는 선지자, 제사장, 왕의 삼직이 있는데 선지자로서의 인간은 진리를 알며, 제사장으로서의 인간은 하나님을 사랑하며, 왕으로서의 인간은 우주를 정복하고 다스린다".[17] 그러므로 "문화적 피조물로서의 인간은 위대한 우주의 건축가, 예술가를 닮은 자이다. 따라서 피조물로서의 인간은 창조 세계를 완성하는 일에 하나님과 동역자다."[18] 그러므로 인간은 하나님의 영광을 위하여 그 분의 뜻을 이루기 위하여 문화활동을 해야 한다. 참된 문화는 하나님의 영상을 위한 인간의 창조 활동이며, 모든 참된 문화의 뿌리는 하늘과 땅을 지으신 여호와 하나님이시다.

3) 문화의 타락성

문화의 타락성은 인간의 타락에 기원한다. 타락성의 강조에 대해 신학자들이 성경에서 발견한 강조점의 차이들이 있다.

---

17) Henry R. Vantil, 『칼빈주의 문화관』, 이근삼 역 (부산: 성암사, 1977), 34.
18) Ibid., 39.

(1) 타락의 방향성

브루너(Brunner)는 인간의 타락성에 대해 설명하기를, 인간은 본래 '의존적 창의성'을 가진 존재로 지음 받았으나 인간이성이 신앙을 통하여 응답하기를 거부하고 절대적인 자기목적과 독자성을 추구한 것, 즉 사람이 하나님처럼 되고자 열망한 것이라고 하였다.[19] 그러므로 브루너에게 있어서 죄는 "창조의 전도"(顚倒, The Perversion of Creation)이며, 이성이 신앙을 떠나 버릴 때 그것은 곧 내(I)가 고립된다는 것, '나'(I)의 자기 충족성이 된다고 보았다. 이와 같이 문화 속에 존재하는 죄라는 것도 그릇된 독자성일 뿐만 아니라, 공동체의 결핍을 가져오는 '나'의 그릇된 자기 충족성(false self-sufficiency)이며, 또는 그릇된 추상과 비인간화를 의미한다.[20]

(2) 타락의 깊이와 넓이

그러나 브루너의 견해를 보면 인간의 타락에 대한 방향성에 관하여는 예리하게 지적하였으나 타락의 전인간성과 부패의 깊이에 대하여는 그 설명이 너무나 부족하다. 칼빈(J. Calvin)은 인간의 타락을 전인격의 부패로 규정한다. 그는 원죄에 대해 정의하기를, "원죄는 우리들의 본성의 유전적 타락과 부패를 말하는 것이며, 영혼의 모든 부분들에까지 퍼져 있다. 먼저 우리들을 하나님의 진노 아래 놓이게 하며 우리들로 하여금 성경이 '육체의 일'(갈 5:19)이라고 부르는 일들을 하도록 만든다"[21]고 하였고, "아담이 의의 원천(The foundation of righteousness)을 버리고 난 이후, 영혼의 모든 부분은 죄에 의해 점령당하게 되었다"[22]고 하여, 인간본성의 전적인 부패를 주장하였다.

---

19) Eemil Brunner,*The Divine Imperative*. philadephia, 486, 요약.
20) *Ibid*., 486.
21) Institutes 2: 4: 8.
22) *Ibid*., 2: 4: 9. 이를 지지하는 성구들- 롬 7:18; 엡 4:18-19 참조.

중세의 신학자들 가운데 전형적인 반대 입장을 본다면, 에라스무스(Erasmus)는 인간 이성의 가능성을 말했고, 루터(Luther)와 칼빈은 인간의 철저한 타락을 주장했다. 전자는 가톨릭의 스콜라 철학적 입장이다. 그러므로 사람이 의롭게 되는 길은 그리스도의 은혜 외에 인간의 선행을 더함으로써 가능하다는 입장이다. 그러나 종교개혁자들은 인간은 전적으로 부패 타락했으므로 의롭게 되는 일은 오직 그리스도의 은총을 통해서만 가능하다고 보았다. 즉 그리스도를 믿음으로만 의롭게 된다고 주장한 것이다. 이와 같이 인간은 전적으로 부패, 타락하여 자력 구원의 가능성이 전혀 배제된 심판 아래 처해진 존재가 되고 말았다.

(3) 그러므로 타락한 인간들은 타락한 문화를 만들어 낸다.

타락한 인간들이 만들어 낸 문화 역시 이교적이고 하나님의 창조의 목적을 벗어나 전 구조(全 構造)가 부패 타락되고 말았다. "인간의 죄에 대한 모세의 고발(창 6:1-13)은 인간의 사회적, 문화적 삶 전체가 타락되었음을 시사한다. 이제 죄는 제도화되기까지 한다."[23] 죄가 문화적 형태를 띤다는 말은 어떤 죄들의 일반화를 의미한다. 예컨대, 창세기 6장은 성적 타락과 폭력이 일반화되었음을 나타내준다. 즉 결혼제도의 타락으로 선민의 혼합결혼과 일부다처관습(6:2), 권력의 타락과 폭력의 일반화 등을 볼 수 있다. 그러므로 이러한 인간의 반역에 대한 하나님의 심판은 모든 실존의 구조 위에 임한다. 대홍수심판, 하나님을 떠난 인간문화의 대명사인 바벨탑에 대한 심판, 소돔과 고모라에 대한 심판들이 곧 그것이다. 또 인간문화에 대한 심판은 계시록에서도 예고되어 있다(계 18장). 요한계시록 18장에서 '바벨론'이란 곧 이 세상 도시문화를 의미한다.

---

23) Robert E. Webber, 『기독교 문화관』, 이승구 역 (서울: 도서출판엠마오, 1987), 44.

예로부터 도시문화란 거의 예외 없이 타락을 가져왔다. 여호수아가 가나안을 정복할 때도 가나안 사람들은 고도의 도시문화를 이루었는데,[24] 아모리 사람들의 죄악이 관영할 때였는데(창 15:16 참고), 그들의 종교는 극심한 성적 타락과 결부된 타락한 종교였으며(민 25:1-15; 렘 2:20-24), 그 자녀를 불살라 바치는 살인적 종교였다(신 12:29-32). 그러므로 여호와께서는 그들을 죽이고 그들의 단들과 우상들을 깨뜨리고 불태우라고 명령하셨다(신 7:25-26). 여호수아의 가나안 정복은 한편 가나안의 죄에 대한 하나님의 심판이었다.

　하나님은 범죄한 인간 개인만 심판하시지 않고 그 문화 전체를 심판하신다. 바벨론 상인들의 상품 목록은 우리들의 문화 속에 존재하는 개체들이다.[25] 그 목록들 가운데 "사람의 영혼들"은 노예매매, 혹은 인신매매가 제도화된 사회를 고발하며, 문화적 타락의 심연을 보여주는 기록이다.

(4) 그러므로 문화사역에 관심을 갖는 자들은 경계해야 한다.

　우리는 문화를 하나님의 선물로 보아 그 선한 것들을 누리고 그리스도의 복음 선교를 위하여 적절하게 활용해야 한다. 그러나 문화 속에 내재한 죄악의 독소들을 경계하지 않으면 안된다. 두아디라교회의 거짓된 여선지 이세벨이 도모한 것은 사단을 정복하려면 사단의 은밀한 것을 알아야 한다는 것이었다. 그러므로 사단을 알기 위한 목적으로 타락을 유도했다(계 2:24). 하나님은 사단의 깊은 것을 알지 못하는 자들

---

24) John H. Sailhamer, *Biblical Archaeology*, (Zondervan p, 1998), 54.
25) "땅의 상고들이 그를 위하여 울고 애통하는 것은 다시 그 상품을 사는 자가 없음이라. 그 상품은 금과 은과 보석과 진주와 세마포와 자주 옷감과 비단과 붉은 옷감이요 각종 향목과 각종 상아 기명이요 값진 나무와 진유와 철과 옥석으로 만든 각종 기명이요, 계피와 향로와 향과 향유와 유향과 포도주와 감람유와 고운 밀가루와 밀과 소와 양과 말과 수레와 종들과 사람의 영혼들이라"(계 18:11-13). 각 상품들은 시대적, 사회적 문화에 따라 다른 것들이다.

을 칭찬하시며 격려하셨다. 문화에 타락성을 수용하고 깊이 들어가다 보면 아담을 넘어지게 했던 자의 올무에 빠진다. 그러므로 문화적 사역자들은 더욱 더 성령으로 충만한 가운데 새롭게 된 지성으로 문화를 분변하며 사역해야 할 것이다(롬 12:2).

아울러 이와 같이 인간의 타락성과 하나님께 대한 대적에도 불구하고 아직도 인간에 대한 하나님의 성향은 은혜라는 것이며, 문화의 전도(顚倒)됨과 자기파멸적 모순성에도 불구하고 그 문화는 하나님의 주권적 통치아래 있다는 점을 기억해야 하고, 선교적 사역에 지혜롭게 적용하는 커뮤니케이션의 능력을 길러야 할 것이다.

그러므로 우리는 양극단 사이에서 적절한 균형을 이룰 필요가 있다. 즉, 문화상대주의와 반문화주의 사이에서 긴장하며 사역해야 할 것이다. 문화의 악용된 것들을 분별하고 문화의 선한 면들을 누리고 활용해야 할 것이다.

4) 문화와 일반은총

문화가 창조에 근거한다는 점에서 문화는 하나님의 선물이며 일반은총(General grace)의 영역에 속한다. 화란의 개혁신학자 스킬더는 문화에 내재하는 죄성 때문에 문화를 일반은총이라고 함을 거부한다. 그러나 대부분의 복음주의, 개혁주의 신학자들이 문화를 일반은총의 하나로 보는 것은 공통적인 견해다.

(1) 일반은총의 근원은 예수 그리스도다.
반 틸은 "죄의 결과로 인해 문화가 반역적이고 계속하여 위기에 처해 있음에도 불구하고 문화 그 자체는 은혜와 마찬가지로 하나님이 주신 선물이다"²⁶⁾고 했다. 브루너도 문화의 죄성을 인정하면서도 문화를 창조 사실에 근거하여 하나님의 선물이며 동시에 인간에게 주어진 의무로 간주했다.²⁷⁾ 아브라함 카이퍼는 일반은총을 피조 세계를 발전시키고 역사와 문화를 가능케 하는 것이라고 보면서, 그 일반은총의 근원을 세상의 중보자 되시는 예수 그리스도라고 하였는데 그 이유는 만물은 "영원한 말씀"(Logos)으로 말미암아 있기 때문이라는 것이다.²⁸⁾

(2) 일반은총은 특별은총의 보완적으로, 죄를 제거하는 일을 한다.

일반은총과 특별은총은 그리스도 안에서 상호 의존적이다. 일반은총은 죄인들을 구원하시는 그리스도의 특별은총 없이는 무의미하며, 특별은총 역시 인간들의 삶에 죄를 억제하시고 문화를 가능케 하는 그리스도의 중보적이며 섭리적인 사역이 없이는 불가능하다. 교회는 공간속에 세워진 것이 아니라, 이 세상 문화권속에 세워진다. "하나님은 일반은총으로써 모든 것을 황폐케 하는 죄의 세력을 막아 제어하신다. 그러나 이것들을 제어하는 정도로는 불충분하다. 그러므로 그리스도의 구속의 죽으심에서의 부활의 권능으로 말미암아 사방을 둘러싼 죄악의 담을 깨뜨리는 것이 필요하다."²⁹⁾ 일반은총과 특별은총은 지상에서 상호 협조적이다. 이 양자가 손잡을 때 기독교 신학이 발생한다. 신천신지는 이 양자가 영원히 만나 하나가 되는 곳이다.

일반은총은 문화속에 발생하는 죄악을 제어하는 역할을 한다. 그러므로 헨리 미터는 "헬라나 로마나, 기타 불신자 사회의 문화가 어느 정도 가치 있게 발전된 것이 있다면, 그것은 백성들 가운데서 저들의 죄

---

26) Van Til, 『칼빈주의 文化觀』, 39.
27) Emil Brunner, *The Divine Imperative*, 484.
28) Van Til, 『칼빈주의 文化觀』, 170, ( )안은 필자 주. 성경은 "만물이 그로 말미암아 지은 바 되었으니 지은 것이 하나도 그가 없이는 된 것이 없느니라"(요 1:3)고 선언하고 있다.
29) H. Bavinck, 『일반은총론』 차영배 역 (서울: 총신대학출판부, 1980), 69.

악성에 항거하여 하나님이 육성시킨 열매이다. 죄악을 그대로 방임해 둔다면, 그것이 하나님의 피조물을 유익하게 할 것이 아니라 도리어 파괴할 것이다. 그러므로 문화도 하나님이 인간의 죄악성을 제재하시어 나타내시는 하나님의 선물임에 분명하다"라고 하였다.[30]

(3) 모든 영역의 주권은 하나님의 은혜의 통치 아래 두어야 한다.

카이퍼의 '영역주권론'에 의하면, 이 세상의 가정이나 사업, 학문, 예술, 국가 등이 다 사회적 영역으로서 각각 주권적 영역들을 가지고 하나님의 은혜의 통치 아래 존재한다.[31] 이런 것들은 죄와 방종과 타락을 제어하는 하나님의 일반은총의 도구이다.[32] 오늘날 자주 영화인들이 포르노영화를 제작하여 법조계나 기독교윤리실천운동본부와 충돌을 빚곤 한다. 영화계에선 영화의 예술성을 이야기하면서 간섭하지 말라고 하고, 법조계와 기독교윤리실천위원회에서는 그것이 국민의 건전한 정서를 해치기 때문에 고유영역으로 주장할 수 없다고 한다. 한 가정이 가장을 중심으로 하여 건강하고 행복하게 사는 것은 그들의 고유한 주권이다. 그러나 구타가 심해지면 인권침해라는 법에 위배되어 법의 제재를 받아야 한다. 그러므로 영화나 예술, 가정, 정치, 모든 면에서 고유한 주권영역이 있음을 인정하여 고유한 영역의 문화적 발전을 도모하되, 중요한 것은 그 어떤 영역도 하나님의 주권 아래 있다는 것이다. 하나님의 공의와 은혜의 통치 아래 두어야 한다.

그러므로 우리는 죄인을 구원하고자 하시는 특별은총이 존재하는 날까지 인간과 문화에 대한 하나님의 일반은총이 여전히 남아 있다는데서 선교 커뮤니케이션의 통로로서의 문화에 대해 긍정적인 가치를 발

---

30) H. Henry Mepeter, 『칼빈주의』, 박윤선·김진홍 역 (서울: 개혁주의신행협회, 1990), 71.
31) Abraham Kuyper, 『삶의 체계로서의 기독교』, 서문강 역 (서울: 새순출판사, 1987), 96-97.
32) *Ibid.*, 87-89.

견할 수 있다. 우리는 문화 속에 내재한 하나님의 은총과 타락성을 함께 관찰해야만 한다. 예컨대, 인간에게 기쁨과 삶에 활력을 불어넣어 주는 춤과 노래는 분명히 하나님의 은총이다. 그러나 그것들의 내용이 인간의 타락적 욕망을 부추기는 것이거나 이교숭배의 제전을 위하여 만들어진 것이라면 그것은 분명히 악마적인 것이다.[33] 그러므로 선교 커뮤니케이션에서는 문화적 상징체계를 사용하되, 거기 내재해 있는 죄성의 요소들을 발견해 내고 올바른 상징매체로 변환 내지 새로운 제정, 혹은 사용하는데 대한 선택과 창작의 노력이 요구된다.

5) 문화의 세 가지 차원

문화는 사상, 감정, 가치적 차원을 지니고 있으며, 커뮤니케이션도 그러한 세 차원(Three Dimensions)의 수단을 통해서 전달된다.[34]

(1) 인식적 차원(Cognitive dimensions of culture)

각 문화는 그 집단이 공유하는 지식체계가 있다. 공유된 지식이 없이는 커뮤니케이션은 불가능하다. 지식은 개념의 내용들을 제공한다.

서구인들은 무지개를 여섯 가지(빨강, 오렌지, 노랑, 초록, 청색, 보라)로, 한국인들은 일곱 가지로 나눈다. 남부 인도의 텔루구스인들은 많은 색깔들을 단지 두 가지 기본적 색깔로 구분한다. 즉, 따뜻한 색깔과 차가운 색깔이다. 또 지식은 존재하는 것과 존재하지 않는 것들을 구분해 준다. 서구인들은 보지 못하지만 공기 중에 있는 산소와 질소 수소 등

---

33) 로버트 눋슨(Robert Knudsen)은 하와이의 훌라춤을 예로 들면서 무희들의 춤은 춤의 여신에게 드리는 것으로 우상을 보존하며 거짓된 예배를 행하는 세속화된 접근으로 이끄는 것이다고 비판하면서, 기독교 세계관은 우리 시대의 문화적 세속화 경향과 종교에 대한 그릇된 개념을 바로잡아 주는 기능을 가지고 있다고 주장한다. Robert Knudsen, 『기독교 세계관』, 박삼영 역 (서울: 도서출판 라브리, 1988), 19.
34) Paul G. Hiebert, 『선교와 문화인류학』, 김동화 외 3인 공역 (서울: 죠이선교회출판부, 1996), 39-47.

의 존재를 믿고, 의사들은 체세포 내의 특정한 바이러스의 침투 등에 대한 지식을 갖고 있다.

아프리카인들은 모든 살아 있는 존재에 영이 있다고 믿는다(Animism). 그러나 유물론적 세계관을 가진 자들은 보이는 물질만 인정할 뿐이다.

문화적 지식은 여러 가지 방법으로 축적되고 전달된다. 고대 이집트에서는 파피루스에 기록했고 중국에서는 대나무를 쪼개서 엮어 그 대나무면 위에 글을 썼다. 중국 서안(西安)에 진시황의 무덤인 병마총에 가면 진시황제가 읽었던 왕대나무로 역은 책이 보존되어 있다. 그것은 굵은 대나무를 반으로 쪼개고 약 1.5m 길이로 잘라, 주로 이어 붙인 것으로 폭이 약 1.5m 가량 된다. 대나무의 둥근 면에 붓글씨로 쓴 책인데 그 한 권은 요즘 우리 책의 한 페이지 분량도 안될 것이다. 시황제는 매일 약 16권의 책을 읽었는데, 당시는 대단한 독서량이었다고 알려진다.

오늘날엔 신문, 도서, 광고, 게시판, 전자메일, 학교에서의 전자교탁, 인터넷 사이트에서의 국제교류, facebook, 트위터, 스마트폰의 등장, 등 지식전달의 축적과 커뮤니케이션의 수단은 가히 매년 혁명적으로 발전, 변모되고 있다. 신학교에서 학생들은 스마트폰으로 성경을 읽고 어떤 사역자는 철야기도회에서 스마트폰을 통해서 성도들이 보내는 기도제목이 바로 바로 스크린에 뜨게 하여 기도한다. 이런 수단들이 모든 문화권에서 다 적절한 것은 아니다. 각 문화에 따라 적절하게 조절하는 지혜가 요구된다.

패트릭 존스톤은 몽골에서 선교사들에 의한 교회의 서구화가 많은 청년들을 불러 내는데 주효했지만, 장년 세대는 이국적으로 인해 거부감이 있다는 것을 지적한다. 몽골교회가 성경중심적이지만 문화적으로 보다 더 상황화되어야 할 것을 제시하고 있다.[35]

---

35) Patrick Johnstone, Jason Mandryk, 『세계기도정보』 (서울: 죠이선교회출판부, 2002), 291.

(2) 감정적 차원(Affective dimension of culture)

문화는 사람들이 가지는 감정-그들의 태도, 미의 관념, 음식의 맛, 옷의 선호도, 즐거움과 분노, 슬픔의 고유한 표현방식 등을 가지고 있다. 한국인들은 담백한 음식을 선호한다. 그러나 중국인들은 유미한(느끼한) 음식을 좋아한다. 오순절 교단의 기쁨의 표현과 가톨릭 수도사들의 표현은 크게 다르다. 전자는 춤과 소리지름, 황홀함을 표현하는 강한 제스처가 있고, 후자에는 고요한 내적 평온을 즐긴다.

미의 기준에서 유행에 따라 직선적인 것을 선호하기도 하며, 둥근 것을 선호하기도 한다. 정서적 차원은 우리의 옷, 식물, 집, 가구, 자동차, 헤어스타일, 춤과 노래, 드라마 등 모든 면에서 표현된다.

(3) 평가적 차원(Evaluative dimension of culture)

각 문화는 어떤 것이 옳고 그른지에 대한 도덕규범들이 있으며, 해서는 안될 일과 용납되는 일들이 있다. 인도 북부의 말라냐 부족에서는 광장의 돌을 밟으면 용서될 수 없는 큰 형벌을 받는다. 왜냐하면 그것은 신성한 돌이기 때문이다.

각 문화는 가장 중요한 가치로 여기는 것들이 있다. 예를 들면 어떤 문화에서는 명예를 가장 중요시 한다. 자신의 명예가 손상을 입었다고 생각할 대는 할복자살을 하기도 한다. 미국문화에서는 정직성이 가장 중요한 가치로 인식되어 정치인이 거짓말한 것이 드러나면 대통령직에서 하야까지 하기도 한다. 돈과 안락을 더 중시하는 사회에서는 정직이나 성윤리의 가치는 상대적으로 약화된다.

남북이 대치되고 오랫동안 이데올로기적 냉전 속에 있어온 우리나라에서는 정치인이나 연예인일지라도 군입대를 하지 않는 것이 크게 불명예스러운 일로 여겨진다.

그러므로 선교사나 크리스천 사역자는 그가 섬기는 사람들의 문화에서 가장 중요시 여겨지는 가치들이 무엇인가를 먼저 알아야 한다. 그들의 중요시여기는 것을 인식하지 못할 때 그들을 불필요하게 자극하게 되고 불화할 수 있다.

(4) 문화의 세 가지 차원에서의 복음제시

우리의 복음사역은 문화의 세 가지 차원들 모두를 다루어야 한다. 진정한 개종은 복음이 문화의 세 가지 차원에 영향력을 주는 것을 의미한다.

① **인식적 차원**: 복음의 주요 개념들, 성경적 신학적 지식들에 대한 전달이 필요하다. 서구적 방법에 익숙해 있는 사역자들은 항상 설교와 화이트 보드 등을 통해서만 전달하려는 경향이 강하다. 그러나 그들 문화의 전달방법을 사용하고, 개발하는 것이 중요하다. 여기에는 인쇄매체, 우편, e-mail, 전화, 구전과 노래, 드라마 등이 있다.

② **정서적 차원**: 문화와 마찬가지로 복음도 정서적 차원을 가지고 있다. 하나님께 대한 경외감과 신비감, 하나님의 사랑에 사로잡힌 황홀감, 구원의 기쁨, 평화 등이 있는데 신앙의 정서를 표현하는 방법은 문화마다 다르다.

한국의 오순절(1907, 평양 산정현교회)은 깊은 통회와 감격으로 나타났으며, 파푸아뉴기니의 모크족은 마크 선교사의 복음을 듣고 복음을 깨닫자, 몇 사람이 큰 소리로 자기가 받은 체험을 간증하더니 온 동민들이 하나로 얼싸안고 두 시간 동안이나 열렬하게 춤을 추었다(『이따오』 N.T.M. 제작 Video Tape). 마크 선교사 본인은 매우 경건한 메노나이트 출신이지만, 모크족의 그런 감정적 표현을 제지하지 않았다.

갈보리 교회의 척 스미스 목사는 60년대 기존의 가치와 의미를 공감하지 못하고 교회를 떠나던 젊은이들(히피)을 복음화 하기 위해 청바지에 티를 입고 통기타를 치며 복음을 전하고 설교했는데 큰 호응을 얻었다. 찬양도 예배 스타일도 젊은이들의 정서에 맞게 표현했다. 그런데 그런 스타일을 배워서 한국에서 접목하려던 이들은 실패했다. 한국의 정서는 히피와는 크게 다르기 때문이다. 정서는 지역과 계층에 따라 많이 다를 수 있다. 사실 미국 교회의 어떤 교파운동은 교리적인 이유 때문이 아니라, 예배 정서가 우리 나라와 맞지 않기 때문에 거절당했다. 따라서 사역자는 그 사회와 집단의 정서를 충분히 이해함을 바탕으로 기독교 프로그램들을 그 정서에 적절하게 표현해야 한다.

③ 평가적 차원: 복음전달자는 반드시 복음의 가치체계들을 제시하여야 한다. 그리스도인은 무엇을 위하여 살아야 하는가? 무엇에 우리의 삶을 바쳐야 하는가? 무엇이 크리스천 라이프의 가장 위대한 가치인가?

복음전달자는 자기가 좋아하는 내용만 전하지 말고, 성경이 가르치는 위대한 가치들을 전달해야 한다. 그리고 그런 내용들이 지식적으로만 머물지 않고 결단과 헌신으로 나타나도록 도와주어야 한다. 봉사와 헌신의 기회를 가지는 것은 매우 중요하다.

어떤 교회들은 매 방학기간을 이용하여 국내 농촌지역과 해외로 단기선교팀을 조직하여 지역봉사와 전도, 성경학교를 실시한다. 다녀온 후 각 팀에서 한 사람씩 간증을 하는데, 일단 현장선교를 한 사람들이 커다란 감격과 보람을 느낀, 생생한 보고를 하게 되면 다른 성도들에게 상당한 동기부여가 된다. 말씀을 듣고 은혜를 받기만 하는 수동적 입장보다 스스로 헌신하고 체험하는 기회를 창출하는 것은 매우 중요한 일이다.

6) 문화와 상징

(1) 상징의 정의

상징이란 어떤 문화를 공유하는 사람들에게만 통하는 특별한 의미를 지닌 말, 동작, 그림 또는 대상을 가리킨다. 한 나라의 언어를 구성하는 낱말이나 은어가 대표적이고, 의상, 헤어스타일, 국기, 지위, 교통신호 등 다양한 범주들이 있다. 상징들은 문화와 시대에 따라 끊임없이 등장하며 옛 상징들은 사라진다. 한 문화집단에서 생긴 상징들은 다른 문화집단으로 확산되기도 한다.

폴 히버트(Paul Hiebert)에 의하면, "상징이란 어떤 행위나 문화적 산물에 특별한 의미와 감정이나 가치가 부여된 것이다."[36] 즉, 우리 속에 있는 것들(meaning)을 외적 형태(form)로 나타내는 것을 말한다. 그러므로 상징의 본질은 형태와 의미 사이의 관계성이다(relationship between form and meaning). 상징은 단 하나의 의미만을 전달하지 않고 여러 의미를 함께 전할 수 있는 것이다. 상징은 의미, 느낌, 그리고 가치들을 창조해 내는데 언어, 제스처, 음악, 예술 등이 상징들이다.

인간은 자기가 전달하고 싶은 뜻을 나타내기 위하여 말(spoken word)이나 글(written word)을 사용한다.[37] 인간의 언어는 상징으로 가득 찼지만, 인간은 기호(sign)나 형상(image)도 역시 사용할 수 있다. 그것은 UN, UNICEF, UNESCO와 같은 약자나 머릿글자일 수도 있고, 우리가 잘 아는 상표나 약의 명칭이나 배지나 문장 같은 것일 수도 있다. 이런 것들이 자체의 뜻은 없으나 사람들이 공통적으로 쓰고, 뜻을 부여함으로써 알 수 있는 의미를 지니게 된다. 이것들은 상징이 아니고, 다만 기호로서 일정한 사물들을 가리키고 있을 뿐이다.

---

36) *Ibid.*, 51.
37) Carl G. Jung etc, 『인간과 상징』, 조승국 역 (서울: 범조사, 1981), 24-25.

인간 이해의 한계를 넘어선 일들이 허다하기 때문에 우리가 정의나 완전한 이해가 불가능한 개념을 나타내고자 할 때는 언제나 상징적인 용어를 사용한다. 이것은 왜 모든 종교가 상징적인 언어나 상징적인 형상을 사용하느냐 하는데 대한 중요한 이유들 가운데 하나이다.

(2) 문화들의 특이한 상징들의 표현[38]

- 윈스턴 처칠은 승리의 V자로 유명하다. 그러나 V자가 어떤 나라에서는 "당신의 아내가 서방질해서 뿔이 났구려" 하는 신호와 비슷하다고 한다.
- 영국 사람들은 배우들을 비난하기 위해 야유를 보낸다. 일본에서는 사회적 복종의 의미이다.
- 긍정과 부정을 뜻하는 여러 가지 방법이 있다. 위아래로 또는 옆으로 고개를 흔드는 것이 그리스, 인도에서는 반대로 쓰인다. 시실리에서는 고개를 약간 뒤로 젖히고 턱을 내미는 것이 부정의 의미이다. 이디오피아인들은 고개를 젖히고 눈썹을 올리는 것이 긍정의 뜻이다. 그리고 고개를 오른쪽 어깨로 홱 틀면 반대한다는 뜻이다.
- 침을 뱉는 것은 최대한의 모욕으로 통하는 곳이 많다. 그러나 마사이족(남아프리카 케냐 등지에 사는 유목민족)은 우정과 존경의 뜻으로 상대방 앞에 침을 뱉는다.
- 여자들과 노인들에 대한 존경의 표시로 일어나는 것이 우리들의 관습이다. 피지 섬에서는 윗사람 앞에서 앉아야 한다. 이는 고대동양에서 왕 앞에서 엎드리는 것과 비슷하다. 태국에서는 왕보다 머리를 더 높이 드는 사람은 죽였다.
- 가장 재미있는 존경의 표시 중 하나는 프랜들리 제도의 것인데, 원

---

38) Donald Wilton, 『당신은 의사전달을 어떻게 하고 계십니까?』, 유경열 역 (서울: 평민사, 1993), 61. *Ibid.*, 48.

주민들은 상대방을 존경하는 표시로 옷을 벗는다.
- 프랑스에서는 주머니에 손을 넣고 대화하는 것이 실례이다. 벨기에, 스웨덴, 핀란드, 인도네시아도 마찬가지이다. 피지에서는 팔을 들어 올리는 것이 금물이다. 그러나 팔짱을 끼는 것은 좋은 예절이다.
- 엄지손가락을 검지와 중지사이에 끼워 넣는 것은 한국에서는 외설적인 욕이다. 반면에 브라질에서는 "당신에게 행운을"(Good luck)이란 뜻이다. 그래서 브라질의 토산품 점에서 이와 같은 조각 작품을 많이 볼 수 있다.

  어느 여행 전문가에 의하면, 브라질 상파울루 토산품 점에서 바로 그런 조각 작품들이 많이 진열되어 있었다. 한국관광객들은 화가 나서 "물건 사러 온 사람들에게 이게 뭐냐!"고 주인에게 항의했다. 주인은 빙그레 웃으면서 "브라질에서는 그게 욕이 아니고 '당신에게 행운을!'(good luck)이란 뜻이다"고 설명해 주었다. "왜 하필 그런 모양으로 행운을 비느냐?"고 물으니, 주인은 "그 모양에서 찬란한 태양이 산에서 솟아오르는 느낌을 받지 않느냐"라고 반문했다('여행을 하면서', "조선일보", 1995년 12월 12일, p. 19).
- 엄지와 검지로 만든 원은 한국, 일본 등에서는 돈의 의미로, 미국에서는 "OK"라는 의미로 해석된다. 반면에 멕시코와 브라질 등 남미에서는 음란한 의미를 갖는 심한 욕설이다. 남부 프랑스에서는 "쓸모없다"는 의미를 전달해 주는 상징이다.
- 그리스의 문화적 특성들(그리스에서 집시 선교사로 사역하는 손영삼 선교사의 보고에서)

  욕: 화가 났을 때는 손바닥을 펴서 상대방에게 내보인다. 가장 극도로 화가 났을 때 퍼붓는 최대 모욕은 양손을 펴서 손바닥 면을 상대방에게 보이는 행위이다.

  주의-택시를 세울 때 손바닥을 정면으로 들지 않도록 주의한다.

다섯을 말할 대, 상대방에게 손등을 보인다.

축도할 때 손바닥이 서로 마주보게 하여 양팔을 든다.

약속시간: 모든 동창회, 송별회, 피로연, 망년회 등 파티모임은 예정된 시간보다 평균 2시간 늦게 시작한다. 그러므로 저녁 7시에 약속된 모임은 9시 이후라야 진행되며, 식사의 주 메뉴는 12시에 나오고, 춤과 음악을 즐긴 후 새벽 3시경에야 모임이 끝나는 "밤 문화의 나라"이다.

결혼식: 반드시 밤에만 행한다. 낮에는 낮잠과 더위로 모임이 안된다. 결혼예식은 교회에서만 행한다. 정교회(orthodox)가 국교로 되어 있으므로 성직자의 주례 공포가 법적 성혼 효력을 발휘한다.

집시여성: 평생 바지를 입지 않는 전통이 있다. 화장실이 없으므로 공개된 들벽과 천막주변에서 자유롭게 대소변을 보기 위함이다.

낮잠: 지중해성 기후로 낮잠문화권이므로 오후 2-5시경에는 절대 가정방문이나 전화를 삼간다. 이 시간대는 한국의 새벽 2-5시 사이에 해당된다.

- 케냐에서 한국선교사 내외가 현지 교회 지도자들을 집으로 초대했다. 그리고 그들에게 바닥에 편안하게 앉기를 권했다. 그러나 현지 교회 지도자들은 당황해했고 굳이 의자에 앉았다. 선교사가 의아해 하자, 현지 젊은 전도사가 선교사를 데리고 옆방으로 가서 말하기를 케냐에서 땅바닥에 앉는 것은 범죄자로서 취조 받을 때, 가족이 죽어 낙망했을 때, 상대방에게 멸시를 받고 있음을 의미한다고 말해주었다.

- 우리말의 "귀가 먹었다"는 청각이 불가능하게 되었다는 관용어이며, "속이 탄다"는 말은 속에 불이 타는(take fire) 것은 아니며, 마음의 안타까움에 대한 관용어이다.

- 우리나라에서 "찬물을 끼얹는다"는 말은 분위기를 경직시키는 행

위에 대한 야유이다. 그러나 파푸아뉴기니의 사위족에서 "찬물"은 "평화"를 뜻하는 관용어이며, "찬물을 뿌린다"는 말은 "화해한다"는 의미이다.

(3) 상징을 통한 종교적 진리 전달

예수의 말씀에서나 우리의 신앙생활에서 상징을 통해 종교적 진리를 나타내는 것들을 살펴보자.

• 예수의 말씀

"나는…이다"고 선언한 말씀들은 모두 상징으로 풍성한 의미를 나타낸다. 그것을 풀이한다면 매우 건조하고 어설프게 될 것이다. 높고 풍성하며 신비한 종교적 내용들은 상징화할 필요가 있는 것이다.

예수가 사용한 상징어들은 모두 일상사에서 가져온 개념들이다.

- 목자, 반석, 건축, 포도나무, 신랑과 신부, 주인과 종 등등.

그러므로 신앙적 진리를 생생히 전달하기 위해 일상적이며, 현대적 형태의 적절한 상징들을 창출해 내도록 하자.

"기도는 119전화입니다."

"예수는 살아있는 mega-pass입니다."

"순종은 녹색 신호등이다."

"고난은 포장된 축복이다."

• 성찬의 떡과 포도주-떡과 포도주라는 음식을 통해 예수 그리스도의 죽음을 상징적으로 나타낸다.

• 세례행위는 언약 백성되는 외적인 표식일 뿐 아니라, 말씀과 성령으로 깨끗하게 씻어내는 정결케 함의 상징이며 성령의 인침에 대한 심볼이다.

• 건축의 미학

고딕은 신성의 경외감을 나타낸다.
둥근 아치는 신성의 완전함과 자비를 드러낸다.
십자가는 그리스도의 희생을 나타낸다.
원이 있는 십자가에서 원은 영원성, 불멸성, 부활 등을 나타낸다.
• 동식물을 통한 의미 전달
백합-그리스도인의 성결을 상징한다.
연꽃-불교의 상징인데, 최근에 어떤 기독교 지도자들은 연꽃의 특성들을 들어 연꽃이야말로 기독교의 상징이 되어야 한다며 연꽃을 통한 기독교 이미지 전파를 시도하고 있다.[39]
민들레-일편단심
비둘기-순결과 평화, 성령의 임하심.
카타콤에서는 기독교의 상징으로 태양, 공작, 물고기 등도 사용하였다.

2. 상황화의 방법론

앞에서 살펴 본 바 문화에 대해 정리할 때, 신적 창조에 기원을 두는 문화, 인간의 삶의 요람으로서의 문화, 죄악과 타락성을 지닌 문화, 하나님의 일반은총으로서의 문화임을 논하였다. 이제 선교적 커뮤니케이션을 위한 상황화를 시도함에 있어서 이와 같은 문화관을 고려하여 구체적인 방법론이 논의되어야 할 것이다. 선교지에서 토착 문화유산을 대할 때 어떻게 구체적으로 다루어야 할까는 매우 중요한 난제이다. 이 점에 대하여 오랫동안 각 교단의 선교사들은 나름대로 연구하고 정책을 세워왔다.

---

[39] 연꽃이 기독교적 이미지를 주는 세 가지 이유가 있다. 첫째, 꽃잎이 청순하다. 둘째, 진흙탕 속에 뿌리를 박고 있으며 줄기를 위로 뻗어 올려 잎과 꽃을 피운다. 셋째, 물을 정화시킨다.

1) 순응설

이 순응설(accomodation)은 자연과 은총은 대립되지 않는다는 토마스 아퀴나스의 사상에 기초하여 문화를 긍정적으로 대하는 것이다. 대부분의 가톨릭 선교사들과 자유주의자들이 이 입장에 서 있다고 볼 수 있다. 이들은 선교에서 피선교지의 모든 문화와 풍속에 거부반응을 갖지 않고 자연스럽게 순응한다. 17-18세기 로마 천주교는 세계 선교의 소명을 깨닫고 이 일을 위하여 포교성을 창설하고 산하의 대리감독들에게 다음과 같이 지시하였다.

"그들의 예절과 풍습과 관례가 뚜렷하게 신앙과 건전한 도덕에 위배되지 않는 한 그것을 바꾸려 하거나 그때문에 그 사람들을 괴롭게 하지 말라…철폐시킨 풍속 대신 다른 국민의 풍속을 소개시키려 한다면 문제는 더욱 심각해진다. 그 백성들의 습관과 유럽의 습관을 불쾌하게 대조시키지 말라 최선을 다하여 당신들 자신이 그들의 풍속에 순응하도록 힘쓰라."[40]

이 순응의 원리로 큰 성과를 거둔 대표적인 이들은 중국의 마테오리치와 인도의 노빌리이다. 마테오리치는 중국옷을 입었으며, 공자의 사상을 연구하며, 조상제사를 허용하였으며, 하나님을 상제와 하늘로 번역하였다. 그는 이와 같이 하여 "기독교와 유교는 배치되는 것이 아니라 조화되는 것"이라고 하면서 기독교의 중국화에 최선을 다하였다. 한때 교황청은 리치의 방법을 정리하고 제사를 거부하였으나 20세기에 들어와 제사를 종교가 아닌 의식으로 간주하고 허락하였다.

인도의 마두라이에서 사역한 노빌리는 예수회 수도사들과는 달리, 인도인들을 구원하기 위하여 인도인이 되어야 하겠다고 마음먹었다. 그는 브라만의 관습을 면밀히 검토하여 성자들이 입는 황갈색의 카비

---
40) Stephen Neil, 『기독교 선교사』, 홍치모·오만규 역 (서울: 성광문화사, 1980), 222.

옷(Kavi)을 입었으며, 인도의 교사인 산니아시 구루(Sannyasi Guru)로 자처하였고, 타밀 고전과 텔구르, 산스크리트어까지 통달하였다. 그는 카스트제도를 그대로 수용하였고, 개종자들이 우상숭배가 아닌 한 그들의 신분적 규칙들을 그대로 지킬 수 있도록 허용하였다.[41]

천주교의 토착화 원리는 이방인들도 자연의 영역에서 스스로 진리에 도달할 수 있다고 생각하여 이방의 풍습, 습관, 종교, 의식까지도 가치 있는 것으로 믿는데 있다. 그러나 이 순응설은 토착문화를 복음에 순응시키거나 개혁하기 보다는 복음을 토착문화에 순응시키려는 점이 강하며 과도한 토착화 내지 이교에의 타협이란 인상을 갖게 한다.

2) 변형설

이것은 전통문화를 크게 붕괴시키지 않으면서 새로운 가치관에 입각하여 풍속과 습관 등 문화를 변형시키는 것이다. 개혁주의 신학자들과 많은 복음주의자들은 대체로 이 사상에 동의한다. 교회는 혁명이 아닌 점진적인 변혁방법으로 잘못된 습관이나 풍속을 개혁해야 한다.

예를 들어 윌리엄 케리는 인도에서 순장제도의 악습(남편이 죽으면 부인도 함께 화장, 혹은 생매장하는 것)을 제거하는데 기여했다.

18세기 초 당시 윤회를 굳게 믿는 인도인들에게 사티(순장제도)의 파기는 엄청난 반발을 불러일으킬 수 있는 사안이었는데, 케리는 사티가 인도의 경전에 없다는 사실을 확인하였으며, 사티에 반대하는 인도인 학자와 연대하여 인도국회, 덴마크 총독, 영국 총독을 끈질기게 설득하여 마침내 영국 총독 웨슬리경이 법령을 공포하기에 이르렀다.

또한 변형설(transformation)은 교회가 어떤 문화의 형태는 그대로 이용

---

41) *Ibid.*, 227-232.

하되 거기에 새로운 의미를 부여하려고 한다. 예를 들어, 아프리카에서 춤과 노래가 때로는 전쟁의 승리나 성적인 의미가 내포되었지만, 그 의미를 제거하고 다른 의미를 부여하여 춤과 의식을 교리의식에 적용하려고 한다. 알란 티펫(Allen R. Tipett)은 이것은 '형식적 변형'으로, 나이다는 '기능적 대치'라고 한다.

변형설과 비슷한 개념으로 바빙크와 바이엘하우스의 소유설이 있다. 바빙크는 '토착화'란 단어조차 사용하기를 꺼려서 '소유'라는 용어로 대치할 것을 주장하였다. '소유설'이란 이방의 문화와 풍속을 신자들이 장악하여 완전히 이를 하나님께 바쳐서 하나님 중심의 문화로 전환하는 것을 의미한다. 바이엘하우스는 구체적으로 고린도후서 10장 5절에 근거하여 소유설을 발전시켰다.

"모든 이론을 파하며, 하나님 아는 것을 대적하여 높아진 것을 다 파하고, 모든 생각을 사로잡아 그리스도께 복종케 하니"

이것은 곧 마귀에게 빼앗겼던 것을 하나님의 것으로 다시 차지한다는 의미이다. 그는 성경번역도 선별(selection)-거절(rejection)-재해석(reinterpretation)의 과정으로 토착화하였다.[42]

이것은 적극적인 복음 중심적 자세로서는 좋으나, 모든 문화가 마귀의 지배 아래 있다는 태도를 갖는 것은 지나치다고 본다. 그리고 이론은 타당하나 기독교가 소수인 사회에서, 그들의 문화를 소유하여 변형시킨다는 것은 현실적 실천으로는 어렵다. 이 소유설은 결과적으로 변형설과 같은 것이라고 볼 수 있다.

---

42) 전호진, 『宣敎學』. (서울: 개혁주의신행협회, 1986), 158.

3) 적응설

적응설(adjustment)의 주창자는 맥가브란이다. 그 내용은 복음이 선교지 문화의 옷을 입으나 기독교의 본질이 파괴되지 않도록 해야 한다는 이론이다. 그는 적응설을 비유하기를, 질그릇에 담긴 보화는 결코 바꿀 수 없지만, 질그릇 자체는 상황에 따라 다른 문화의 사람에게 잘 받아지도록 적응해야 한다고 한다. 모든 문화의 권위는 하나님께로부터 온 것이기 때문에 각 문화는 동등한 가치가 있는 것이므로 존중되어야 하며, 따라서 기독교는 어디서나 하나님의 계시를 유지하면서 상황에 맞추고 또 다른 문화에 적응해야 한다고 한다. 이 사상은 천주교의 순응설과 유사한 것 같지만 차이가 있다. 순응설은 성경의 근본진리를 파괴하면서도 토착문화에 순응하므로 문화와 습관에 있어서 성경적인 것과 비성경적인 것을 구분하지 않으려고 한다. 그러나 맥기브란은 비성경적인 풍속과 문화에는 적응하지 말 것을 강조했다.

그는 문화에 적응할 수 있는 요소와 적응할 수 없는 요소를 구분하기 위하여 '기독교1', '기독교2', '기독교3', '기독교4' 라는 용어를 사용한다. '기독교1'(Christianity 1)은 하나님, 죄, 성경, 구원, 영생 등에 관한 교리적인 것이고, '기독교2'는 윤리적인 것으로, '윤리적인 기독교'라고 부른다. '기독교3'은 예배, 기도, 헌금, 찬송, 교회건축, 기구 등 교회의식과 관습이며, '기독교4'는 기독교의 지방습관이다.[43] 맥가브란은 위의 4가지 중에 '기독교1'은 교리적인 것이기 때문에 변할 수 없으나, '기독교2'부터는 문화에 따라 변할 수 있다고 하였다.

맥가브란의 토착화 원리는 문화를 지나치게 중립적으로 본다거나, 기독교1, 2, 3, 4로 구분하는 것에 대한 위험성 등 지적이 있지만, 많은

---

[43] Donald A. McGavran, *The Clash Between Christianity and Cultures* (pasadena: William Carey Library, 1979), 16-17.

선교사들에게 받아들여지고 있다.

　허드슨 테일러가 중국내지에서 선교할 때 수많은 사람들이 자신을 외국인으로 알고 이상하게 생각했으므로 청나라식으로 변발을 하고 청나라 복장을 입었다. 중국식 머리인 변발을 하기 위해 머리를 삭도로 밀고난 후의 따가움, 동양의 검은 머리로 염색하는 고통, 갑갑한 비단 옷, 굽없는 신발 등의 불편을 인내해야 했을 뿐 아니라, 당시 선교사 사회에서 멸시와 조롱거리가 되었고 심지어 영국의 가족들조차 그것을 못마땅하게 여겼다. 그러나 그는 그것을 감내하고 청나라인들과 동일시하는데 성공하였다.[44]

　선교사는 문화적 동일시를 기할 것인지, 보다 우월한 문화를 보급할 것인지에 대해 숙고해야 한다. 새로운 것을 보급할 때 충분히 동일시가 된 후에 점진적으로 시행하는 것이 옳을 것이며 깊은 숙고를 해야 한다.[45]

　적응설을 우리는 동일시(同一視), 혹은 성육신화(成肉身化) 등으로 표현할 수 있다. 동일시는 때로 더 큰 선교사의 희생과 섬비를 요할 때가 있다. 진젠도르프의 위대함은 동일시와 자기 희생에 있었다. 그는 선교하러 가면서 대서양을 건널 때 백작의 지위였으므로 호화스러운 일등칸에 편안히 갔다. 그런데 평민들이 타는 배밑바닥에 선실에 유대인 부부의 아내가 병들었음을 발견하고 그들 부부에게 자신의 호화스러운 자리를 내어주고 자신은 불편한 배밑바닥에 내려갔다. 또 아메리칸 인디어들 부족 가운데 사역할 때는 인디언들과 똑같은 생활환경에서

---

44) Ruth Tucker, 『선교사열전』 박해근 역 (서울: 크리스챤다이제스트, 1994), 223.
45) 브라질에서 모 선교사는 신학교 교무실 바닥을 한국식으로 장판을 깔고 신발을 벗고 들어오게 하였다. 현지인의 관습은 실내에도 신발을 벗지 않고 들어가는게 일상이었는데, 한 학생이 자기들의 습관대로 신발을 신은 채 교무실로 들어오자 선교사는 꾸짖었다. 그러자 그 학생은 "선교사님은 왜 우리들에게 한국풍습을 강요하십니까!"하고 항의했고, 선교사는 격한 마음에 "이 야만인이!"라고 하였다. 급기야 큰 소동이 일어났고, 학교의 존립위기 사태로까지 갈뻔한 사태가 벌어졌다.

생활하였으며 모든 모라비안 선교사들은 모두 자급자족하면서 현지인들과 비슷한 수준의 생활을 하였다. 그런 점은 특히 유럽의 귀족출신인 진젠도르프에게 엄청난 희생이었을 것이다.[46]

오늘날 선교사가 아프리카나 2/3세계 국가에서 현지인과 동일시하며 살 것인가, 그들로부터 존경과 복종을 얻어내기 위해 부유하게 높은 상전처럼 살 것인가, 아니면 중산층에 수준을 맞출 것인가 하는 세 가지 견해가 있다. 어떤 선교사는 선교사가 풀장이 딸린 거대한 저택에 거주하므로 인해 그 나라의 고위층과 교류할 수 있다고 주장하기도 한다. 그러나 우리 주 예수님께서 본보여 주신 방식은 동일시이다. 가장 낮은 자리에 종의 모습으로 오셔서 33년간의 생애를 함께 하셨다. 우리가 그렇게 하지 못하는 것은 우리의 부족 때문이지 그것이 정당한 것은 아닐 것이다. 할 수 있는 한 그들과 동일시하는 겸비한 모습을 취할 때 진정한 소통과 사랑의 교감이 이루어 질 것이다.

4) 나이다와 찰스 크래프트의 '역동적 상응어 원리'

선교의 새로운 파트너로 복음주의 선교학자들은 언어학적 기술과 이해를 성경번역 분야에 점점 많이 이용하는 가운데 기독교 응용 언어학이 발원되었다. 1934년 '위클리프성경번역선교회'(Wycliff Bible Translators)의 자매조직으로 '하계언어학연구소'(Summer Institute of Languagics: SIL)는 이러한 영역 전체에서 지도자와 사상을 길러내는 온상이 되었다.[47] 기독교 응용문화인류학의 최초의 공헌자는 유진 나이다(A. Eugene Nide)였다. 그는 SIL에서 오랫동안 미국 성경협회의 번역부장을 맡았던 사람

---

46) Paul Pierson, 『기독교선교운동사』, 임윤택 역 (서울: CLC, 2009), 405-406.
47) Harvie M. Conn., *Eternal Word and Changing Worlds* (Grand Rapids Michigan: Zondervan publishing House, 1984), 142.

으로서 문화인류학적 관점에서 선교 전략을 수립해야 할 필요성을 복음주의 신학자들에게 깨우쳐 주었다. 그는 성경번역 원리에 있어서 단지 원전의 언어를 충실하게 직역하는 것을 반대한다. 즉 "가장 만족스러운 번역은 먼저 의미를 파악하고, 다음엔 형식을 만듦으로써 원전에 가장 가까운 자연스러운 상응어(equivalence)를 만들어 내는 것이다"[48]고 말한다. 이것을 가리켜 역동적 상응어 모델(dynamic equivalence model)이라 한다. 이러한 관점에서 그는 상응어 원리(principles of equivalence)로서 5가지의 번역 원리를 소개했는데, 요약하면 다음과 같다.[49]

첫째, 전달자 언어 안에서는 존재하지 않더라도 수신자 언어 안에서는 어떤 단어를 부가해야 의미가 통한다.

둘째, 전달자 언어 안에서는 불명료하지만 수신자 언어 안에서는 명료하게 해야 한다.[50]

셋째, 전달자 언어에서는 애매하나(Ambiguity) 수신자 언어에서는 분명하게 해야 한다.

넷째, 전달자 언어에서는 암시적이지만 수신자 언어에서는 분명히 해야 한다.

다섯째, 전달자 언어에서는 명백하지만 수신자 언어에서는 다른 취급을 요구받는다. 문법적인 변경으로서 수신자 언어학적 구조상 불가피한 경우들이 있다. 어떤 경우엔 능동태를 수동태로 고쳐 표현해야 하며, 어떤 경우는 명사적인 것을 동사로 변화시켜야 이해가 통한다.

그는 또 수신자 언어 구조로 변형시키기 위해 어떤 단어를 첨가시키

---

48) A. Eugene Nida, *Custom and Culture* (pasadena, CA.: William Carey Library, 1982), 217.
49) *Ibid.*, 144-147. 그는 각 원리마다 특별한 예들을 들고 있다. 본문 인용에서는 생략함.
50) 대표적 예가 헬라어 히브리어에서는 존칭보조어미가 없으나 한국어에서는 하나님이나 예수님과 어떤 사람이 대화할 때 원문에는 없지만, 낮춤말이나 높임말에 사용하는 존칭보조어미를 붙여야만 한다.

거나 선택적으로 빠뜨리기도 해야 한다고 한다.[51] 그의 관심사는 계속 의사전달의 '인간적 과정'에 대한 적용을 둘러싸고 주의를 기울여 구성되었다. 나이다의 이와 같은 주장들은 말씀을 이해하도록 전하고자 하는 선교적 열망에서 나온 것이므로 높이 평가할 만하다. 나이다의 역동적 전달개념은 필연적으로 언어와 문화, 언어와 인간생활의 관계에까지 확대되어 신학과 문화인류학과의 공동연구의 가능성을 타진하게 된 것이다. 이와 같은 과정에서 그는 신적 계시의 초자연적 원천(The supernatural source)을 분명히 천명한다.[52] 그러나 그의 주장의 결론 부분에서 다음과 같이 주장한 매우 짤막한 표현은 계시의 정의를 애매하게 하고 있다.

"하나님과 인간의 언약이라는 개념 전체는 쌍방 의사교류에 의거한다. 비록 제안하는 편은 하나님이시고, 받아들이는 편은 인간이기는 하지만…그 과정의 초점은 예수 그리스도이시다. 신-인 대화(The Divine-human conversation)는 영원하다."[53]

그가 말한 초자연적 계시란 종결성이 없는 계속 진행 중인 역동적 과정을 의미하는 것과 같이 들려진다. 하비 칸 교수는 나이다가 의사전달을 위한 유형들을 계시론에 끌어들인 데서 문제가 발생했다고 지적한다.[54] 이 점은 계시의 역동성을 주장한 크래프트에게 이어지고 발전되고 있다.

크래프트는 나이다의 '역동적 상응어 모델'(Dynamic equivalence model)을 사용하여 강화시켜서 계시에 대한 이러한 함의들 자체를 이끌어 내려

---

51) 이런 방법의 성공적인 예로 그는 아도니람 저드슨(Adoniram Judson)을 들면서 동방언어에서 최고의 성경번역 선교사였다고 극찬하고 있다. 저드슨이 번역한 성경은 효과적인 커뮤니케이션을 위해 노력한 결과 상당히 분량이 많아졌는데, 첫 판은 그 뒤의 개정판보다 약 25%가 더 길었다고 한다. *Ibid.*, 148, 149.
52) Eugene A. Nida, *Message and Mission*, 225.
53) *Ibid.*
54) Harvie M. Conn, *Eternal Word and Changing Worlds*, 167.

고 시도한다. 인간적 의사전달의 수신자 중심의 유형들과 유사한 것이 '수신자 방향적 계시'(Receptor's Oriented Revelation)이다. 하나님은 진공상태에서 말씀하시지 않으신다. 그는 계시를 하나님-인간이 문화 안에서 만난 커뮤니케이션적인 사건의 결과로 보았다.

그는 "하나님은 초문화적(supra-cultural)이며 절대적 존재임에 반하여 인간들은 유한하고 죄인이며 문화 속에 묶여있는 존재들(culture-bound beings)인데, 이러한 양자간의 무한한 간격을 어떻게 다리를 놓을 수 있을까?"라는 질문에 대한 답변으로써 성경계시의 역동성을 주장하였다. "성경계시는 바로 이 간격을 뛰어넘는 커뮤니케이션, 즉 초문화적이신 하나님이 문화적 존재인 인간과 소통하시는 살아있는 커뮤니케이션이다"[55]라는 것이다. 크래프트는 이 문제에 대한 기본적인 사실들을 다음과 같이 지적하였다.

첫째, 인간은 전적으로 문화 속에 잠겨있다.

둘째, 반면에 하나님은 문화로부터 완전히 벗어나 자유로운 분이시다(그 자신이 문화적 제한들에 굴복하시기로 결정하신 때, 즉 성육신의 때를 제외하고는).

셋째, 그러나 하나님은 인간과 교제하시기 위해 인간문화를 사용하신다. "하나님의 계시는 그것이 인간에게 인식되려면 문화적인 용어들로 진술되어야만 한다. 왜냐하면 인간은 그들의 문화를 떠나있는 초문화적 진리를 볼 수 없기 때문이다(고전 13:12).[56]

우리는 우리가 속하여 관련된 문화구조로 지각할 수 있는 범주의 용어로만 진리를 이해할 수 있다. 인간 상호간의 의사소통에 있어서 서로 동의하는 공동의 언어나 심볼을 채택한다. 여기에서 그는 수신자 중심적 커뮤니케이션을 소개하면서 하나님의 계시가 바로 수신자 중

---

55) Charles H. Kraft, *Christianity in Culture*, 169, 170.
56) *Ibid.*, 170.

심의 커뮤니케이션이라고 주장한다.[57] '수신자 방향적 메시지 전달'이란 문제는 대인 커뮤니케이션(Interpersonal Communication)에 있어서 중요한 기본이론 가운데 하나이다. 그런데 그는 이러한 인간 상호관계의 역동적 과정을 계시이론에 적용시켰다. 그는 여기서 그리스도의 성육신을 수신자 방향적 계시의 한 대표적 사례로 들고 있다.[58]

그가 이와 같이 성경을 하나님과 인간과의 역동적인 커뮤니케이션의 증거에 대한 기록으로 본 것은 성경관을 문화인류학적 시각에서 이해하려 한 새로운 시도이다. 성경의 기록들을 볼 때 여러 측면에서 크래프트의 주장은 충분히 받아 들여 질 수 있는 점이 많다. 하나님이 계명들을 이스라엘 백성에게 반포하실 때 우뢰와 번개와 나팔소리와 산의 연기를 발하셨다. 백성들이 너무나 두려워하여 하나님이 직접 말씀하시기를 원치 않고 모세를 통하여 듣기를 원하였으므로 하나님은 모세에게 말씀을 주시고 모세는 백성들에게 말했다(출 20:18-20). 이스리엘 백성이 처해진 상황(출애굽, 광야여행, 사사시대의 환경, 불순종하는 이스라엘 백성에게 향한 책망과 권고의 메시지, 바벨론 포로와 귀환에 관한 메시지 등등)에 대하여 하나님이 말씀하셨던 점들을 들 수 있다. 그가 말한 대로 성자의 성육신도 하나님을 인간에게 보여 주신 신적 커뮤니케이션의 절정이라 볼 수 있다. 그러나 성경 메시지 가운데 이러한 사례들이 충분히 내재해 있는 것은 사실이지만 그렇다 하더라도 성경 전체를 이러한 관점에서만 본다면 그것은 진리의 반쪽만 본 셈이 된다. 왜냐하면 성경은

---

57) *Ibid.*, 178.
58) "예수 안에서, 기록 속에 고정된 하나님(the stereotyped God)은 기록 밖으로 깨뜨리고 나오셨다. 예수는 하나님이셨으며 하나님과 동등 되신 분이셨으나 하나님과 동등 됨을 비우시기를 택하셨다(빌 2:6). 그는 더 이상 단순히 우리 위에 계신 하나님으로서가 아니라, 우리 가운데 계신 참된 인간이 되시어 인간의 모든 일에 배우는 자, 나누는 자, 참여자가 되셨다. 하나님은 단순히 오신 것이 아니라, 되셨다. 그리스도 안에서 하나님은 그의 수신자와 동일화 하신 것이다…. 그러므로 수신자들인 우리는 가장 충격적(효과적인) 방법으로 예수를 통하여 하나님의 계시를 받을 수 있는 것이다" *Ibid.*, 173-175 인용.

사람 쪽에서 이해할 수 없고, 수용하기 곤란한 내용들도 많이 내포하고 있기 때문이다. 스가랴서의 8대 환상들을 스가랴 자신도 그 의미를 알지 못하였으며, 요한계시록은 아직도 완전히 풀려지지 않은 책으로 남아 있다.[59] 그리스도의 성육신 과정에서 동정녀 탄생이나 십자가의 대속의 진리, 부활 등은 인간의 문화적 구조 가운데서는 일반적 상식으로는 도저히 수용될 수 없는, 세상에서 미련하게 보일 수밖에 없는 사실들이다. 그러므로 크래프트가 성경을 수신자 중심적 커뮤니케이션의 책이라고 모델화한 것은 수신자 중심적 전달법이라는 틀(paradigm) 안에서 성경 전체를 이해하려고 했기 때문에 성경의 진리를 축소시킨 결과를 야기하고 말았다.

뿐만 아니라, 크래프트는 성경을 명제적 정리들(propositional theorems)을 고정적으로 취급하는 신학적 교과서(a static, Theological textbook)로 틀에 박아서 보는 경향을 경계하면서 그는 성경을 '영감받은 고전적 사례집'(Inspired classic casebook)이라고 말한다.[60] 그는 문화인류학으로부터 유추한 역동적 상응어 모델을 계시에 적응시켰다.

그에 의하면 성경기자는 사실 혹은 사건을 객관적으로 파악하고 인식했다기보다는 기자 자신의 인식 방법과 관찰 방법에 의해서 관찰함으로써 그 나름의 진리의 체계를 세워 기술하였다. 그러므로 성경기자가 쓴 내용 그것이 영감 되었다기보다는 하나님과 성경기자 사이에 주고받은 역동적인 상호작용이 영감 되었다는 것이다. 따라서 성경기자가 쓴 내용은 그의 인식 및 관찰 방법에 영향을 받았으므로 그 내용을 보다 진리 그 자체에 접근시키는 비평적 작업이 필요하다고 주장하였다.[61]

---

59) 그러므로 성경의 기록자들(선지자, 사도들)은 자주 그것을 계시해 주신 하나님이나 하나님의 사자에게 그 뜻을 질문하곤 했다(슥 1:9; 4:4, 12; 5:9; 6:4; 계 5:3-4; 7:13-14). 그럼에도 불구하고 그들이 그 의미를 온전히 이해하지는 못했을 것이다(벧전 1:10,11).
60) *Ibid.*, 198.
61) *Ibid.*, 205-213.

그는 또한 하나님과 인간의 상호 관계적 역동성을 강조한 나머지, 조명(enlightenment)을 계속되는 계시로 대치시켰다. 그에 의하면 "하나님은 새로운 도구들(새로운 사람들, 새로운 언어들, 새로운 문화들)을 통하여 말씀하시며 그때 완전히 새로운 어떤 일들이 발생한다…계시란 역사 안에서 새롭게 성경에 기록된 커뮤니케이션의 사건들일 뿐만 아니라, 모든 커뮤니케이션 사건들은 새롭다."[62] 그는 계시의 종료성을 거부한다. "계시는 단순한 지식(information)으로서가 아닌, 지식(information)과 동시에 자극(stimulus)이다."[63] "계시는 객관적이거나 완성된 것이 아닌 주관적이고 계속되는 사건이다."[64] 결과적으로 그는 소위 영감을 계시라고 본다. 전통적 신학에서 객관적 기록인 말씀을 계시라고 보며 그것이 오늘날 새롭게 주관적, 개인적으로 각 사람에게 하나님과 하나님의 뜻을 발견하도록 해 줄 때, 그것을 조명이라고 불렀다. 그러나 그는 계시는 종료된 것이 아니라 계속적으로 새롭게 하나님-인간의 커뮤니케이션으로 존재하며 그것은 주관적인 면과 객관적인 면이 동시에 존재한다고 본다.[65]

이러한 크래프트의 계시론에 대하여 침례교의 보수적 조직 신학자 칼 헨리(Carl Henry)는 두 가지 점에서 날카로운 지적을 했는데, 첫째, 크래프트가 수신자 주도형 전달이론을 계시론과 영감론에 도입한 것은 성경의 권위를 모호하게 하는 것이며, 둘째, 그의 계시론은 객관성이 결여되어 있으며, 계시는 개인적인 인식 여하에 따라 계시도 될 수 있고 되지 않을 수도 있다고 하여 크래프트 교수를 신정통주의 신학자로 낙인찍어 버렸다.[66] 그러나 헨리 박사의 비판은 너무 지나친 비판이라

---

[62] *Ibid.*, 178.
[63] *Ibid.*, 183.
[64] *Ibid.*, 184.
[65] *Ibid.*, 186.
[66] 홍치모, "최근 개혁 신학에 있어서의 선교신학의 동향" 김의환 편, 『복음주의

고 볼 수 있다. 왜냐하면 크래프트가 성경의 무오성이나 권위 자체에 대해 의문을 가진 것은 아니기 때문이다. 하비 칸 교수는 크래프트를 '저급한 성경관'을 가진 자로 비난하는 도미노식 사고는 오히려 비판자들에게 더 큰 상처를 줄 수 있을 것이라고 말하면서, 우선 크래프트의 역동적 계시론(dynamic revelation theory)에 대하여 새로운 계시 이해의 시도로서 인정하고, 고정적 언어문화관을 갖고 있는 '폐쇄된 복음주의자들'에게 매우 많은 지혜를 가져다 준다고 일단 긍정적 평가를 하고 있다.[67] 나아가 칸 교수는 나름대로 크래프트의 계시론이 가진 약점들을 지적하고 있다.

첫째, 크래프트 교수가 역동적 상응어 모델을 신학적 범주체계(계시론)로 확대시키면서 그 한계를 넘어섰다고 본다. 계시론 속에 수신자 중심의 인식원리를 도입함으로써 계시 자체가 가지고 있는 의미에 강조점을 두기보다는 반대로 계시의 인류적 측면, 하나님의 계시를 인간이 어떻게 수용하였는가를 더 중요시하였다는 것이다.[68]

둘째, 조명을 성령의 활동으로서의 행위로 보기보다는 인간의 반응으로서의 자극으로 초점을 바꿀 만큼 조명의 인간지향적인 측면을 중요시 할 위험을 안고 있다. 지나치게 인간수준에서 발생하는 주입과정에 초점을 맞출 경우 신학적 언어분야의 실재인 신적 행위로서의 조명, 신적 설득으로서의 조명이 사라지게 된다.[69]

셋째, 하나님과 문화의 상호작용이 제공하는 연속성을 크게 강조할 경우, 성경계시의 독특성이 갖는 유일한 지위는 그것이 인간성과 만유 안에 새겨져 존재하게 된다. 그러나 영감의 진정한 목적은 성경기자들을 지지함에 있어서의 거룩하신 성령의 활동의 독특성을 전하려는 것

선교신학의 동향』(서울: 생명의말씀사,1990), 143.
67) Harvie Conn, *Eternal Word and Changing Worlds*, 173.
68) *Ibid.*, 172.
69) *Ibid.*, 173.

이다.[70]

넷째, 크래프트 교수의 역동적 상응어 모델은 기능주의의 위험으로부터 완전히 벗어나지 못하고 있다. 크래프트에 의하면, 신약성경의 유대인의 문화는 신의 계시의 역사로부터 온 것이 아니라 오히려 헬라 문화와의 접촉에서 나온 것이다. 크래프트는 특별계시사에 나타난 중요한 이정표(즉 그리스도 안에서의 히브리적 율법의 성취)를 남용하여 그러한 변화를 오로지 인간지향적 기능주의의 또 다른 사례로 바꾸어 놓는 위험을 가진다.[71]

뿐만 아니라 크래프트는 조명을 계시로 봄으로써 계시의 종결성을 무너뜨리고 하나님 계시의 권위를 약화시킨 결과를 초래했다. 또한 하비 칸 교수가 지적한 대로 계시의 구속사적 맥락과 계시의 점진성을 부정하고 구약과 신약의 차이를 다만 자칫 문화적 변화에서 온 결과로만 설명하는 우를 범하게 된다. 그러므로 크래프트의 역동적 상응어 모델을 계시론에 그대로 적용시켜 이해하려는 것은 적지 않은 잘못이다.

그렇다 하여 나이다와 크래프트의 문화인류학의 신학적 작업의 공헌을 완전히 부정할 수는 없다. 하비 칸 교수의 말대로 우리는 '성경의 최우선 순위' 대신 '신학의 최우선 순위'를 말하는 우를 범해서는 안된다.[72] 왜냐하면 신학은 결국 또 단일한 문화라는 배경에서 성경을 연구한 결과로서 하나의 과학 분야이기 때문이다. 그러므로 우리는 나이다의 역동적 상응어 모델, 크래프트의 수신자 중심적 커뮤니케이션이라는 문화인류학적 연구의 결과들을 신학의 그릇에서 완전히 비워 내어 버릴 것이 아니라, 제3세계에서의 선교 신학적 작업의 과정에서 그 유용성을 적절하게 사용하는 지혜를 가져야 할 것이다.

---

70) *Ibid.*
71) *Ibid.*, 174.
72) *Ibid.*, 175.

5) 폴 히버트의 비판적 상황화

변혁적 상황화론에 해당되지만, 보다 구체적인 방법론으로 제시하기 때문에 따로 다루고자 한다.

폴 히버트는 그의 부모가 인도에서 6년간 선교사로 있을 때 어린 시절을 보낸 경험이 있으며, 문화 인류학자요 선교학자로서 풀러 신학교에서 교수로 재직하고 있다. 저서로는 남인도 부락에 있어서의 구조와 내용에 관한 책, 『칸두라』(Kandura)와 『문화인류학』(Cultural Anthropology), 『선교문화인류학』(Anthropological Insights for Missionaries)이 있다. 그의 선교신학은 『선교문화인류학』에서 발견할 수 있는데, 각 시대와 나라, 부족의 문화적 차이에 따라 성경계시에 대한 이해가 달라진다는 사실을 인식하고 객관적 계시를 금일의 사람들에게 성육신적 가교를 잇기 위해, 신학과 문화인류학과의 공동노력을 통한 신학의 필요성을 요청한다.[73]

그는 문화적 차이가 현저한 지역에서 성경을 번역할 때 나이다의 상응어 모델과 유사한 역동적 번역(dynamic translation)을 강조한다. 초기 선교사들의 번역이 '문자적'이거나 '형식적'이었던 관계로 발생한 오해들을 지적하면서 역동적 번역을 요청한다.[74] 그러나 번역자는 원본이 역사적 사건을 언급할 때는 그것을 변경해서는 안된다고 한다.[75] 이들이

---

73) Paul G. Hiebert, *Anthropological Insights for Missionaries* (Grand Rapids, Michigan: Baker Book House, 1985), 14-19.
74) 예를 들어 텔구르어(Telugu)에서 "목자"란 지시적 의미는 양을 돌보는 자이지만 함의적 의미는 타락한 술꾼으로 보여지므로 성경의 메시지가 왜곡되게 전해졌으며, 서부아프리카에서 "가슴을 친다"는 용어는 자신의 성취에 대한 자부심의 표현이며, 회개를 말할 때는 그들은 "머리를 친다"라고 한다. 발리어에서는 독사는 낙원의 뱀으로 간주되므로 "독사의 자식들아!"(마 3:7; 12:34; 23:33; 눅 3:7)는 말씀을 비난으로 여기지 않는다. 그러므로 그는 "해충의 자식"으로 대신함으로 이 구절의 의미를 전달함이 가능하다고 한다. 그러므로 이런 경우에 말과 상징들을 선택하는데 융통성을 가져야 한다고 한다. *Ibid.*, 150-151.
75) *Ibid.*

주장하는 대로 다른 문화권에서 사역하는 번역자들과 복음전파자는 성경의 메시지가 오해되지 않고 성경저자의 의미가 살아나도록 전파하기 위하여 때로는 역동적 번역을 해야 한다고 본다. 물론 선교지의 상황을 고려할 때 역동적 상응어를 사용하지 않으면 안 될 때가 있음은 부인할 수 없다. 그러나 그런 경우, 어디까지나 원전의 의미를 파괴하지 않도록 최대한 주의를 기울이며 난하주를 달아 원전의 본래 의미를 해설적으로 적어 두어야 할 것이다.

이제 그가 말한 비판적 상황화에 관한 이론을 고찰하도록 하자.

그는 "사람들이 기독교인이 될 때 그들의 전통문화적 풍속들에 대해 사람들이 어떻게 해야 하는가? 오랫동안 자리잡아 왔던 종교적 의식들과 여러 가지 전통문화에 대해 어떤 관계를 가져야 할 것인가?"[76]라는 질문을 제기하면서 이에 대한 나름대로의 답변을 제시하고 있다. "그는 전통적인 문화를 특성별로 나누어 물질적 문화(집, 도구들, 약 등), 표현적 문화(전통음악, 춤, 악기 등), 의례적 문화(탄생, 성년, 결혼, 죽음 등과 같은 일들에 대한 통관 의례), 치료와 번영의 의례(자손, 좋은 수확, 사랑에서 성공, 혹은 특별한 성공 그리고 병, 죽음, 가뭄, 홍수, 지진 등), 일 년의 순환들, 절기, 축제일, 박람회, 순례 등으로 구분했다."[77] 그는 이러한 옛 전통에 대한 세 가지 태도(상황화의 거절, 무비판적 상황화, 비판적 상황화)에 관해 논증하면서 결론적으로 '비판적 상황화' 작업을 해야 할 것을 주장하고 있다.

(1) 옛 것에 대한 부정: 상황화의 거절

과거의 선교사들은 흔히 선교지인들의 옛 풍속을 이교적으로 보아 용납하지 않았다. 선교사들은 거의 자문화중심주의에 근거하여 복음과 자문화를 동일시하고 다른 문화를 나쁜 것으로 판단했다. 이 입장

---
76) *Ibid.*, 171.
77) *Ibid.*, 216-231. 요약.

은 상황화를 거절한다. 그러나 옛 풍습에 대한 거절은 많은 문제를 야기했는데, 그것은 첫째, 채워야 할 공백을 남겼으며 가끔 선교사의 풍속을 수출하는 것으로 대치되었다.[78] 둘째, 풍습의 서양화는 완전한 변화가 아니라, 잠복적이 되었다. 즉 교회에서 형식적으로 기독교 예식을 하고 마을에 돌아가서는 다시 전통적 예식을 한다는 것이다. 또는 기독교적 신념들과 비기독교적인 것을 결합하기도 한다. 결혼식, 상례 풍습, 기타.[79]

(2) 옛 것의 수용: 무비판적 상황화

이와 반대로, 무비판적인 상황화는 다른 백성들의 문화에 대해 깊이 존경한 나머지 사람들이 기독교인이 될 때 어떤 문화적 변화를 요구하지 않는 자세이다. 이것은 첫째, 개인과 문화에 있는 죄를 발견하거나 인정하지 않는 잘못이 있으며, 둘째, 무비판적인 상황화는 혼합주의에 빠지고 만다.[80] 그러면 어떻게 할 것인가? 폴 히버트는 대안으로 비판적 상황화를 제시한다.

---

[78] 간디의 말에 의하면, 아프리카 나탈에 거주하던 인도인들 가운데 기독교로 개종한 인도인들이 상당히 많았는데, 그들은 모두 영국식 옷을 입고 대부분 호텔의 웨이터로 일하면서 생활했는데, 이런 생활은 다른 인도인들에게 천하게 여겨졌다고 한다. 기독교인이 된다는 것이 삶의 질의 변화보다는 영국적 사람으로 된 것으로 오해를 받았던 것이다. 이것은 곧 상황화를 거절하고 선교사의 문화를 선교지에 이식한 단적인 예이다. M. K. 간디,『간디 自敍傳』박석일 역 (서울: 박영사, 1976), 150.

[79] Ibid., 184-185. 폴 히버트는 다음의 실례들을 든다. 아프리카에서 흔히 교회에서 형식적인 결혼식을 하고 마을에 돌아가서 전통적인 예식을 행하는데 장기적으로 이방 풍속은 비밀리에 실천된다고 한다. 라틴 아메리카의 어린이들은 어릴 때 집에서 아프리카인의 영들을 경배하며 자라고, 자라서 로마가톨릭교회에 들어왔을 때, 그들은 가톨릭적인 성자숭배와 아프리카 부족의 종교를 기독교의 허식을 가진 영의 숭배의 새 형태로 결합하였다.

[80] Ibid., 185.

(3) 옛 것을 다룸: 비판적 상황화

첫째, 개인과 교회는 삶의 모든 영역에서 성경적으로 취급되어야 할 필요성을 인정해야 한다. 비판이 될 필요가 있는 삶의 영역을 분별하는 것은 교회의 지도력의 중요한 기능 중 하나이다.

둘째, 지역교회 지도자들과 선교사는 직접적으로 의문스러운 전통적 풍습을 무비판적으로 모으고 분석하는 가운데 교회를 인도해야만 한다. 이 지점에서는 관습에 대한 비판을 보여서는 안 되며 단지 이해를 위해서 토론하고 분석해야 한다.[81]

셋째, 목사나 선교사는 숙고해야 할 문제에 관련된 성경연구 가운데 교회를 인도해야 한다. 사람들은 성경적 교훈을 분명히 이해하게 될 때 그들의 문화적 과거를 처리할 수 있을 것이다. 그렇게 하지 않으면 교인들은 결코 자신들의 잘못된 과거의 습관을 청산하지 못할 것이다.

넷째, 교회가 새로운 성경적인 이해의 빛으로 스스로 과거 풍습을 비판적으로 평가하고 그것들의 용도에 관해 결정을 내리게 하는 것이다. 이때 사람들로 하여금 스스로 이 문제를 결정하게 해야 한다.[82] 비판적 상황화에 대한 그의 견해를 도표화하여 나타내었다.[83]

그는 이러한 과정에서 성령의 인도하심을 믿는다. "최종적으로 주의해야 할 말이 여기서 필요하다. 선교사는 백성들이 한 선택들을 항상 동의 할 수는 없을 것이다. 그러나 중요한 것은 양심이 허락하는 한, 본토인 크리스천들의 결정을 받아 들이는 것과, 그들도 역시 성령에 의해 인도된다는 것을 인식하는 것이다."[84]

---

81) 만약 처음부터 전통관습에 대해 비판적 입장을 보인다면 그들은 저주받은 존재가 될까봐 두려워 그것들에 대해 공개적으로 말하지 않을 것이다. 결국 옛 길을 잠복해서끌고 갈 것이다. *Ibid.*, 186.
82) *Ibid.*, 187.
83) *Ibid.*, 188 참조.
84) *Ibid.*, 190.

그의 비판적 상황화 이론은 플레밍 교수의 견해 보다 훨씬 성숙된 것이며, 선교 원주민들이 성경의 가르침을 토대로 그들의 전통문화에 대한 토론을 거쳐 스스로 비판적 상황화를 모색하도록 한 것은 바람직한 지침이라고 본다. 그러나 그들이 만일 기독교적 가치관에서 성숙하지 못한 사람들이라면 과도하게 비판적이거나 혹은 그들의 전통 관습에 대해 주관적 편견이나, 저들의 편의를 위한 이기심을 가지고 있을 경우, 결국 혼합주의에 기울어 질 수도 있지 않을까? 그러므로 하비 칸 교수는 "민족 신학이 상황을 중요시 할 때 혼합종교(syncretism)를 만들어 낼 위험성이 있으므로 그것을 피하기 위해 상황에 대해서 예언자적 태도를 가지고 상황의 죄성을 과감하게 지적하는 것을 잊어서는 안된다"[85]고 경고했다. 이 주장은 곧 폴 히버트의 비판적 상황화 작업과 일맥상통한다고 볼 수 있다.

비판적 상황화 작업에 있어서 원주민 신자들이 비록 성경을 크리스천의 신념과 행위에 대한 최종적이고 한정적인 권위를 취하고 있다 하더라도, 그들이 이중적인 삶을 살지 않고 철저한 회개와 확신으로 오직 성경대로 살고자 하는 영적 성숙함이 전제되어야만 이 작업은 가능할 것이다. 그리고 기독교를 아프리카화 혹은 인도화 하는 것은 복음의 중심에 관한 해석의 아프리카적 표현을 촉진하는 것이다. 하비 콘 교수가 크래프트에 대해 지적한 바와 마찬가지로, 비판적 상황화 역시 선교지 중심의 문화 내적 신학 연구에 몰입한 나머지 보편적 신학과 조화로운 모양을 가질 수 있을지 염려스럽다.[86] 그러므로 비판적 상황화 작업 가운데 반드시 성경해석의 빛뿐만 아니라, 역사적 교리사를 통하여 내려온 교리와 비교하며 상황화된 교회와 신학, 실천을 검토하고 어떻게 조화를 이루는가를 보아야 할 것이다.

---

85) Harvie Conn, *Eternal Word and Changing Worlds*, 257-260.
86) *Ibid.*, 203.

우리는 원주민 교회가 1세대에서 완전히 성경적이고 토착적인 형태로 자리 잡을 수 없음을 인정해야 할 것이다. 어떤 경우는 아직 이교도적 풍습이 남아 있거나 혼합주의적인 요소도 남아 있을 것이다. 그러나 2, 3세대를 내려가면서 계속하여 저들이 타문화의 기독교 지도자들과 신학적 교류를 하며 비판적 상황화 작업을 가한다면 기독교가 보다 건전하게 그들의 문화 속에서 기독교의 정체성을 상실하지 않은 가운데 그들의 문화적 형태로 자리잡아 뿌리를 내릴 것이다.

3. 상황화와 보편적 신학 문제

폴 히버트는 선교지에서 현지 신학자를 양성해야 하며 최종적으로 그들 자신의 확신에 의해서 그들의 신학을 발전시키도록 해야 할 것을 주장한다.[87] 이렇게 상황화(물론 비판적 상황화)를 인정할 경우, 전 세계의 각 신학은 조금씩 차이가 나게 된다. 그래서 신학적인 다원주의(theological pluralism)에 부딪힌다.[88] 신학은 모든 상황을 초월하여 항상 절대적이며 규범적인가? 폴 히버트는 사물을 있는 그대로, 하나님을 보는 방법에 대한 조직적 서술과 설명을 의미할 때는 대문자 T를 써서, '신학'(Theology)이라고 하며, 성경연구에서 일어나는 실재에 대한 인간적 서술과 설명을 할 때는 작은 t자를 써서 '신학'(theology)라고 말하면서, 후자는 인간의 특수한 문화적 사정에 따라 다르다고 하였다.[89]

하비 칸은 신앙고백서(혹은 信條)에 대해 이와 같은 견해를 밝히고 있다.

---
87) *Ibid.*, 216.
88) *Ibid.*, 197.
89) *Ibid.*, 198.

웨스트민스터 신앙고백이나 하이델베르그 교리문답, 종교개혁 시대의 신조들과 같은…신조들은 다 '역사적으로 상황적이다'(historically situational). 그것들은 구체적인 인간 문화적 배경에 언급된 하나님의 불변하는 복된 소식에 관한 인간의 고백적 문서이다. 또 그것들은 해석학적 난제에 있어서의 투쟁의 산물, 교회가 말씀과 세상 사이에서 갖는 대화의 결정체이다.[90]

한 신앙고백이 결코 모든 시대에 모든 지역의 크리스천들에게 완전하며 유효한 신앙고백이 될 수 없고 그렇게 요청할 수도 없다. 그러므로 폴 히버트는 신학자들이 다른 문화권의 교회 지도자들과 성경해석을 공유하고 그들의 견해를 경청하는 가운데, 이런 대화로부터 문화적 차이를 초월하는 초문화적 신학이 출현할 수 있다고 주장한다. "초문화적 신학은 신학들을 비교하는 메타 신학(Meta-Theology)이며, 각각의 문화적 편견을 탐구하고 성경적인 보편을 발견하기 위해 추구되어야 한다."[91] WCC의 신앙과 직제위원회가 1982년 페루의 리마에서 작성한 BEM문서(Baptism, Eucharist and Ministry: 세례, 성만찬, 직제)는 그러한 초문화적 신학의 일환이라 할 수 있다. 그 내용은 전 세계의 WCC 회원교회들이 인식하는 세례와 성찬과 직제에 대한 다양한 내용들을 정리하여 세계 교회들의 신앙과 직제의 공통분모를 지향하고 있다.

이와 같은 초문화적 신학은 다른 문화적 배경에서 온 사람들이 성경적 계시의 이해를 공유할 때 나타나는 신학적 합의이다. 이때 모든 신학의 측정기준은 오직 성경계시라는 점이 항상 상기되어야 한다. 둘째로 초문화적 신학의 중심은 기독론적이어야 한다. 즉 그리스도의 성육신, 죽음과 부활을 통한 구속이어야 한다.

마지막으로 초문화적 신학의 통일은 성령의 역사에 의존해야만 한다.

---
90) *Ibid.*, 242.
91) Paul G. Hiebert, *Anthropological Insights for Missionaries*, 217.

그러므로 "신학은 자의가 아닌 겸허의 정신에서, 저주가 아닌 구속적 사랑의 정신에서, 명령이 아닌 공유의 정신으로 이뤄져야 한다. 다시 말하여 우리는 무릎의 신학을 해야 할 필요가 있다."[92]

왜 우리는 초문화적 신학화 작업을 해야 할까? 첫째, 전 세계 교회가 그리스도 안에서 하나된 교제를 나누기 위해서다. 둘째, 세계복음화 사역을 위해 협력하기 위해서이다. 우리는 문화적, 국가적 차이가 세계의 필요를 눈감게 하는 기독교 고립주의에 빠지지 않게 해야 할 것이다. 셋째, 각 문화의 편견을 더 분명히 보고, 신학을 무비판적으로 상황화 할 때 나타나는 혼합주의를 피할 수 있도록 도울 수 있다.[93] 이처럼 비판적 상황화와 초문화적 신학화를 위한 기독교 지도자들의 펠로우쉽이 아울러 동반될 때 지구촌의 각 지역 교회는 그 지역에 맞는 그리스도의 교회를 수립하고 그들의 입술로 그리스도를 주로 고백하며 성경적인 건전한 교회로 발전하고 세계선교를 위해 함께 노력할 수 있을 것이다.

---

92) *Ibid.*, 219.
93) *Ibid.*

제6장
하나님의 선교 커뮤니케이션 방법

크래프트는 그의 저서 『복음전달을 위한 하나님의 방법』(*Communicating the Gospel in God's Way*)의 서문에서 우리가 선교나 설교 메시지의 내용을 위해서만 성경을 볼 것이 아니라, 성경 안에서 선교와 설교의 방법을 위해서도 성경을 보아야 한다고 주장한 바 있다. 즉 하나님이 그 백성들에게 말씀하신 방법들이나 선지자들의 메시지, 예수님과 사도들의 메시지 전달 방법들을 오늘날 선교 커뮤니케이션을 위한 모델로 삼아야 한다는 것이다. 크래프트가 이 문제의 답변으로 제시한 하나님의 방법이란 곧 '수신자 방향적 커뮤니케이션'(Receptor-Oriented Communication)이라는 것이다. 하나님의 계시까지도 모두 그런 관점에서 이해하려 하여 그는 '수신자 방향적 계시'(Receptor-Oriented Revelation)론을 주창했다.

필자는 이미 제5장에서 크래프트의 이런 수신자 방향적 커뮤니케이션 모델은 성경에 나타난 하나님의 방법 가운데 일부분이며 그것을 성경 전체를 보는 준거로 삼기엔 어려움이 많음을 말한 바 있다. 하나님의 계시방법은 매우 자유롭고 다양하기 때문이다. 그것은 하나님의 지혜와 능력과 정서의 풍부함을 의미하기도 한다. 그러므로 하나님의 계시를 모두 '수신자 방향적 계시'라고 한정하여 정의하는 것은 큰 무리가 있는 견해이다.

이 장에서, 하나님의 계시를 일반계시와 특별계시로 분류함에 있어서 크게 이의를 제기하는 이가 없듯이 필자는 성경에서 발견된 하나님의 커뮤니케이션 방법을 크게 두 가지 방법, 즉 '선포적 방법'과 '설득적 방법'으로 보고 상호 상반적이며 보완적인 방법으로 나누어 설명하고자 한다.

1. 선포적 방법

이것은 일방적이며 선지자적이요, 때로는 인간생활의 관련구조와 역행되는 역설적인 내용을 전파하는 전달 방법이다. 일방적 선언이라는 점에서는 커뮤니케이션의 범주에 들어가기가 어려울 것 같지만, 이를 선교 커뮤니케이션의 모델로 잡은 것은 그 선언이 분명한 목적, 즉 수신자가 듣기 위한 선포라는 목적성을 띠고 있기 때문이며, 그에 대해 수신자들의 반응이 따라왔기 때문에 이를 커뮤니케이션의 범주에 들어갈 수 있다고 본다.

우선 말씀의 전파자, 혹은 복음전파자의 역할에 관한 어원적 의미들을 고찰한 후 선포적 커뮤니케이션의 특성들을 고찰하고자 한다. '선포한다'(proclaim, declare)라는 히브리어 단어는 적지 않게 많은 단어들이 사용되었지만,[1] 그 가운데 몇 가지 주요한 단어만 그 용례들을 살펴보고

---

[1] proclaim, proclamation을 의미하는 단어群은 קרא, שמע, רנה, קול, כרז 등이 있으며, declare를 의미하는 단어群은 אמר, באר, בור, דבר, ידע, נגר, ספר, שיח, פרש 등이 있는데, 대개의 단어들이 '한다, 크게 소리 지른다, 듣다'라는 뜻을 갖고 있으며, 神的 眞理를 전할 때 이 단어들이 '선포한다' 혹은 '반포한다'는 의미로 사용되었다.

James Strong, *The New Strong's Exhaustive Concordance of the Bible* (Nashville, Tennessee: Thomas Nelson press, 1984), 256, 844-845.

자 한다. קרא(카라)는 '불러낸다', '말한다', '전파한다'는 뜻을 함께 가지고 있는 단어인데, 출애굽기 34장 5-6절에 여호와께서 모세에게 여호와의 이름을 반포하실 때 이 단어가 사용되었으며, 예레미야 34장 15절에 백성들에게 칠 년째 안식을 선포하라는 말씀을 주실 때 이 단어가 사용되었다.[2] "큰 소리로 부르다"(call aloud)는 어의를 갖고 있는 קול(코올)은 역대하 24장 9절, 30장 5절, 36장 22절, 에스라 1장 1절에서 모두 온 국민에게 왕명을 반포할 때 사용되었다.[3] 이처럼 하나님의 말씀의 선포나 왕명의 선포가 이의를 제기하거나 토론의 주제가 될 수 없고, 다만 듣고 순종하기만 요구하는 절대적이며, 수직적인 성격을 띠듯이 선포적인 방법이란 절대적이고 수직적인 성질을 띠는 커뮤니케이션 방법이다. 헬라어에서 "선포한다"를 의미하는 말은 κηρυσσω(케이룩소, 선포하다), εὐαγγελίζεσθαι(유앙겔리제스타이, 좋은 소식을 전하다), μαρτύρειν(말투레인, 증거하다)이 있다. 선포자를 의미하는 κηρυξ(케이룩)는 당시 세계에서 왕명을 전하는 전령을 의미했는데, 치외법권적 존재였으므로 복음전도자에게는 거의 사용하지 않았다.[4] κηρυσσω(케이룩소)는 기본적으로 '크게 외치다, 선포하다, 선언하다, 알리다'를 의미하며[5] 신약성

George V. Wigram, *The Englishman's Hebrew and Chaldee Concordance of the Old Testament* (Grand Rapids, Michigan: Baker Book House, 1980), 1507. 참고.

2) Strong, James. *The New Strong's Exhaustive Concordance of the Bible*, 84, Strong, James, *Hebrew and Chaldee Dictionary*, 104.

3) Strong, James. *The New Strong's Exhaustive Concordance of the Bible*, 845, Strong, James. *The New Strong's Exhaustive Concordance of the Bible*, 102.

4) 고대 헬라사회에서 전령은 높은 지위를 차지했다. 궁중에 속해 있었으며 현명함과 지혜로 유명했다. 왕명을 기록한 조서를 가지고 다니기도 했다. 신약성경에서 3군데만 나타나는데, 벧후 2:5에서 노아는 '의의 전령'이며 딤전 2:7, 딤후 1:11에서 바울은 '반포자와 사도'이다. 이렇게 신약의 설교자나 전도자를 지칭하는데 적합할 것처럼 보이는 이 단어를 드물게 사용한 이유에 대해 키텔(Kittel)은 첫째, 신약의 초점은 사자에게 있기보다는 하나님의 메시지, 즉 하나님 자신에게 있기 때문이며, 둘째, 헬라 개념에서 전령은 신성불가침적 존재였는데 전도자들은 오히려 박해 가운데 있었기 때문에 의도적으로 기피한 것으로 추측한다. Gerhard Kittel, *Theological Dictionary of New Testament*, vol. III, 683, 684, 696.

5) *Ibid.*, 697.

경에서 여러 경우에 εὐαγγελίζομαι와 거의 동일한 방식으로 사용되었다.[6] 특히 12번 두 원형을 병립시켜 "케루세인 토 유앙겔리온"(κηρύσσειν το ευαγγέλιον: 복음을 선포하는 것)으로 표현되었다.[7] "좋은 소식을 '선포한다'는 사상의 밑바탕이 되는 이사야 61장 1 절이하의 말씀의 빛에서 이해해 볼 때 이 말은 신적 전령이 나팔소리로써 온 땅에 대사면(大赦免)의 해(年)를 선포하므로 여호와의 해, 즉 메시아의 시대를 선포한다. 예수의 전파는 바로 그러한 나팔소리의 갑작스러운 울림과도 같은 것이다."[8]

마이클 그린은 εὐαγγέλιον(유앙겔리온, 좋은 소식)의 배경에 대해 구약적 배경은 거의 의미가 없으며 당시 로마세계의 배경과 중요한 연관을 갖고 있다고 말한다. 첫째, 적대세력에 대한 승리를 알리는데 사용되었고, 둘째, 신탁을 전하는데 사용되었는데 주로 '좋은 소식'을 의미했다. 셋째, 황제숭배적 사상에서 황제의 탄생을 알리는 말은 '좋은 소식'이었다고 한다.[9] 그런 점에서 마가는 그리스도의 좋은 소식과 로마에서의 좋은 소식을 신중하게 대비시키고 있는데 둘 다 새 시대에 즉위할 통치자의 탄생에 대한 좋은 소식을 말한다. 그러나 기독교의 좋은 소식은 로마제국의 좋은 소식보다 훨씬 더 심오하다. 로마제국의 통치자는 단순히 제국의 왕위에 즉위하지만 기독교의 통치자는 온 우주의 왕위에 즉위하며, 로마의 신은 가장된 신성을 지닌 것에 불과하지만 기독교의 통치자는 유일하신 하나님의 참된 성육신으로 탄생한 것이다.[10] 그러므로 복음을 전하는 자는 하나님의 전령으로서 온 세상에 임할 은혜의 좋은 소식을 선포하는 자들로 나타나야 하는 것이다. 그들은 때로는 무시당하고 짓밟히며 핍박을 당하지만 천상천하의 대왕이신 하

---

6) Michael Green, 『초대교회 복음전도』, 박영호 역 (서울: CLC, 1988), 101.
7) *Ibid.*
8) *Ibid.*, 102. 참고.
9) *Ibid.*, 94, 95.
10) *Ibid.*, 95, 96.

나님의 구원의 '기쁜 소식의 전령'으로서 긍지와 사명감을 가지고 선포한다. 그러면 선포적 방법들을 커뮤니케이션 이론을 참고하여 그 특성들을 몇 가지로 나누어 고찰하고자 한다.

1) 충격

크래프트는 "자극은 인상을 남기는 것이며 그것을 받는 사람들에게 그들에게 전해진 것에 대해 무엇인가 응답하도록 하는 것이다."[11] 라고 했다. 여기서 크래프트는 오늘날 교인들이 교회에 가는 것을 아덴 사람들이 새로운 것을 배우는데 열심이었던 것처럼(행 17:21) 무엇인가 새로운 지식을 배우고자 가는 경향이 있다고 지적한다.[12] 하나님의 커뮤니케이션의 목적은 단순히 지식전달이 아니라 사람으로 행하도록 충격(Impact)을 주는 것이라는 것이다.

예컨대, 아브라함이 하란을 떠나 가나안 땅으로 가도록 지시하셨을 때(창 12:1-3), 그는 본토, 친척, 아비의 집을 떠나야 했다. 이 떠나야 할 대상의 삼중적 명령은 매우 단호하고 엄격하다. 또한 명령과 함께 약속이 주어졌는데 네 가지로 구성된다. "① 수많은 백성으로 번성함, ② 물질적 영적인 번영의 축복, ③ 그의 이름이 존귀하게 됨, 즉 아브라함은 점차 영광과 존귀에 이름, ④ 아브라함은 복을 받을 뿐 아니라, 복을

---

11) Charles H. Kraft *Communicating the Gospel in God's Way*, 10. 그는 이 책에서 하나님의 커뮤니케이션 방법 10가지를 열거하였는데 요약 정리하면 다음과 같다. ① 수신자로 하여금 반응하도록 충격으로 전달하신다. ② 커뮤니케이션을 창조하기 위해 하나님이 먼저 주도권을 행사하여 찾아 오신다. ③ 수신자의 관련구조 속으로 움직이신다. ④ 인격적, 개인적이기 때문에 매우 충격적이다. ⑤ 독백이 아니라 상호 적용적이다. ⑥ 그가 취하는 커뮤니케이션의 특징은 예언이나 구술형태 그 이상이다. ⑦ 참된 삶에 대하여 일반화를 넘어 매우 특별화 하기 때문에 메시지의 충격을 증가시킨다. ⑧ 개인적 발견을 요청한다. ⑨ 가장 충격적인 종류의 배움은 발견을 통해 오는 것이다. ⑩ 사람들이 그의 뜻에 자신들을 맡길 만큼 충격적으로 전달하신다.
12) *Ibid.*

주는 사람이 됨'"[13]이다. 이 같은 명령과 축복의 약속은 아브람에게 매우 강한 충격을 준 성공적 커뮤니케이션이라고 볼 수 있다.

또 호렙산 동굴에서 여호와께서 엘리야에게 말씀하신 사건도 그러한 좋은 예이다(왕상 19:11, 12). 엘리야가 하나님의 음성을 기다리고 있을 때, 그 앞에 크고 강한 바람이 산을 가르고 바위를 부서뜨렸으며, 뒤를 이어서 지진과 불이 있었다. 그런데 여호와께서는 바람 가운데도 계시지 않았고, 지진 가운데도 계시지 않았으며, 불 가운데도 계시지 않았다. 그 후에 여호와의 세미한 음성이 들려 왔다. "이 일련의 현상들은 주위의 황량함과 철저한 고립으로 말미암아 더욱 두렵고 인상적이었을 것이다."[14] 이 현상들의 영적 의미를 생각하기 앞서 우리는 이 두렵고도 충격적인 현상들 직후에 전달된 세미한 하나님의 음성이 엘리야에게 얼마나 인상적으로 와닿았을까를 고려할 때 하나님의 커뮤니케이션의 방법의 탁월한 효과성을 인식할 수 있다.

신약에서 예수께서 중요한 진리를 선언하실 때마다 종종 사용하셨던 '진실로 진실로…'(Αμην αμην…, 아멘 아멘)라는 어구는 사복음서에서 59회나 나타나는데,[15] 본래 히브리어 אמן(아멘)은 '확실히, 진실하게'란 뜻이며, 동사로는 '확고히 하다, 지지하다'란 의미를 갖고 있다.[16] 이 단어는 이미 구약시대 이스라엘 백성들이 영광송, 맹세, 축복, 저주 등에 있어 채택했던 엄숙한 공식어구(solemn formula)였다.[17] 사복음서가 "이 낯선 단어를 보존하고 있는 사실은 그 화법이 새롭고 독특함을 전승이 매우 강력

---

13) C. F. Keil & Delitzsch, *Commentary on The Old Testament*, vol. 1, (Grand Rapids, Michigan: William B. Eerdmans publishing company, 1983), 193.
14) J. Hammond, 『풀핏성경주석 열왕기상』, 박홍관 역 (대구: 보문출판사, 1991), 689.
15) Joachim Jeremias, 『신약신학』, 정충하 역 (서울: 새순출판사, 1991), 68, 69.
  도입어로서 사용된 아멘의 용법은 마가복음서에 13회, 마태복음과 누가복음에 공통된 어록이 9회, 마태복음에만 나타나는 경우 9회, 누가복음에만 나타나는 경우 3회, 요한복음에서는 항상 이중적인 형태로서, 즉 '아멘, 아멘'으로 나타나는데 25회나 나타난다.
16) B. D. B., 52, 53.
17) Joachim Jeremias, 『신약신학』, 정충하 역. (서울: 새순출판사, 1991), 68.

하게 인식했음을 보여 준다."¹⁸⁾ 이 예수의 말씀을 서두에서 이끄는 'Ἀμήν λέγω ὑμίν은 그의 권위를 표현하는 것이며, 강도 높은 자극을 통해 주어진 효과적인 커뮤니케이션의 모델들 가운데 하나이다. 아울러 그리스도께서는 단 한 번도 추측이나 미심쩍은 태도로 말씀하신 적이 없으시다.

이런 사례들을 고려할 때, 그리스도의 사역자들도 그의 메시지의 수신자들의 가슴에 충격을 주는 강력한 선포적인 메시지를 증거하도록 연구해야 할 것이다. 우리가 전하는 메시지가 자신의 것이 아닌, 하나님의 진리며, 영생의 진리며, 절대적 진리일진데 우리의 태도와 어조와 단어가 확신에 가득 찬 충격적 메시지를 선포하도록 자신과 자신의 메시지를 준비해야만 할 것이다.

2) 강화

'강화방법'이란 전달된 메시지의 강화(Reinforcement)를 위해 다른 사람들에게 있었던 긍정적 예를 들므로 수신자의 마음에 메시지에 순응하고자 하는 의욕을 고취하거나, 부정적인 예를 통하여 경고한 바를 역행하는 행동을 피하도록 하는 것이다. 또 이 방법은 순응했을 경우에 따라올 응분의 보상과 불응했을 경우에 임할 처벌을 분명히 밝힘으로써 전달자가 전달한 메시지를 수신자의 마음에 강화하기도 한다.¹⁹⁾ 이런 커뮤니케이션 방법은 주로 선생이 학생에게, 부모가 자녀에게처럼 수직적 관계에서 이루어진다고 이미 제3장에서 논한 바 있다.

그런데 하나님의 명령이나 진리의 선포를 관찰해 보면, 대부분 보상이나 처벌의 강화가 따라오는 것을 볼 수 있다. 우리는 이를 약속, 혹은

---

18) *Ibid.*, 69.
19) Albert Bandura, 『사회적 학습이론』, 변창진·김경린 역. (서울: 중앙적성출판사, 1984), 124-127.

경고라 부른다. 물론 우리는 명령에 따른 강화까지 모두 하나님의 메시지라는 사실을 기억할 필요가 있다.

신명기 28장은 강화가 따라오는 대표적인 선포적 메시지 가운데 하나이다. 이 앞에서 모세는 온 이스라엘 백성에게 여호와의 말씀을 복종하여 그 명령과 규례를 행하라고 명령하였고, 가나안땅에 들어갔을 때 그리심산에서 축복을, 에발산에서 저주를 선언하라고 당부하였다.[20] 이 선언은 일방적이요, 하나님 백성들에게 내려진 영구한 진리의 선포이다. 이 선포에 대해 순종의 촉구를 강화하기 위해 신명기 28장의 메시지를 주셨는데, "신명기 28장은 축복과 저주를 선포하는 기본적 제의의 일부분이 아니라, 모세의 설교 일부이다."[21] 하나님의 명령에 잇따라 오는 이 축복과 저주의 길이를 보면 축복이 1-14절까지 모두 14절, 저주가 15-68절까지 모두 53개절로 저주의 길이가 축복에 비해 약 4배가량 된다. 이 길이의 불균형에 대해 크라이지(Craigie)는 모세의 설교 가운데 저주를 선언한 이유의 빛에서 명백한 이유를 발견한다고 한다.[22] "모세는 곧 죽을 것이며, 그 회중은 요단강을 건널 것이다. 이스라엘의 온전한 미래는 하나님의 율법에 대한 충실한 복종의 여부에 달려있다. 하나님의 저주에 대한 이와 같이 길고 엄격한 설교는 언약을 갱신하며 온 마음으로 위탁하는데 최종적 자극을 제공한다."[23]

말하자면 신명기 28장은 긍정적 강화보다 부정적 강화가 더 많이 다

---

20) 신 27:9-26
21) C. Craigie, "The Book of Deuteronomy", *The New International Commentary of The Old Testament* (Grand Rapids, Michigan: William B. Eerdmans publishing company, 1976), 325.
22) 그는 두 가지 이유를 설명하고 있는데, 첫째, 축복과 저주를 다루고 있는 다른 근동의 문헌들에서 여러 유사성을 발견한다는 것이다. 키첸(K. A. Kitchen)은 리트-이쉬타르(the Liit-Ishtar) 법율을 언급하는데, 거기서 저주와 축복의 분량은 대략 3:1이 되며, 함무라비 법전(Hammurabi)은 저주와 축복의 비율이 약 20:1이 된다고 인용하고 있다. *Ibid.*, 340.
23) *Ibid.*, 341.

루어지고 있다. 강화의 목적은 두 말할 나위 없이 무서운 경고를 기억하여 범죄치 말도록 하기 위함이며, 약속된 축복을 기억하여 오로지 하나님의 말씀에 순종하여 살도록 하기 위함이다. 그 강화의 축복과 저주는 이스라엘백성의 역사에서 그대로 다 이루어졌다. 순종했을 때 다윗과 솔로몬 치세 중 이스라엘은 세계 어느 나라도 부러워 할 막강하고 부요한 나라가 되었으며, 불순종했을 때는 저주의 내용대로 가뭄과 염병과 칼에 죽었으며, 결국 최악의 경고대로 먼 나라에 포로가 되는 처지에 이르기까지 되었다.[24]

하나님이 여호수아를 모세의 후계자로 세우시고 첫번째 메시지를 주실 때도 여호수아에게 사명부여와 함께 강한 긍정적 강화를 주셨다. 그의 사명은 곧 백성을 데리고 요단강을 건너가라는 것이며(수 1:2), 약속의 강화는 첫째, 그가 밟는 땅을 다 그에게 주시겠다는 것(수 1:3,4), 둘째, 여호와께서 여호수아와 함께 하리니 평생 그 앞에 능히 당할 자가 없으리라는 것(1:5), 셋째, 그의 길이 형통하고 평탄할 것이라는 것이었다(1:8,9). 단, 조건이 충족되어야 했는데, 율법의 모든 말씀을 순종해야만 되는 것이었다(1:7-9). 마리아에게 임했던 천사의 전언(傳言)도 항거할 수 없는 엄청난 권위의 선포적 메시지이면서도 아울러 강한 긍정적 강화가 내포되어 있다(눅 1:26-38). 처녀성 가운데 성자를 수태할 것을 수납하는 것은 그녀가 순종해야 할 적지 않게 어려운 의무였다.[25] 그러나 그와 함께 따라왔던 메시지는 그녀에게 그런 부정적 상황을 능히 뛰어넘을 만큼의 매우 긍정적이고 감격스러운 내용이었다.[26] 그러므로

---

24) 신 28:63-68
25) 마 1:18-19의 기사의 관점에서 보면, 그녀의 순종이 그렇게 쉬운 것만은 아니었다. 마리아는 그녀와 요셉과의 결혼이 성사되기 전에 잉태하게 된다는 것이 비난과 조롱거리가 될 것이라는 사실을 알고 있었다. 아마도 그보다 더 심한 것을 받을 것이다(신 22: 23). William Hendriksen, "누가복음. 상"『핸드릭슨 성경주석』김유배 역 (서울: 아가페출판사, 1983), 136.
26) 눅 1:31-35의 내용 "보라. 네가 수태하여 아들을 낳으리니 그 이름을 예수라 하라. 저가

마리아는 그 사실을 조금도 두려워하거나 그 사실을 의심하지 않고 다만 어떻게, 어떤 방법으로, 그렇게 될 것인가를 질문했던 것이다.[27] 마리아와 가브리엘과의 대화에서 마리아에게 어떤 심경의 고통이 일어났는가는 알 수가 없다. 다만, 마리아는 "주의 계집종이오니 말씀대로 내게 이루어지이다"(38절)라고 흔쾌히 순종을 표하였다.

성경은 믿음과 순종을 요구하는 책이다. 복음진리는 설득적이기보다는 선포적이다. 그러나 믿음과 순종은 단순히 선포나 명령으로만 끝나는 것이 아니라, 현실의 모든 역경과 모순들을 뛰어넘는 크고 놀라운 영생과 상급이 약속되어 있으며, 또한 불순종과 불신앙에는 두렵고도 강력한 심판이 경고되어 있다(요 3:16-19, 36; 5:24; 행 16:31; 계 2:10). 그리스도의 종들도 진리를 선포할 때마다 이와 같은 강력한 강화를 담아 선포할 필요가 있다고 본다.

3) 역설

성경엔 인간의 이성으로 추리될 수 없는 역설적 진리가 많다. 진리는 인간의 이성이 수납할 수 있기 때문에 믿어야 하는 것이 아니라, 믿어질 수 없는 역설(paradox)이지만 믿어야 하는 것이다.

그리스도의 십자가 대속의 진리는 가장 대표적인 역설이다. 바울의 '십자가의 메시지'가 당시 사람들에게 '미련한 것', 심지어 '미친 것'이었던 이유가 무엇인가?(고전 1:18, 23) "십자가는 당시 알려진 세계의 변두

큰 자가 되고 지극히 높으신 이의 아들이라 일컬을 것이요 주 하나님이 그 조상 다윗의 위를 저에게 주시리니 영원히 야곱의 집에 왕노릇하실 것이며 그 나라가 무궁하리라 **그녀는 요셉의 아들이 아닌 하나님의 아들을 잉태하리라**는 전언을 접하였으니 이는 실로 놀라운 복음이었다.

27) 그녀가 당황하며 의아해 하긴 했지만 믿음이 부족해서 그러했던 것은 아니다. 다만 씨뿌리는 작업이 없이 어떻게 잉태가 가능할 것인가를 질문한 것이다.
William Hendriksen, "누가복음. 상" 『핸드릭슨 성경주석』, 132.

리에 살던 '야만인'들에 의하여 고안되어서, 뒤에 희랍인과 로마인들에게 받아들여진 것으로 보인다."[28] 로마인이 이 처형 방법을 채택했을 때 그들은 살인, 반란, 무장 강도의 죄를 범한 범죄자, 그 중에서도 노예나 외국인 혹은 사람 취급을 받지 못하는 사람들(non persons)에게만 이 형벌을 가했던 것이다.[29] 그러므로 로마 시민들은 극단적인 국가 반역죄를 제외하고는 십자가형에서 면제되었다.[30] 로마인들과 마찬가지로 유대인들도 역시 십자가를 무서운 것으로 간주했다. 유대인들은 '나무'와 '십자가'를 구분하지 않았으며, 또한 나무에 달리는 것과 십자가에 못박히는 것도 서로 구별하지 않았던 것이다. 그들은 십자가에 못박힌 범죄자에게는 자동적으로 "나무에 달린 자는 하나님께 저주를 받았음이니라"(신 21:23)라는 율법의 끔찍한 진술을 적용시켰던 것이다.[31] 더구나 유대인들은 다윗의 위(位)를 이어 오시는 왕적인 메시아를 기다려 왔으므로 십자가에 달려 죽은 자를 그들의 그리스도로 받아들이기를 거절했다. 그들은 하나님의 메시아가 나무에 달려서 하나님의 저주 아래서 죽으리라고는 도저히 믿을 수 없었던 것이다.

바로 이러한 이유들 때문에 초대교회에서는 기독교의 가시적 상징으로 십자가를 사용하는 것을 꺼려했고, 그러므로 카타콤의 벽과 천장에 나타난 바에 의하면, 최초의 그리스도인들의 주된 표시들은 공작, 비둘기, 운동선수의 승리의 월계관, 혹은 한 마리의 물고기 그림 등이었다. 물고기(ἰχθύς)는 예수를 가리키는 낱말군(Ιησοῦς, Χρίστος, Θεος, υἱός, σωτηρ)의 머리글자를 따서 만든 단어로 기독교의 표시로 계속 사용되지 못했

---

28) John R. W Stott, 『그리스도의 십자가』, 황영철 역 (서울: IVP, 1989), 28.
29) *Ibid.*, 29.
30) *Ibid.* 스토트는 키케로가 한 연설에서 십자가를 "가장 잔인하고 혐오스러운 형벌"이라고 하면서 로마 시민을 십자가에 처형하는 것은 그런 끔찍한 행동을 묘사할 수 있는 적절한 말은 존재하지 않는다고 한 말을 인용하고 있다.
31) *Ibid.*

다.[32] 그리스도인들은 예수님에 대한 그들의 이해의 중심을 표시하는 기념물로서 결국 그리스도의 죽음, 곧 십자가에 달리심을 기념하고자 했다.[33] 일찍이 사도 베드로는 유대인들 앞에서 이 진리를 선포했고[34] 사도 바울도 하나님의 진리를 전할 때, 말과 지혜의 아름다운 것으로 하지 아니하고 그리스도와 그의 십자가에 못박히신 것 외에는 아무 것도 알지 아니하기로 작정하였었노라고 고백하고 있다.[35] 그리고 십자가의 도는 이 세상 지혜의 관점에서는 미련한 것이지만, 구원받는 사람들에게는 하나님의 능력이 된다는 역설하였다.[36]

뿐만 아니라, 그리스도의 가르침 가운데 많은 내용들이 역설적이다. 그 가운데 마가복음 8장에서 10장에까지 세 번에 걸친 일련의 가르침 속에 잘 나타나 있다. 베드로의 신앙고백 이후 예수님은 세 번에 걸쳐 자기의 고난 받으실 것에 관해 말씀하셨는데, 예수께서 그렇게 가르치시자마자 제자들은 오해하였으며, 주님은 그 오해에 대해 분명한 대답을 해주셨다(막 8:32-9:1; 9:33-50; 10:35-40).[37] 첫 번째 가르침(막 8:32-9:1): 베드로의 신앙고백에 대해 주님의 칭찬이 있었다. 주님께서 고난 받으실 것을 말씀하시자 베드로는 간하였으며, 주님의 책망을 들었다. 이어 주님은 무리와 제자들을 불러, "아무든지 나를 따라 오려거든 자기를 부인하고 자기 십자가를 지고 나를 좇을 것이니라"고 선언하셨다. 십자가를 진다는 것은 예수님께서 경험하신 것과 같이 사형선고를 받고 자신이 달려 죽을 십자가를 진 채 사형집행 장소를 향해 걸어가는 것을

---

32) *Ibid.*, 24.
33) *Ibid.*
34) "그런즉 이스라엘 온 집은 정녕 알지니 너희가 십자가에 못박은 이 예수를 하나님이 주와 그리스도가 되게 하셨느니라 하니라" (행 2:36).
35) 고전 2:1,2
36) 고전 1:18-25
37) Eduard Schweizer, "The Portrayal of the Life of Faith in the Gospel of Mark", James Luther Mays ed., *Interpreting the Gospels* (philadelphia: Fortpress press, 1981), 170, 171.

의미한다는 것이다. 예수를 따르는 것은 십자가를 지는 일이며 이것은 고난과 죽음을 의미한다.[38] 이 말씀에 이어 주님은 "누구든지 제 목숨을 구원코자 하면 잃을 것이요 누구든지 나와 복음을 위하여 제 목숨을 잃으면 구원하리라"(35절)고 선언하셨다. 주님은 주님께 대한 신앙고백이나 복음 때문에 육적 생명을 부인하거나 잃게 될 경우, 종말론적인 영원한 생명을 얻으리라고 약속하셨다.[39]

다음으로 주님은 열두 제자들의 노상토론의 주제 "누가 더 크냐?"(막 9:33-34)라고 했던 문제를 언급하셨는데, 이 일은 주님이 두 번째 죽으심과 부활을 예고하신 직후였다. 이때도 역시 제자들은 주님의 죽으심의 진리에 대해 몰이해 하였던 것이다. 주님은 "아무든지 첫째가 되고자 하면 뭇사람의 끝이 되며 뭇사람을 섬기는 자가 되어야 하리라"고 가르치셨다. 그리고 어린아이 하나를 불러 겸손의 본을 제시하셨다. "봉사정신은 하늘나라에서 높아질 수 있는 신분증이다. 왜냐하면 이는 친히 '모든 사람의 종'이 되셨던 주님의 정신이기 때문이다. 그러나 이것은 이 세상의 가치관과는 완전히 반대되는 것이다."[40] 마가복음 10장 32절 이하에 세 번째 수난예고가 나타난다. 이 일 직후에 세베대 아들의 어머니의 청탁으로 제자들이 분개하였다. 역시 주님의 의도와는 다른 방향을 택하고 있었다. 그때 주님은 이방의 집권자들의 '집권원리'와 다른 하늘나라의 '섬김의 원리'를 말씀하셨다(막 10:42-45). 그리고 이 교훈의 절정으로서 주님은 "너희 중에 누구든지 으뜸이 되고자 하는 자는 모든 사람의 종이 되어야 하리라"(44절)는 놀라운 진리를 선언하셨다.

이상에서 본 바와 같이 제자들은 계속하여 세상적 가치관을 따라 주

---

38) W. W. Wessel, "마가복음", 『엑스포지터스 성경연구주석』 Frank E. Gaebelein (서울: 기독지혜사, 1982), 780.
39) Ibid.
40) Ibid., 790.

님을 따르고자 했지만 주님은 이 세상의 그것과는 완전히 다른 역설적 진리를 가르치셨고 보여주셨다. 오늘날도 사람들은 이 세상적 부와 명성을 얻기 위하여 교회에 나올 수 있으며 더 열심히 기도할 수 있다. 또 그러나 그리스도의 종들은 그리스도께서 주신 역설적 진리를 바로 가르쳐야 한다.

이 외에도 산상수훈의 팔복들은 이 세상적 복의 개념[41]과 완전히 반대적이다. 이 세상적 복개념은 다분히 현세적이요 물질적이지만, 주님이 가르치신 복의 개념은 영적이요 영속적인 개념이다. 산상보훈에서 사용된 복이란 헬라어 단어 마카리오이($\mu\alpha\kappa\alpha\rho\iota\omicron\iota$)는 성도가 누리는 행복의 최상급을 가르킨다. 이 복이 가져오는 열매는 천국($\beta\alpha\sigma\iota\lambda\epsilon\iota\alpha$)바실레이아인데 곧 하나님의 영적 통치가 이루어지는 세계를 의미한다.[42]

성경은 곳곳에서 세상적 가치관과 다른 가치관을 역설하고 있다. 이런 교훈들은 변형되어서는 안된다. 그리스도의 종들은 사람들이 듣기 좋아하는 메시지가 아닌 사람들이 들어야 할 메시지를 전해야 하는 것이다. 그러므로 사도 바울은 유대인들이 좋아하는 율법주의를 단호히 거부하고 핍박을 무릎 쓰면서도 오직 믿음으로 구원받는다는 이신칭의(以信稱義)의 도리를 당시 사람들에게 전했던 것이다.[43] 진리는 사람들의 의식구조에 수납되기 때문에 진리가 아니라 하나님의 뜻이기 때문에 진리이다(요 17:17). 그것은 일점일획이라도, 지극히 작은 것이라도 변형되어선 안 되며 이 세상 끝날까지 그대로 다 이루어질 것이다(마 6:17-18).

---

41) 한국인의 5복은 富, 貴, 長壽, 子孫繁昌, 考終命을 말한다. 김재은,『한국인의 의식과 행동양식』(서울: 이화여대출판부, 1987), 114.

42) 金義煥,『聖經的 祝福觀』(서울: 성광문화사, 1985), 55

43) 바울은 할례문제로 인해 복음의 변질을 시도한 율법주의 신앙인들에 대해 단호히 도전한다. "이제 내가 사람들에게 좋게 하랴 하나님께 좋게 하랴 사람들에게 기쁨을 구하랴 내가 지금까지 사람의 기쁨을 구하는 것이었더면 그리스도의 종이 아니니라"(갈 1:10)

4) 절대적 자아위치

대인 커뮤니케이션에서 자아위치의 안정성은 전달효과에 매우 중요한 영향을 미치는 것으로 되어 있다. 부모적 자아위치는 하강적 의사전달자세이며, 성인적 자아위치는 수평적 의사전달 자세이며 아동적 자아위치는 상향적 의사전달자세이다.[44] 기독교 커뮤니케이션은 신적 진리를 전하는 것이므로 하나님과 인간이라는 수직적 관계에 자아위치가 놓여진다. 즉 하나님은 부모적 자아위치에 서며, 인간은 아동적 자아위치에 서서 의사전달이 이루어진다. 예컨대 시내산에서 이스라엘 백성에게 하나님이 말씀하셨을 때 온 이스라엘 백성은 두려움과 경외심으로 경청했다(출 19:7-9; 20:18-21). 또 사무엘은 밤중에 여호와께서 그를 부르실 때 "말씀하옵소서 주의 종이 듣겠나이다"라고 하며 겸손히 경청했다(삼상 3:9-10).

그런데 문제는 하나님이 직접 강림하여 말씀하시지 않고 그의 사역자들이 대언한다. 이때 그 대언자와 청중은 어떤 자아위치를 취해야 할 것인가?

하나님의 대언자를 자연인으로서의 그 자신과 공인으로서의 대언자로 나누어 생각하기가 어렵다. 왜냐하면 하나님의 사역자들은 그들의 사생활에서도 하나님께 인정받고 하나님 앞에서 살아야 하기 때문이다. 그는 언제나 하나님의 손 안에, 손 아래 있는 사람이어야 한다.[45]

성경에서 하나님의 진리의 대언자가 하나님의 사람으로 존경을 받을 때 그는 자연인의 성품 때문이 아니라 하나님의 말씀 때문에 그러한 위

---

44) E. Berne, *Games Peole Play: The Psychology of Human Relationships,* 317.
45) 요즘 이런 생각에 많은 비평이 가해진다. 주의 사역자들에게도 사생활과 휴식이 있어야 하기 때문이다. 주님께서도 제자들에게 조용히 쉬도록 하신 때도 있었다. 그러나 물론 그렇다 하더라도 그는 어디에 있든지, 무엇을 하든지 공적 생활은 물론이거니와 사생활까지도 하나님 앞에서 하나님의 사람으로 존재해야 하는 것이다.

치에 있음은 두말 할 나위없다.⁴⁶⁾ 그럴 때 그들은 말씀의 대언자와 혹은 말씀과 수직적 관계에서 자신들을 말씀의 권위 아래 복종시켰다.

예컨대, 학사 에스라가 귀향민들의 회중 앞에서 하나님의 율법책을 펼 때 그들은 다 일어나서 하나님을 송축하고 몸을 굽혀 경배했다. 그리고 그 율법의 말씀을 듣고 울며 통회했다(느 8:5-8). 유대와 이스라엘의 선지자들은 하나님의 말씀을 선포할 때 그들은 자신들의 철학을 전하지 않고 "여호와께서 말씀하시기를", "여호와께서 이같이 말씀 하셨느니라"라는 말로 시작하여 그들에게 절대자 하나님의 말씀에 무조건 순종할 것을 전했다. 사도 바울도 자신의 사도됨이 하나님과 그리스도의 권위에 근거했으며,⁴⁷⁾ 자신이 전한 복음의 메시지가 천사들이라도 변경할 수 없는 절대자 하나님의 말씀이라는 확신을 가지고 있었다.⁴⁸⁾ 그가 말씀을 전했을 때 많은 사람들은 사람의 말로 생각하지 않고 하나님의 말씀으로 받아 들였다.⁴⁹⁾ 베드로가 고넬료의 집을 방문했을 때 고넬료는 엎드려 절하며 영접했고, "이제 우리는 주께서 당신에게 명하신 모든 것을 듣고자 하여 다 하나님 앞에 있나이다"(행 10:33)라고 하여 베드로가 전하는 말씀을 곧 하나님의 말씀과 동일시하여 받아 들였다. 이와 같이 하나님의 말씀이 선포될 때, 하나님의 위치는 절대적 자아위치(Absolute Ego State)에 있다. 그러므로 말씀의 전달자는 절대자 하나님

---

46) 말씀은 절대적 권위를 가진 것이지만 말씀의 대언자는 그렇지 못하다. 그런데 청중들은 이 둘을 구분하지 않고 동일시하는 경향이 많다. 그러므로 하나님의 말씀은 절대적이지만 말씀의 대언자의 도덕성이나 인격에 영향을 받는다. 그러므로 하나님은 그의 대언자를 아무나 사용하지 않고 특별히 구별하고 연단하고 불러 사용하시는 것이다. 이사야에게는 "내가 누구를 보낼꼬!"(사 6:8)라는 탄식가운데 보내기에 합당한 사람을 찾는 모습을 나타내 주셨고, 예레미야에게는 복중에 짓기 전부터 그를 선별했으며 그의 특별한 대언자로서 합당하도록 예레미야의 성품을 이미 놋기둥같이 강하게 준비시켜 주신 것을 볼 수 있다(렘 1:4-5, 8-10, 17-19).
47) 행 9:15; 갈 1:1; 딤전 1:12-17.
48) 갈 1:6-10; 살전 1:5; 2:1-4.
49) 갈 4:14; 살전 2:13.

의 말씀을 권위 있게 선포해야 한다. 이때 그들의 말을 듣지 않는 것은 곧 하나님의 말씀을 듣지 않는 것과 다름이 없는 것이다.

그런데 상기한 예들은 자아위치가 바로 된 성공적인 예이지만 그렇지 못할 때도 많다. 청중이 하나님의 사역자에 대해 존경적인 자아위치를 인정하지 않고 대항하거나 거부할 때 그 메시지는 거부되었다.[50] 예수님의 메시지는 대체로 탁월한 권위가 인정되었고 그의 청중들에게 겸손히 받아 들여졌지만, 나사렛 사람들은 예수님을 배척했다.[51] "선지자가 고향에서 환영받는 자가 없느니라"(눅 4:24)는 주님의 말씀은 인간적 선입관이 메시지의 내용과는 관계없이 하나님의 말씀에 대한 불신앙으로 나타나게 되는 원인이 될 수 있음을 보여준다. 또한 기득권자들의 욕망 때문에 혹은 고위층들은 자신을 높은 사람으로 간주하기 때문에 주의 사역자를 존경하지 않고 무시함으로 인해 불신앙으로 나타나기도 한다. 예수님 당시의 서기관들, 바리새인들은 성경을 익히 알던 매우 경건한 사람들로 받아들여졌고 자신들도 그렇게 자부했지만 주님의 메시지를 거부했고 주님의 존재조차 인정하려고 하지 않았던 것은 그런 이유들 때문이다. 그러기에 그들은 예수님보다 앞서 왔던 세례요한의 메시지도 받아들이지 않았었던 것이다(마 11:15-19; 21:25).

또 전달자의 인격보다는 메시지의 내용에 대해 거부감을 나타냄으로 인해 하나님께 대해 대적하는 경우가 있다. 베드로의 설교를 들은 사람들은 "형제들아 우리가 어찌할꼬!"라고 통회하며 복음을 영접했지만,[52] 스데반의 경우는 그렇지 못했다. 똑같이 성령의 권능으로 전파

---

50) 성경에서 하나님의 사역자에 대한 존경감과 하나님의 말씀, 하나님에 대한 존경감과 구분되지만 상호 긴밀한 관계에 있음을 발견한다. 하나님의 사역자가 몰상식하거나 파렴치한 행위를 했다거나 존경받지 못하는 사람인 경우는 예외겠지만 그렇지 않는 경우에는 청중이 하나님의 사역자의 말을 거부할 때는 곧 하나님께 대한 불신앙의 표출이요, 하나님의 사역자의 말을 청종할 때 그것은 신앙의 표현이었던 것이다.
51) 눅 4:16-30.
52) 행 2:37-42

된 말씀이었지만, 스데반의 경우는 처음부터 스데반의 주장과 디아스포라 유대인들과의 주장은 충돌했다.[53] 스데반의 설교는 구약을 배경으로 모세와 선지자들의 말을 불순종했던 조상들의 불순종을 논한 것이며 그들을 책망하는 내용으로 끝맺고 있다.[54]

이 설교의 내용에 대해 유대인들은 그것이 마음을 찔렀으나 받아들이기가 싫었으며 도리어 그를 죽이는 데까지 나아갔다. 이는 마치 예레미야가 그의 청중에게 유대가 바벨론에 의해 망할 것과 바벨론에 항복해야 한다는 가장 듣기 싫은 메시지를 전했던 것과도 입장이 같다. 그들은 그 내용이 하나님의 말씀이냐 아니냐를 불문하고 받아들이기가 싫었기 때문에 거부했고 죽였던 것이다. 하나님의 메시지는 때로 인간이 받아들이기 어려운 내용을 포함할 수도 있다. 그러나 그것은 선포되어야 하며, 청중은 그 메시지의 내용이 듣기에 좋든지 귀에 거슬리든지를 불문하고 아멘으로 칭종해야만 한다.

상기한 바와 같이 선포적 전달은 그 청중들에게 겸손한 자아위치를 요구하고 순종할 것을 요구한다. 그러므로 하나님의 말씀의 대언자는 하나님의 권위를 입어 성령의 능력으로 확신 가운데 전해야만 하며, 자신의 인격적 허물과 부족함 때문에 하나님의 말씀의 권위가 떨어지지 않도록 신적 메신저로서 자신을 철저히 준비시켜야 한다. 이 부분에서는 지도력에 관한 여러 글들이 이를 뒷받침 한다.[55] 또 그 내용이 사람들에게 듣기 좋든지 거스리는 것이든지 막론하고, 하나님의 편에 서서

---

53) 그들은 리버디노 구레네, 알렉산드리아, 길리기아, 아시아에서 온 디아스포라 유대인들로서 그들의 회당에 모인 자들이었다. 그들이 스데반과 충돌한 문제는 모세의 율법의 고수를 주장하는 유대주의와 율법의 성취를 주장하는 기독교 가르침과의 충돌이었던 것 같다.
54) 행 7:1-53
55) C. Peter Wagner는 영적 지도자의 권위문제에 대하여 요 10:2-4, 살전 5:12, 13;
   히 13:17; 벧전 5:2, 3 말씀에서 목회자의 역할 면을 고찰해 볼 때 성경적 지도력은 '존경받고 순종 받도록' 되어있다고 말하고 있다.
   C. Peter Wagner, 『교회성장을 위한 지도력』, 김선도 역 (서울: 광림출판사, 1985), 115.

하나님의 메시지를 선포해야 한다. 거기에는 복종하여 화를 면하고 복과 생명을 얻든지 혹은 불순종하며 소동하여 멸망하든지 둘 중 하나의 결과가 나타날 것이다.

2. 설득적 방법

이제까지 하나님의 커뮤니케이션 방법 가운데 선포적 방법을 논했는데, 성경을 보면 그런 방법만 사용된 것이 아니라, 설득적이고 호소적이며, 수신자 방향적인 전달의 측면도 있음을 부인할 수 없다. 이 방법은 수신자의 관련구조를 고려한 가운데 취해지는 전달법이다. 수신자의 상황을 외면한 메시지는 공허하게 들리기 쉽다. 그런데 '수신자의 관련구조'를 고려한다는 말은 수신자 중심적 커뮤니케이션을 의미하는 게 아니다. 다음과 같은 이유에서 필자는 수신자 중심적 커뮤니케이션이란 용어보다는 '설득적 커뮤니케이션'이란 용어를 사용하고자 한다.

크래프트는 수신자 중심적 전달이란 점을 강조하기 위해 의사전달의 기본 입장을 세 가지로 보았는데, 즉 전달자가 자신에게 초점을 맞추는 경우, 전달자가 메시지 내용에 초점을 맞추는 경우, 전달자가 수신자에게 초점을 맞추는 경우를 들면서 수신자 중심적 커뮤니케이션은 수신자에게 초점을 맞추어야 한다고 주장 한다.[56] 그러나 이 견해는 극단적인 점을 가지고 있다. 물론 그의 주장대로 전달자가 자기 자신에게 초점을 맞추게 된다면, 그의 청중이 그를 존경하도록 하기 위해 그 자신의 능력을 사람들에게 과시하고자 함정에 빠지게 된다. 또 그는 자기 자신에게 집착한 나머지 그가 말하고자 하는 메시지와 수신

---

[56] C. Kraft, *Communicating the Gospel in God's Way*, 6,7.

자들을 정확히 이해하지 못하게 된다.[57] 또한 전달자가 메시지에 초점을 맞춘다면 전달자는 청중의 이해수준을 생각하기 보다는 메시지의 정확성과 세련미, 조직성 등에 더 치중하여 의사전달의 실패를 가져 올 수 있다.[58]

그렇다면 수신자 중심적 메시지란 것도 마찬가지의 모순을 가지게 된다. 즉 전달자가 수신자의 상황과 이해수준, 문화적 관련구조 등에만 초점을 맞추어 말씀을 전달한다면 메시지의 정체성이 사라지게 되지 않겠는가! 성경은 주의 사역자들이 "내가 너희에게 분부한 모든 것"(마 28:19)을 가르치라고 했고, "진리의 말씀을 옳게 분변하여 부끄러울 것이 없는 일군으로 인정된 자가 되라"(딤후 2:15)고 명령하고 있다. 그러므로 수신자 중심적 커뮤니케이션이란 말은 그 말과 내용에 있어서 큰 모순을 안고 있다.[59] 물론 크래프트가 이 용어를 사용한 데는 성경의 메시지를 왜곡하거나 수신자들이 듣기 좋은 말만 해야 한다는 뜻으로 몰아붙이는 것은 그에 대한 지나친 오해가 된다. 왜냐하면 그는 이 문제에 대한 결론부문에서 수신자 중심적이란 말을 다음과 같이 정의하고 있기 때문이다.

"수신자 방향적이란 말은 항상 수신자들이 듣기 좋아하는 메시지를 전한다는 것을 의미하는 것이 아니라, 수신자의 관련구조 안에서 전달한다는 것이다. 즉 그가 무엇을 말하든, 그것이 수신자들에게 듣기에 즐거운 것이든 또는 유쾌하지 못한 것이든 간에 수신자와 최대한 관련된 방법과 기술들을 통해서 표현된다는 것이다."[60]

그러나 그럼에도 불구하고 문제점은 여전히 남게 된다. 말씀의 번역

---

57) *Ibid.*
58) *Ibid.*
59) Kraft의 "수신자 중심적 커뮤니케이션론"에 관한 비판에 대하여는 전술한 칼 헨리(Karl Henry)와 하비 콘(Harvei Conn)의 비판을 보라(76-78).
60) *Ibid.*, 10.

자나 전달자, 전파자는 자신과 말씀과 수신자 세 가지에 다 관심을 가져야만 하며, 그 중 어느 것도 소홀히 해선 안 되기 때문이다. 전달자가 소명감의 부족이나 자기 관리(영적 관리, 건강 관리 등등)에 소홀히 한다면 그는 결코 하나님의 메신저가 될 수 없다는 것은 이미 선교현장과 목회현장에서 항상 나타나는 문제이다.[61] 메시지의 전달에 있어서도 마찬가지다. 전달자는 자신이 "하나님의 사역자요 동역자"라는 확신에 충만해 있어야만 한다.[62] 뿐만 아니라, 전달자는 그가 전해야 할 메시지의 내용도 충분히 연구해야 한다. 무엇이 성령께서 전하고자 했던 의미인가, 즉 저자의 의도가 무엇인가를 정확히 파악하지 않으면 어떤 상황화 작업도 건전한 복음전달도 존재할 수 없게 된다.[63]

그러므로 수신자 중심적 전달법이란 말은 어디까지나 전달자의 자기확신과 메시지의 객관적이고 통찰력 있는 충분한 연구가 전제된 가운데 그 적용으로서 나타나야 할 문제이다. 그러므로 필자는 이런 방법을 '설득적 커뮤니케이션'이라는 이름으로 설명해 나아가고자 한다. '설득적'이란 말가운데는 전달자의 의중의 뜻을 실현하고자 하는 의미가 강하게 담겨 있으며 그 의미를 성공적으로 전달하기 위해 수신자의 관련 구조까지도 고려하여 전달함을 내포한다. 설득의 한글 사전적 의미는 "여러 모로 설명하여 상대방이 납득할 수 있도록 잘 알아듣게 하는 것"[64]이다. 히브리어에서 '설득한다', 혹은 '권면한다'는 말로는 פחה(파타

---

61) 허버트 케인은 선교사의 장애 가운데 건강문제를 매우 중요하게 다루고 있다. 요지는 선교사는 높은 건강수준을 견지해야만 한다는 것이다.
　　J. Herbert Kane, 『선교사의 생활과 사역』 (서울: 두란노서원, 1986), 34, 35.
62) 고전 3:5, 9; 딤전 4:12-16; 딤후 1:7-8
63) 권성수는 성경을 나의 잣대나 현대문화라는 잣대로 재는 오류를 피하고 성경의 저자가 전하고자 했던 메시지를 이해하기 위해 해석자가 타임머신을 타고 2,000년 전의 신약성경 세계로 돌아가야 한다고 한다. 그래서 성경세계를 그 '바깥에서'(from outside) 관찰하기보다 '그 안에서'(from within) 관찰해야 한다고 주장하고 있다. 권성수, 『성경해석학 1』 (서울: 총신대학출판부, 1991), 35.
64) 이응백 감수, 『국어대사전』 (서울: 교육도서, 1984), 1114.

흐)와 מסו(수우트)가 있는데 둘 다 '설득한다'는 뜻 외에도 '격동하다, 꾀다, 유혹하다' 등의 나쁜 의미도 있다. 설득한다는 의미로 쓰여진 용례를 들면, פתה(파타흐)는 호세아 2장 14절에서 "개유하다"는 의미로 사용되었다.[65] "개유한다"는 말은 설득한다는 의미인데 여기서 Piel(피엘)형으로 간곡한 설득을 의미하고 있다. 또 수우트(מסו)는 열왕기하 18장 32절, 역대하 32장 15절, 이사야 36장 18절에서 앗수르 장수 랍사게가 유대백성들에게 한 말로서, 히스기야가 저들에게 여호와만 의지하도록 설득한 사실을 거론하고 있다.[66]

설득을 의미하는 헬라어 단어로는 상담과 교육용어로 사용되는 παρακαλέω(파라켈레오)와 νουθετέω(누떼테오)를 들 수 있다. παρακαλέω는 "청하다", "권면하다", "격려하다", "탄원하다"는 의미로[67] 이 동사에서 "보혜사", "상담자", "중재자"를 의미하는 παρακλητος가 파생되었다.[68] 또한, νουθετέω는 "가르치다, 부드럽게 주의를 주거나 책망하다, 경고하다, 권하다" 등의 뜻을 가지고 있다.[69] 상기한 바와 같이 단어적 의미들만 고찰해 볼 때도 설득적 방법이 의미하는 바는 일방적 전달이기보다는 상대방의 상황을 고려하여 상대방의 입장에서 그 의중에 호소한 커뮤니케이션 방법임을 알 수 있다. 그러므로 설득적 방법에는 가침권

---

65) "그러므로 내가 저를 개유하여 거친 들로 데리고 가서 말로 위로하고 거기서 비로소 저의 포도원을 저에게 주고 아골골짜기로 소망의 문을 삼아 주리니 저가 거기서 응대하기를 어렸을 때와 애굽땅에서 올라오던 날과 같이 하리라."(호 2:14-15) 이 말씀은 여호와께서 유대백성을 "거친 들" 즉, 바벨론 유형지로 데리고 가서 설득하며 위로하고 그들을 변화시켜 다시 예루살렘으로 돌아오게 하겠다는 약속의 말씀이다. 바벨론 포수사건은 단순한 형벌이 아니라, 그들을 우상숭배의 죄에서 완전히 돌이키기 위한 하나님의 설득작업의 일환이요, 그들을 구원하기 위한 지극한 사랑의 표현이었던 것이다. 金熙寶, 『舊約호세아 註解』 (서울: 總神大學出版部, 1984), 54, 55. 참고.
66) 랍사게의 말이 개역성경에서 "면려하다"(왕하 18:32), "히스기야가 너희를 꾀일지라도"(대하 32:15; 사 36:18)라는 말로 변역되었는데, 유대인들의 입장에서 보면 사실 히스기야 왕이 백성들을 격려하고 설득했던 것이다.
67) Strong's *Hebrew and Chaldee Dictionary*, 54.
68) *Ibid.*, 55. 요일 2:1에서는 "대언자"로 번역되었다.
69) *Ibid.*, 50.

면, 책망, 격려, 경계 등이 포함된다.[70]

1) 설득하시는 하나님

구약에서 우리는 오랜 역사에 걸쳐 그 백성을 권고하시며 설득하시는 하나님을 볼 수 있다. 그것은 하나님의 '오래 참으심'과 '자비하심'에서 말미암는다. 또 상대적으로 인간의 반역성과 죄악성, 그리고 인간지식의 한계성과 관련된다. 하나님은 이스라엘 백성을 아이를 품에 안고 양육하시는 아버지처럼,[71] 가르치시고 훈계하시고 권면하시고 징계하셨다. 이어비(Eavey)는 성경이 어디까지나 '구속사'(The History of Salvation)이지 '기독교 교육사'(History of Christian Education)는 아니라는 전제하에 성경은 처음부터 끝까지 하나님이 그가 만드신 인간에게 자신의 뜻을 가르친 하나님 중심의 교육을 말하고 있다고 논한다.[72] 교육이란 배우는 사람의 수준에 알맞게 가르치는 것이므로 일방적 선포보다는 설득에 더 가깝다. 그러므로 교육하시는 하나님은 곧 설득하시는 하나님이다. 모세를 애굽에 파송하신 사건은 하나님의 설득의 대표적인 한 예가 된다. 이때 하나님은 처음엔 선포적인 방법으로 모세에게 말씀하셨다. 가시나무떨기가 불붙는 가운데 하나님의 임재 앞에 엎드린 그에게 주신 하나님의 소명은 결코 거역할 수 없는 대단히 충격적인 소명이었다. 그러나 그는 그의 부르심과 소명에의 강력한 촉구, 함께 하심의 보장으로서의 표적들, 이런 것들을 통해 하나님은 그에게 출애굽 소

---

70) 딤후 3:16, 17에서 바울은 성경의 역할이 신자를 하나님의 사람으로 성장하도록 설득해 가는 것이라고 말하고 있다. "모든 성경은 하나님의 감동으로 된 것으로 교훈과 책망과 바르게 함과 의로 교육하기에 유익하니 이는 하나님의 사람으로 온전케 하며 모든 선한 일을 행하기에 온전케 하려 함이니라"
71) 사 51:2-3, 렘 31:1-3
72) C. B. Eavey, 『기독교교육사』, 김근수·신청기 역 (서울: 한국기독교교육연구원, 1980), 31-35.

명에의 순종을 요구하셨지만 모세는 네 번이나 거절했다.[73]

젠센은 하나님이 변명하는 그에게 끈기있게 설득하시어 결국 하나님의 명령에 순종하여 애굽으로 내려 가도록 한 사실을 잘 설명하고 있다.[74] 네 번에 걸친 모세의 거절을 볼 때 사십 년간 미디안 광야에서 평범한 목자로 살아온 그에게 주어진 하나님의 소명은 너무나도 응하기 어려운 엄청난 일로 다가왔을 것이다. 그러나 결국 그는 하나님께 설복당하여 하나님의 소명에 응하고 출애굽이라는 대역사의 드라마에 헌신하게 된다. 이 사건에서 모세를 설득하신 하나님의 방법은 임무의 명령을 하신 정도가 아닌 강력한 충격을 동반한 매우 효과적이고 끈기있는 '설득적 커뮤니케이션 방법'(Persuasive Communicating Method)이었다. 이사야의 메시지는 강력한 선포적 메시지이지만 살펴 보면, 그토록 간절한 아버지의 설득이 있을 수 없을 만큼 간곡한 설득적인 어투를 반영하고 있다.[75]

---

73) 출 3:11, 13; 4:1; 4:10
74) Irving L. Jensen, 『출애굽기』, 김만풍 역, 젠센40 시리즈 (서울: 아가페출판사, 1981), 37-38. 첫 번째 변명: "내가 누구관대 그 일을 하리이까?"(출 3:11)라는 질문이다. 이 질문에 대하여 하나님은 "내가 정녕 너와 함께 있으리라."고 하는 충분한 대답을 주셨다. 두 번째 변명: "내가 무엇이라고 그들에게 말하리이까?"(3:13)라는 질문인데 하나님은 "스스로 있는 자가 나를 너희에게 보내셨다 하라"(14절)고 대답하셨다. 영원히 스스로 계시어 그들에게 생명을 주시고 만물의 원인이 되시는 분이 모세를 보낸 것이다. 세 번째 변명: "그들이 나를 믿지 아니하여 내 말을 듣지 아니 하리이다"(4:1) 이 변명에 대해 하나님은 두 가지 이적을 보여주시면서 모세가 확신을 가지고 백성에게 나아갈 것을 요구하셨다. 네 번째 변명: "주여 나는 본래 말에 능치 못한 자라…나는 입이 뻣뻣하고 혀가 둔한 자니이다"(4:10). 이 변명에 대해 하나님은 "이제 가라 내가 네 입과 함께 있어서 할 말을 가르치리라"(12절)고 말씀하셨다. 하나님은 모세의 변명에 대해 분명한 대안으로 대답해 주시면서 그의 의문과 불신앙을 풀어주셨다. 그러나 모세는 여호와께서 노를 발하시고 아론을 그의 대변자로 삼으신 후에야 비로소 하나님의 지시를 따랐다. 결국 하나님이 승리하신 것이다.
75) 이사야의 서두부터 그리하여 타락한 자녀를 돌아오라고 권하는 아버지의 설득적 모습이 계속적으로 나타난다. "여인이 어찌 그 젖먹는 자식을 잊겠으며 자기 태에서 난 아들을 긍휼히 여기지 않겠느냐 그들은 혹시 잊을지라도 나는 너를 잊지 아니할 것이라"(50:15)라는 말씀에서 더 없는 사랑의 설득적 음성을 듣게 된다. 그의 설득의 내용들을 세 가지로 분류한다면 하나님을 떠났음을 탄식함으로, 무서운 경고를 통하여, 메시아적 소망을 통하여 설득하고 있다. 예컨대, 탄식: "슬프다! 범죄한 나라요 허물진 백성이요…그들이 여호와를 버리며 이스라엘의 거룩한 자를 만홀히 여겨 멀리하고 물러

2) 수신자 관련 구조를 고려한 성경적 사례들

하나님의 설득적 방법은 수신자들의 삶과 관련된 구조를 택하여 말씀하시므로 수신자들에게 쉽게 이해되고 수납된다는 장점과 특성을 포함하고 있다. 그 성경적 실례들을 각각 고찰해 보도록 하자.

(1) 신명(神名) '엘', '엘로힘'의 사용

성경에서 '엘'(אל)과 '엘로힘'(אלהים)은 가장 오래된 신명들 가운데 하나이다. 이 신명들은 이미 가나안 사람들에게서 사용되어 오던 신명들이다. 1929년 이후에 우가릿(Ugarit)의 라스 샤므라(Ras Shamra)에서 발굴된 발굴물들은 가나안 종교적 상황들을 이해하는데 적지 않은 도움을 주었다. 우가릿 번영의 전성기(주전 15-14세기)에 고대 가나안인들의 서사시와 신화들이 설형문자로 된 토판들에 기록되었다. 우가릿의 알파벳은 인간에게 알려진 가장 초기의 것 중의 하나이다.[76] 고대 우가릿, 즉 라스 샤므라 지역은 지금 아랍인들이 거주하는 작은 마을로 구브로(Cyrus)와 대칭적인 위치에 있는 곳이다.[77] 안영복은 라스 샤므라 토판들의 기록의 내용을 통하여 고대 가나안 신들에 관해 다음과 같이 말하고 있다.

가나안 종교에서 '엘'은 최고의 신이며 모든 신들의 아버지였다. 그는 세상사에는 거의 간섭하지 않고 그의 자녀들 중에 싸움이 있을 때 최종 조정자가 될 권리를 보유하고 있을 뿐, 그 외의 모든 권리를 자녀들

갔도다. 너희가 어찌하여 매를 더 맞으려고 더욱 더욱 패역하느냐!"(1:4, 5) 경고: "너희는 애곡 할지어다! 여호와의 날이 가까왔으니 전능자에게서 멸망이 임할 것임이로다"(13:6) 소망: "흑암에 앉은 백성이 큰 빛을 보고 사망의 그늘진 땅에 거하던 자에게 빛이 비춰도다…이는 한 아기가 우리에게 났고 한 아들을 우리에게 주신 바 되었는데…그 정사와 평강의 더함이 무궁하며 또 다윗의 위에 앉아서 그 나라를 굳게 세우고 자금 이후 영원토록 공평과 정의로 그것을 보존하실 것이라"(9:2).

76) 안영복, 『구약역사』 (부산: 양문출판사, 1982), 137.
77) 김희보, 『舊約이스라엘史』 (서울: 총신대학출판부, 1985), 34.

에게 위임해 버린 온화한 노인과 같이 생각될 수 있다. 약간 다른 형태의 말인 '일' 또는 '일루'는 '신'(god)을 의미하는 아카드어이다. 설형문자 기호 '일'(il)은 아카드어를 사용하는 셈족 세계의 일반신들을 나타내는 데 규칙적으로 전접(前接)한다. 그래서 '일 이쉬탈'(the god Ishtar), '일 에아'(the god Ea), '일 바알'(the god Baal)이란 말들이 나타난다. '엘'은 가나안 신화에서 북방에서 모여온 여러 신들의 총회의 의장이었다. 여기에서 북방(북쪽의 사폰산)이란 마치 헬라의 신화에서 올림푸스산과 같이 신들의 집회장소로서 인식된 상징적인 장소였다.[78] 가나안 신화에서 '엘'의 아내는 아세라(Asherah)였고 그 사이에 남·여신 70명의 '엘림'으로 된 한 가정이 나왔는데, 그 중 가장 잘 알려진 신이 바알(주인)이다.[79]

"구약에서 신명 '엘'은 천지만물의 창조자 하나님(God)을 가리킬 때도 사용했을 뿐만 아니라(창 31:13; 35:1, 3; 46:3; 삼하 22:31, 33, 48; 시 68:21, 22, 기타), 가나안의 이방신들을 지칭할 때도 사용했다(출 15:11; 사 43:10; 44:10, 15, 17; 46:6). '엘'은 힘, 능력(strength, power)이란 어의를 내포하며 강한 사람이나 용사와 관련하여 사용되기도 했다(겔 31:11; 욥 41:17; 겔 17:13; 32:21; 왕하 24:15; 사 9:5)."[80]

성경에서 '엘로힘'은 창조주 하나님을 가리키는데 사용된 말이다. 그러나 야곱이 그 가족들에게 그들 가운데 있는 이방신들을 버리기를 요구했을 때(창 35:2), 또는 반역한 이스라엘 백성이 아론에게 자기들을 인도할 신들을 만들어 달라고 요구했을 때(출 32:1)도 신명으로 '엘로힘'을 사용했는데, 문맥에 의하면, 성경에서 엘로힘은 이스라엘의 하나님 혹은 주위 이방나라의 신들(gods)을 다같이 언급할 수 있다. 마찬가지로

---

78) 사 14:13에서도 루시퍼는 북극집회의 산위에 좌정하리라고 했으며 문맥의 뉘앙스로는 엘로힘께서 그 집회산 위에 좌정하고 계시며, 그 엘로힘의 위치를 루시퍼가 도전한 것으로 나타난다.
79) 안영복, 『구약역사』 (부산: 양문출판사, 1982), 138-139.
80) B. D. B., 42.

고대 근동에서 '엘' 혹은 '일'은 구별된 개별 존재이거나, 신(deity)에 대한 하나의 일반적인 호칭일 수 있다.[81]

이런 점에서 미루어 볼 때, 성경에서 창조주 하나님을 가리켜 지칭했던 '엘' 혹은 '엘로힘'이란 신명은 고대 가나안, 혹은 셈족계에서 널리 알려져 왔던 신명들 중 하나인데, 성령께서는 모세를 통하여 그들 가운데 가장 적절한 신명을 창조주 하나님을 가리키는 신명으로 채용하여 사용하도록 했다고 본다. '엘'과 '엘로힘'이란 신명은 고대 히브리인들과 관련된 구조 즉 수신자 관련구조를 택한 수신자 방향적 커뮤니케이션이라고 할 수 있다.

모세가 '엘' 또는 '엘로힘'이라고 하였을 때 그 의미는 가나안 신들을 의미한 것이 아니라, 창조주요 유일신이시며 거룩하시고 자비로우신 아브라함과 이삭과 야곱의 하나님을 의미했다. 즉 단어의 의미변형이 일어난 것이다.

물론 신명에 있어서 '엘로힘' 외에도 '여호와'라는 고유한 신명을 계시해 주신 경우도 있음을 함께 상기해야만 공평할 것이다.[82] '여호와'는 다른 근동의 신명에 없는 이스라엘의 하나님이 자신을 계시해 주신 독특한 이름이다. 그러나 이스라엘 백성들은 이 존귀한 이름을 부를 수 없으므로 '주'(아도나이)라고 불렀던 것이다. 그러므로 우리는 오경에서 선포적으로 주신 이름(여호와)과 수신자와 관련된 이해 구조 가운데 주신 이름(엘, 엘로힘)을 모두 발견할 수 있다.

(2) 절단을 통하여 언약을 상징함

언약(covenant)을 의미하는 히브리 단어 ברית(브리트)는 כרת(카라트, 자른

---

81) 안영복, 『구약역사』 (부산: 양문출판사, 1982), 138.
82) 출 6:2-9, 34:5-9의 상황을 보면, 여호와의 이름을 주신 것은 확실히 선포적이다. 하나님은 모세에게 "나는 여호와로라"고 자신의 이름을 선언하셨다.

다)라는 동사와 항상 함께 사용되어 계약을 맺는다고 할 때 כרת ברית(카라트 브리트,계약을 자른다)라는 표현을 쓴다.[83] כרת ברית(카라트 브리트, 계약을 자른다)라는 이 문구는 구약성경 전체에 걸쳐 반복해서 나타난다.[84] 왜 '언약'이란 말을 절단이란 말로 나타냈을까? 이 '절단'과 계약수립과의 연관은 중동의 고대 언어나 문항에 잘 나타나 있다. 이스라엘 뿐 아니라 주변 문화에서도 계약의 결속의 성질은 '절단'이라는 술어와 관계가 있다.[85] 고대 중동에서 계약이 이루어지는 제의 예식(ritual ceremony)에서 동물이 절단되게 되었다. 계약을 맺는 자는 쪼갠 동물 사이를 상징적으로 지나간다. 이로써 계약이 이루어지고 절단되는 것이다.[86] 이러한 동물 절단은 계약자가 만약 서약한 사실을 범할 때 자신에게 내리는 저주를 나타낸다.[87]

아브라함이 드린 쪼갠 제물들 사이를 여호와께서 지나가셨다는 말씀(창 15:10-11, 17)이나, 모세가 언약서를 백성에게 들려 줄 때 피로써 언약을 맺은 것(출 24:6-8)에서도 볼 수 있다. 예레미야는 계약에 대한 이스라엘의 불충성을 보고 "암소사이로 지나간 그들의 예식"을 언급한다(렘 34:18-19). 그들의 불충성으로 그들은 자기 자신에게 계약의 저주를 불러 들인 것이다. 그러므로 그들은 그들의 원수들에 의해 그들의 몸이 동강나며 그들의 시체는 공중의 새들과 땅짐승들의 밥이 될 것이며, 바벨론 군대의 손에 붙여지리라고 선고받고 있다(렘 34:20-22). 이것은 계약 불이행에 따른 형벌, 즉 쪼갠 송아지의 죽음이 저들에게 찾아오는 것이다. "계약은 당사자들이 죽음의 고통을 치루고서라도 충성을 해야

---

83) O. Palmer Robertson,『계약신학과 그리스도』, 김의원 역 (서울: CLC, 1983), 16.
84) 수 9:6-7; 24:25; 삿 2:2; 삼상 11:1-2; 삼하 3:12-13; 왕상 5:12-13; 왕하 7:15-16; 사 28:15; 55:3; 렘 11:10; 31:31-32; 겔 17:13; 호 2:18; 학 2:5; 슥 11:10.
85) O. Palmer Robertson,『계약신학과 그리스도』, 18.
86) *Ibid*.
87) *Ibid*.

하는 피의 약정이다. 일단 계약관계에 들어가면 계약파괴 시에는 피흘림만이 주어진 의무를 경감시켜 줄 것이다."[88] 지금까지 성경의 구속사에서 매우 중요한 위치를 점하는 진리인 '언약'이란 말이 절단을 의미하는 단어로 표현된 유래를 고대 중동인들의 문화적 관련구조와 상관이 있다는 사실을 살펴보았다. 오늘날 우리가 '언약'이라 할 때, 흔히 하나의 약속 정도로 이해하는 것보다, 항상 '절단' 즉 '죽음', '피흘림'을 상기했던 고대의 관습에서 언약은 참으로 하나님의 언약진리를 나타내기에 적절하고 풍부한 단어였다고 이해된다.

여기서 한 가지 더 생각 할 수 있는 것은, 유월절 언약은 어린 양의 피를 문설주와 문인방에 바르도록 하는 피흘림을 통하여 그 백성과 언약하신 것이다(출 12장). 그리스도의 죽음은 유월절 어린 양의 죽음과 연관된다(요 1:29, 36). "그리스도의 죽으심은 대속의 죽음이었으며 그는 계약 파괴자를 대신하여 죽은 것이다."[89] 그리스도는 어린 양으로 인류의 죄를 담당하시고 죽으셨다. 이미 오래 전부터 이스라엘 백성 가운데 전해 내려온 유월절 언약이 그리스도의 피흘림에 대한 하나의 유비가 되었다.

(3) 제사제도의 타락과 새롭게 하심

먼저, 제사는 종교행위이기 때문에 문화와 구분할 수 있겠지만, 문화를 폭넓게 이해할 때, 그리고 종교적 제도와 가치관은 사람들을 얽어매는 하나의 관습이라고 볼 수 있기 때문에 문화의 범주에 포함할 수 있다고 보면서 이 문제를 언급하려고 한다.

제사제도는 시내산에서 모세가 여호와께 율법을 받을 때 그 내용이 구체적으로 법문화 되었다. 레위기는 제사법에 관해 가장 세밀하게 상

---
88) *Ibid.*
89) *Ibid.*, 19.

술하고 있다. 그러나 제사제도는 그보다 훨씬 일찍부터 있어 왔다. 구약에서는 가인과 아벨이 각각 여호와께 제사를 드린 것을 말하고 있으며, 특히 아벨의 제사는 여호와께서 열납하셨다고 말하고 있다(창 4:4). 셋이 에노스를 낳았을 무렵 사람들이 비로소 여호와의 이름을 불렀다고 했다(창 4:26). "여기서의 부름이라는 어의는 엄숙하게 불렀다는 의미이다. 이 말이 사람 편에서 사용할 때는 부름이 되며(창 12:8; 13:4, 기타), 하나님께 적용할 때는 불러내심, 또는 그의 이름을 선포함이 된다(출 33:19; 34:5)."[90] 그러므로 창세기 4장 26절에서 "그들이 여호와의 이름을 불렀다"는 말은 공중예배를 처음 드리기 시작했음을 시사한다."[91] 이 사실은 가인의 후예들이 하나님을 떠난 문화적 활동에 치중한 반면, 셋의 후예들은 하나님을 향한 종교적 경배를 가장 중요한 것으로 인식했음을 보여 준다.

그들의 예배는 가인과 아벨의 경우와 같이 어떤 제물을 드리는 제사적 형태로 거행되었을 것이다. 짐승으로 제사를 드리는 일은 그 후 계속되었다. 노아는 홍수 후 방주에서 나왔을 때, 여호와를 위하여 번제를 단에 드렸다. 모세는 레위기 제사법에서 언급한 것과 동일한 단어로 번제(עלה, 알흐)라고 표현하고 있다. 출애굽 한 이스라엘 백성이 가나안 땅에 들어갔을 때 이미 여러가지 형태의 제사제도들이 있었다. 물론 그 대상은 타락의 영향으로 인해 인간의 창조주 여호와 하나님이 아니었다. "라스 싸므라 서판의 발견에 의하면 모세의 율법의 5대 제사들과 유사한 형태의 제사에 대한 전문용어들이 나타나는데, 번제(*ishsea*, 이쉬아), 전체로 드리는 번제(*keil*, 케일), 화목제(*shelamim*, 셀라밈), 그리고 아마 속건제(*asham*, 아샴)가 나타난다."[92] 이 사실은 레위기가 포로시대의 것이

---

90) C. F. Keil and F. Delitzsch, *Commentary on the Old Testament*, vol. I, 119-120.
91) Thomas Whitelaw, 『창세기』(상), 풀핏성경주석, 송종섭 역 (대구: 보문출판사, 1982), 308.
92) Greason L. Archer, 『구약총론』, 김정우 역 (서울: CLC, 1985), 179.

아니고 왕정 이전, 즉 모세시대의 문헌이라는 것을 반증해 주는 것이거니와, 아울러 제사제도라는 의식법적 특별계시가 당시 종교적 요소들과 전혀 무관한 것이 아님을 보여 주는 증거이기도 하다.

여기에서 어떤 종교적 제도의 형태는 전부 정죄되어야 하는 것이 아니라(예컨대, 기도, 명상, 적선행위, 자기 수련 등등) 하나님을 향하여 그 방향을 전환하고 의미와 방법들을 수정하고 새롭게 해야 할 성질의 것이다. 사실 초월적 신을 향한 인간의 경배의 본능은 대개 유사한 점이 있는 것이다. 물론 어떤 것은 질적으로도 부패하고 타락했기 때문에 그 모든 방법들까지도 완전히 깨뜨리고 하나님의 계시를 통하여 전혀 새롭게 될 필요가 있는 것도 있다. 암몬 사람들의 제사제도는 그 자녀를 불 가운데로 지나가게 하는 악한 행위로서[93] 이스라엘이 본받지 말 것을 경고 받았으며, 므낫세 왕은 그런 행위를 저질렀으므로 하나님의 노를 격발하였다.[94] 제사제도가 인생의 부패로 인해 그 방향과 내용이 그릇되었을 때 하나님은 모세를 통하여 올바른 제사법을 나타내 주셨다. 그러나 물론 그것은 전혀 새로운 것이 아니라, 기존의 제도에서 죄를 제거하시고 보완하심으로써 개혁된(reformed) 것이다. 뿐만 아니라, 그 제사의 형태와 의미가 전적으로 하나님께로부터 온 것이며 타문화권의 제사제도에 비교하여 독특한 성질을 갖고 있음을 기억해야 한다.

(4) 다윗 왕정을 통한 신적 계시

다윗이 온 이스라엘의 왕이 된 후에 주변의 강대국과 다윗 왕 사이에 잇달은 전쟁이 있었다. 블렛셋, 모압과 에돔, 소바와 다메섹과 하맛, 암몬 등 모든 대적이 다윗에게 패배하고 다윗의 봉신국이 되었다. 그리하여 그의 판도는 동북의 유브라데 강에서부터 남으로는 에돔의 남단

---

[93] 신 18:10
[94] 대하 3:6

애굽의 하수를 따라 홍해에 이르기까지였다(삼하 8장). 이러한 판도는 일찍이 하나님이 아브라함에게 약속한 전 영역이며(창 15:18; 민 34:2-12), 또 에스겔 선지자가 말한 이스라엘의 전 영역이었다(겔 48:16-20). 다윗 왕은 당시에 있어서 세계에서 아무도 필적할 수 없는 가장 강력한 왕이 되었다.[95] 그리고 다윗을 통해 이뤄진 긴 전쟁이 끝나자 왕국엔 여호와의 안식이 찾아왔다(삼하 7:1, 11).

이 안식(נוח, 누아)은 곧 일찍이 하나님이 모세를 통하여 이스라엘 백성에게 주신 약속이었다(출 33:14). 그 약속은 여호수아 때 기업의 분배로 부분적으로 실현되었으나, 이제 다윗 왕국에 와서야 온전히 실현되었다. 이 다윗 전쟁과 다윗 왕정에서 계시에 있어서의 문화적 요소의 중요성을 발견하게 된다.

① 계시약속의 성취가 전쟁이라는 세속문화적 형태를 통해서 이루어졌다는 점이다.

전쟁이란 세속적이지만 인류 역사에 있어서 문화적인 행동이다. 물론 문화를 파괴하는 것이지만, 전쟁은 또 하나의 문화적 행동이라 할 수 있다. 전쟁의 양상은 시대마다 그 전략과 사용되는 무기들과 방어 진지의 형태가 다르기 때문에 다분히 문화적 행동의 범주에 속한다.

성경은 하나님을 전쟁을 수행하시는 강한 '용사'(הגבור, 기보르)로 묘사하고 있고,[96] '만군의 여호와'(יהוה צבאות, 야웨 체바옷)로, 만군이란 문자적으로 무리들, 혹은 큰 대)로도 표현한다.[97] "용사이신 하나님을 설명한

---

95) 김희보, 『舊約이스라엘史』, (서울: 총신대학출판부, 1985), 127.
96) "영광의 왕이 뉘시뇨? 강하고 능한 여호와시요 전쟁에 능한 여호와시로다"(시 24:8) "여호와는 용사시니 여호와는 그의 이름이시로다"(출 15:3) Peter C. Craige는 구약에서의 전쟁문제를 다루면서 용사이신 하나님의 테마가 구약에서 주변적 문제가 아니라 중요한 주제라고 하였다. Peter C. Craige, 『기독교와 전쟁문제』, 김갑동 역 (서울: 성광문화사, 1985), 47-49.
97) 이 명칭은 구약성경에서 200회 이상 사용되었으며 이 명칭의 초기의 의미는 이스라엘의 군사들과 하나님을 명백하게 관련시키고 있다. 더욱이 만군의 여호와란 명칭은 연약궤와 빈번한 관련을 맺고 있다(민 10: 35-36; 삿 5: 31). Ibid., 49, 50. 참고.

다는 것은 죄있는 인간을 통하여, 그리고 인간행위의 일반적 제형태가 되어온 것들을 통하여 인간사에 관여하시는 하나님을 말하는 것이다."[98] 전사로서의 하나님 개념은 다윗 전쟁기(戰爭記)에도 나타난다.[99] 하나님은 신정국가를 건립하시는데 있어서, 그리고 그의 약속(가나안 땅을 아브라함의 후손들에게 주리라는)을 이루어 가는 과정에서 다윗 전쟁이라는 세속문화적 형태를 사용하셨던 것이다. 그 다윗 전쟁은 소위 "여호와의 전쟁"(삼상 25:28)이라고 일컬어졌다. 여호와께서는 다윗과 항상 함께 하시어 싸우셨기 때문이다(삼하 8:6, 14). 이 전쟁은 다윗과 그의 신복들에 의하여 수행되었지만 그 전쟁의 지시와 전략은 하나님께로부터 나왔고 하나님에 의해 승리를 이루게 되었다(대상 14:8-12, 13-16; 18:6, 13). 그러므로 다윗 전쟁은 구약전쟁史에서 다른 많은 전쟁들과 함께 "여호와의 전쟁" 또는 "거룩한 전쟁"(聖戰, the Holy War)으로 불려진다.[100] 이상에서 볼 때, 전쟁이란 세속적인 문화적 행위에 하나님은 관여하시어 그것을 통하여 거룩한 언약을 성취해 나가시며, 그의 뜻을 만방에 나타내시기 위한 방편으로 사용하셨음을 알 수 있다.

② 다윗 왕국이라는 세속적 정부를 통해서 신정국가 설립이라는 하나님의 뜻을 이루셨다는 점이다.

다윗의 신정통치는 예루살렘 정복을 통하여 큰 의의를 갖게 된다. 예

엘리의 아들들이 블레셋 전쟁에서 법궤를 전장에 가져갔던 것도 이러한 신앙고백적 배경에서 이해된다(삼상 4장). 다윗은 골리앗에게 나아갈 때 『만군의 여호와의 이름』으로 나아갔다(삼상 17:45).
98) *Ibid.*, 58.
99) 삼상 18:17; 17:45-47; 삼하 5:10, 7:8
100) 『여호와의 전쟁』이란 말은 민 21:14과 삼상 18:17; 25:28 등에 나온다.
그러나 『聖戰』(Holy War)이란 말은 성경에서 언급되지 않았다. 폰 라드를 비롯한 이 부분을 연구한 초기의 독일학자들은 구약의 전쟁을 聖戰개념으로 말했지만 후대의 학자들에 의해 구약의 전쟁들은 성전이 아닌 『여호와의 전쟁』으로 표현되어야 한다는 사실이 발견되었다.
E. A. Martens, *God's Design* (Grand Rapids, Michigan: Baker Book House, 1981), 44.

루살렘 정복은 이스라엘의 정치사상에 근본적인 변화를 암시한, 전쟁에 있어서의 혁신이었다. 예루살렘은 그때까지 여부스 족속이 살고 있었는데, 이곳의 남쪽과 높은 산을 시온(ציון, 치온)이라고 불렀다.[101] 다윗은 시온에 있는 여부스 족속의 성채를 점령하고 '다윗성'이라고 불렀다. 그리고 예루살렘을 전 이스라엘 왕국의 수도로 삼았는데 예루살렘은 시온의 자연적 요새로서 좋았고, 또 유다와 베냐민 지파의 경계선상에 위치해 있었으므로 수도로 정하기에 적격이었다.[102] 고라 자손의 시에서 시온을 노래하고 있는 바는 흥미롭다. "**터가 높고 아름다워** 온 세계가 즐거워함이여 **큰 왕의 성 곧 북방에 있는 시온산**이 그러하도다"(시 48:2) 다윗이 예루살렘을 정복하고 전 이스라엘의 왕이 되었다는 것은 하나님이 그와 맺은 언약의 실현이며, 정치사상사에서 메시아적 왕국의 도래를 알리는 거보(居步)였다.

다윗은 이 곳으로 수도를 옮긴 후, 이제까지 아비나답의 집에서 약 60여 년간 있었던 법궤를 다윗성으로 옮겨 온다(삼하 6:1-19). 물론 도중에 웃사가 하나님의 궤를 범한 사고로 인하여 법궤는 3개월간 오벧에돔의 집으로 가게 되나, 오벧에돔의 집이 법궤로 인하여 복을 받는 것을 보자 다윗은 다시 다윗성으로 모셔 왔던 것이다(삼하 6:1-15; 대상 13:1-14; 15:1-28).

그렇게 함으로써 이제 예루살렘은 이스라엘의 정치와 종교의 중심이 되어 마침내 신정정치(神政統治)가 실현되는 것이다. 다윗이 이처럼 예루살렘을 택한 것은 우연한 일이 아니었다. 그것은 하나님이 하신 역사였으니 그것은 일찍이 여호와께서 "자기 이름을 두시려고 한 곳을 택하시리라"(신 12:11, 21; 14:23, 24; 16:2, 6, 11; 26:2)고 말씀하신 예언의 성

---

101) Keil & Delitsch, "*I&II. Semuel*" 315.
102) *Ibid.*, 317.

취이다.[103] 후일 에스겔 선지자를 통하여 하나님이 말씀하시길, "이것이 곧 예루살렘이라 내가 그를 이방 가운데 두어 열방으로 둘러있게 하였다"(겔 5:5) 하였음을 본다. 이와 같이 다윗이 예루살렘에서 왕이 된 사실과 하나님의 성소를 예루살렘에 둔 사실은 정치권과 종교권을 예루살렘으로 일치시키게 된 계기가 된다.

이로써 하나님은 예루살렘의 성소에 거하시면서 그 백성의 왕으로 다스리게 된 것이다. 하나님은 그의 주권적 섭리를 통하여 다윗 왕국을 이루셨고, 다윗 왕국이란 세속 왕국과 세속의 제도, 즉 하나의 문화를 통하여 당시의 사람들에게 하나님의 통치의 의와 인애를 적극적으로 나타내셨던 것이다.

③ 다윗 왕국이라는 세속 정부를 통해서 메시아 왕국 즉 하나님의 나라를 계시해 주었다는 점이다.

일찍이 하나님은 왕제도(王制度)를 반대하셨다. 그것은 이스라엘 백성들의 불신앙적 애원에 대한 허락으로 주어진 것이지 기쁘신 뜻을 따라 주어진 제도는 아니었다(삼상 8:4-9). 그럼에도 불구하고 하나님은 후일 그 인간 왕정을 통하여 하나님의 왕권을 나타내시고 영원한 하나님의 나라를 계시하셨다. 그것이 곧 다윗 왕국이다. 다윗의 나라는 언약의 맥락에서 여호와 자신의 나라로 간주된다.[104] 그러므로 다윗의 나라는 메시아 왕국 즉 영원한 하나님의 나라를 바라보는 모델로서 제시되고 있다.[105] 특히 역대기 저자의 신학은 다윗과 솔로몬을 이상적 왕으

---

103) Walter C. Kaiser, 『구약성경신학』, 최종진 역 (서울: 생명의말씀사, 1985), 185.
104) 삼하 7장에서 8차례나 여호와께서는 다윗에게 그 집을 이룰 것을 언약하셨다. 이를 아비야는 변하지 않는 『소금언약』이라고 하였다(대하 13:5). 다윗의 통치와 하나님의 통치는 아주 밀접하게 연결되어 있어서 다윗의 왕좌와 나라는 곧 여호와 자신의 것으로 간주되고 있다. "여호와께서 내게 여러 아들들을 주시고 그 모든 아들 중에서 내 아들 솔로몬을 취하사 **여호와의 나라** 位에 앉혀 이스라엘을 다스리게 하려 하실새"(대상 28:5) "이제 너희가 또 다윗 자손의 손으로 다스리는 **여호와의 나라**를 대적하려 하는도다"(대하 13:8)
105) 이 같은 사상은 시편에서 여러 차례 나타난다(시 89:3-5; 19-37; 132:11-18). 에스라인

로서 메시아적 모형으로서 제시하고 있다.

하나님은 다윗에게 다윗과 그 후손의 왕조가 영원할 것이라는 언약을 하였다(삼하 7:11, 13, 16, 19, 25-27, 29). 그러나 그의 왕조는 결코 영속되지 못했다. 바벨론 유수를 기점으로 시드기아 왕을 끝으로 그의 왕조는 끝나버렸다. 그러나 선지자들은 그의 왕조가 메시아를 통해서 영원히 이어진다고 보았다. 메시아는 다윗의 씨를 통해서 오며, 그 나라는 영원하다고 보았던 것이다(사 9:6, 7; 11:1-4, 10; 겔 34:23-24).

또한 다윗의 통치와 하나님의 통치는 아주 밀접하게 연결되어 있어서 다윗의 왕좌와 나라는 후에 여호와 자신의 것으로 불려졌다.[106] 다윗의 나라는 언약의 맥락에서 볼 때, 여호와의 나라로 간주된다. 그 나라는 영원하다. 그 나라는 물론 죄와 타락이 내재해 있고 하나님의 무서운 징계가 임하기도 했던 불완전한 세속의 나라였지만, 그럼에도 불구하고 하나님은 다윗의 나라를 여호와의 나라로 예시하시기를 기뻐하셨다. 이와 같이 다윗 왕국은 세속의 나라로써 신령한 메시아 왕국 즉 영원한 하나님의 나라를 바라보는 모델로 제시되고 있다.

다윗 왕국에서 우리는 세상통치와 문화의 긍정적 측면을 발견한다. 그것이 하나님께 붙잡히고 하나님의 뜻에 의해 다스려질 때 그것은 그의 나라와 의를 계시하는 도구로 유용하게 사용될 수 있다는 사실을 보여 준다.

(5) 예수가 선호한 화법

공관복음에 전해 내려오는 예수의 어록의 언어적 특징에 관한 탁월한 연구에서 요아킴 예레미아스는 예수의 어록들이 헬라어적 형태

에단의 시에서 다윗언약과 그 나라에 대해 "그 위는 해같이 내 앞에 항상 있으며, 또 궁창의 확실한 증인 달같이 영원히 견고케 되리라"하였다(시 89:36, 37).
106) *Ibid.*, 205.

를 현저하게 제한하고 있으며 주로 셈어적 특징을 이루고 있다고 하였다.[107] 예수께서 사용하신 어법들은 당시의 삶의 정황, 특히 문화와 어떻게 관계 되었던가를 알기 위해 예레미야의 연구에서 도움을 받고자 한다.

복음서의 예수의 말씀은 그 헬라어 본문의 배후에 모든 곳에서 예수의 모국어를 발견하게 된다.[108] 그러므로 예수께서 처음 말씀하신 것들을 포착하기 위해 헬라어를 원래의 아람어로 되돌려 번역했을 때, 예레미야는 그 말씀들이 마치 구약의 많은 예언적 말들처럼 운율적 형태를 띠고 있다는 버니(C. H. Bunney)의 말에 동의하면서 버니가 발견한 세 가지 종류의 운율에 한 가지 운율을 더 추가하였다.[109] 네 종류의 운율들은 두 박자 운율, 세 박자 운율, 네 박자 운율, 키나 운율이다. 두 박자 운율은 간결하고도 날카로운 명령어들로써 예수의 청중들에게 메시지의 중심 개념을 강하게 인상지우기 위함이었으며,[110] 네 박자 운율의 특성은 안정감과 사실성으로 제자 그룹 내에서 교훈적인 주제를 전달하는데 적절했으며,[111] 세 박자 운율은 사상, 금언, 격언들을 표현하는데 적절하여 시편에서도 자주 사용된 것이다. 예수의 말씀들 가운데 중요한 말씀들과 교훈들을 전달하는데 사용되었고,[112] 키나 운율은 강한 내적 감정을 표현할 때 사용되는데, 복을 선언하는 메시지에, 애가(哀歌), 경고, 위협, 훈계, 교훈 등을 망라 한다.[113] 이와 같이 예수의 말씀들 가운데 나타난 운율들은 각 교훈들의 메시지를 전달하는데 가장 적당했으며, 그것들은 셈적인 배경을 나타내고 있다. 이렇게 예수께서

---

107) Joschim Jeremias, 정충하 역, 『신약신학』 (서울: 새순출판사, 1991), 23, 24.
108) Joachim Jeremias, *The Parables of Jesus* (London: SCM Press, 1983), 11.
109) Joschim Jeremias, 『신약신학』, (서울: 새순출판사, 1991), 44.
110) *Ibid.*, 47.
111) *Ibid.*, 49.
112) *Ibid.*, 54.
113) *Ibid.*, 55-57.

당시 보급되기 시작한 헬라어를 사용하지 않고 아람어를 사용하며 히브리적 어법과 운율들을 사용하신 이유가 무엇일까? 바울은 예루살렘에서 영문안 계단에서 천부장 루시오의 허락을 얻어 유대인들에게 자신을 변호하는 말을 할 때 그가 히브리 방언으로 말하니 청중들이 더욱 조용했다고 누가는 증언한다(행 22:1-2). 그의 아람어 연설은 그 자신이 히브리인 중의 히브리인이요, 정통 바리새파 유대인으로서 어떻게 개종하게 되었는가를 그를 의심하는 유대인들에게 설명하는데 매우 설득력이 있는 것이었다. "바울의 아람어 사용은 아마 천부장을 당혹하게 했겠지만 무리들은 그것을 이해하였으며 잠시 바울의 선한 의도를 생각할 수 있게 하였다."[114] 마찬가지로 예수께서 사용하신 히브리적 어법과 운율들은 예수의 청중들에게, 특히 하나님의 말씀을 듣고자 온 무리들에게 가장 호소력이 있는 전달방법을 택하신 것이었다고 본다.

(6) 예수의 비유

구약성경에서 비유(משל)마샬 이라는 단어의 어원은 "…와 같다"(to be like) 라는 뜻으로 속담, 수수께끼, 이야기 혹은 풍유를 의미하는 말로 사용되었으며,[115] 신약에서 사용된 파라볼레(παρβολη)라는 용어도 구약에서와 유사하게 속담(proverb), 은유적인 비유(metabor) 혹은 비유적인 말(figurative saying), 혹은 직유(stimilitude), 이야기식 비유(story parable) 등의 의미로 사용되었다.[116] 요한복음에는 파라볼레라는 단어가 없고 유사한 의미의 단어인 파로이미아(παροιμια)라는 단어만 4회 사용되었으며,[117] 요

---

114) Richard N. Longenecker, "사도행전"『엑스포지터스 성경연구주석』, Edited by Frank E. Gaebelein (서울: 기독지혜사, 1982), 697.
115) Robert H. Stein,『비유해석학』, 오광만 역 (서울: 도서출판엠마오, 1990), 17-19.
116) Ibid., 20-24.
117) 신성종,『신약신학』(서울: CLC, 1983), 82. '파로이미아'(παροιμια)의 단어적 의미는 속담(poverb), 격언(maxim)이다. Walter Bauer, A Greek-English Lexicon of the New Testament and Other Early Christian Literature (Chicago: The University of Chicago press, 1979), 626.

한복음에는 은유로서 소위 '에고 에이미'(Εγώ εἰμι)의 용법이 많이 나온다.[118] 공관복음서에서 예수께서 사용하신 비유는 '파라볼레'라는 용어를 명백히 사용한 비유들이 30개이며, 선한 사마리아인, 탕자의 비유 등등을 합쳐 47개의 비유들이 있으며, 이에 두개의 직유(*similitudes*)를 포함시키며 그 외에도 비유라고 할 수 있는 예문들이 50개 정도 더 있다고 스테인(Stein)은 말한다.[119] 이처럼 예수께서 수많은 비유들을 즐겨 사용하셨는데 특별히 비유를 사용하여 말씀하신 목적은 무엇인가? 마태복음 13장에 나타난 비유 사용에 대해 데이크(F. J. Dake)는 그의 관주성경에서 7가지 이유를 지적하고 있다.

(1) 진리를 흥미있는 형태로 계시해 주고 많은 흥미를 일으켜 준다(마 13:10-11, 16).
(2) 새로운 진리들을 흥미를 가진 청중들에게 알려 준다(마 13:11-12, 16-17).
(3) 신비한 진리를 이미 알고 있는 사물들과 비교함으로써 알게 해 준다(마 13:11).
(4) 관심 없는 청중들에게 진리를 감추고 내심 반역케 한다(마 13:11-15).
(5) 진리를 사랑하는 자들에게는 진리를 더하게 하고 더욱 사모케 한다(마 13:12).
(6) 진리를 미워하고 원지 않는 자들에게는 그것을 빼앗는다(마 13:12).
(7) 구약의 예언을 성취케 한다(마 13:14-17, 35).[120]

예수의 비유 사용은 청중에게 진리에 대한 관심과 흥미를 유발시키고 보다 잘 이해되도록 한다. "예수는 대부분 구약으로부터 끌어온 그리고 당시 모든 사람들에게 친숙했던 여러 은유들을 사용했으나 결코 알레고리를 만들지는 않았다."[121] 오히려 그의 비유들은 우리를 일상생활속으로 이끌고 간다. "예수의 비유들의 그림같은 묘사는 팔레스타인의 일상

---

118) 신성종, 『신약신학』, 83. "나는 선한 목자라"(요 10:11), "내가 참 포도나무요"(15:1), "나는 양의 문이라"(10:7), "내가 곧 생명의 떡이니"(6:35), "내가 곧 길이요 진리요 생명이니"(14:6) 등등이다.
119) Robert H. Stein, 『비유해석학』, 오광만 역 (서울: 도서출판엠마오, 1990), 29-34.
120) Annotated Reference Bible (Lawsenceville: Dake Bible Sales Inc., 1963)
121) Jeremias, Parables, 88-89.

생활로부터 끌어온 것이다."[122] 그러므로 예수의 비유들은 대부분 당시 생활습관들 속에서 생생히 경험하며 이해될 수 있는 것들이었다.

씨뿌리는 비유에서 씨앗들은 길가에, 혹은 돌밭에, 혹은 가시떨기 위에 떨어지며 어떤 것들은 좋은 땅에 떨어져 많은 결실을 한다고 하였다.[123] 군중들은 예수님을 만나러 오는 길에 아마 농부가 씨뿌리는 모습을 쉽게 볼 수 있었을 것이다. 당시 농업은 비교적 간단하였다. 농부는 무더운 여름철이 끝날 무렵 밭에 나가 보리 씨앗을 뿌린다. 그리고 씨앗을 덮기 위해 쟁기로 갈아 젖힌다.[124] 씨뿌리는 농부가 씨를 뿌리면서 앞서 가면, 그 뒤를 가족 중의 다른 사람이나 혹은 종이 쟁기를 가지고 곧 바로 뒤따라 다닌다.[125] 또 당시 팔레스타인에는 도로라는 것이 거의 없고 극히 중요한 곳까지 이어지는 몇 개뿐이었으며 여행을 도보나 나귀 혹은 낙타로 했으므로 좁은 오솔길이면 충분했는데 농부의 밭에도 이런 길이 흔히 있었을 것이다. 농부는 씨앗은 뿌리지만 길은 밭갈이를 하지 않고 버려둔다.[126]

예수께서 밭에 숨겨진 보화를 발견한 사람의 비유에 대해서도 말씀하셨다(마 13:44). 이 비유의 당시 배경은 아래와 같다.

고대 팔레스타인에는 전쟁이 매우 잦아서 사람들이 그들의 보화를 그들의 집보다는 밭에 숨겨두었다. 집에서는 도둑이 그 보물을 찾아낼 것이기 때문에 밭이 더 안전했던 것이다. 그러나 전쟁에서 그 주인이 죽었다면 이 비밀은 영원히 아무도 모르게 된다. 그런데 어떤 소작

---

122) *Ibid.*, 11.
123) 마태는 "혹 백 배, 혹 육십 배, 혹 삼십 배"로 표현했고, 마가는 "삼십 배, 육십 배, 백 배"로 올라가며 표현했고, 누가는 "백 배"의 결실 만을 언급했다. 아마 농사에서 일반적으로 백 배의 수확이 평년작이었을 것이며, 이것은 모두 많은 수확을 의미한다.
124) Simon J. Kistmaker,『예수님의 비유』, 김근수·최갑종 역 (서울: CLC, 1986), 37
125) Fred H. Wight,『성지 이스라엘의 관습과 예의』, 김정훈 역 (서울: 보이스사, 1984), 241.
126) *Ibid.*

인이 밭을 쟁기질하거나 땅을 파며 일을 하다가 그 보화를 발견하게 된다. 그러면 그는 그것이 현지주가 숨겨놓은 것이 아니란 사실을 알고 그 밭을 주인에게서 사려고 한다. 그렇게 되면 법적으로 이 보화는 그의 것이 될 수 있었다.[127]

예수의 비유들은 대부분 이러한 당시 문화적 배경을 통하여 생생한 실생활의 사실들을 통하여 영원한 진리들을 교훈하신 것이다. 이것들은 모두 커뮤니케이션 원리에 있어서 수신자의 관련 구조를 담고 의사전달을 하고 있는 '설득적 커뮤니케이션'의 예들이라고 볼 수 있다.

주님이 도적이 구멍을 뚫는다는 말씀도 당시 문화 속에서 이해 할 수 있는 이야기다. 당시에 시골의 집들은 주로 굳은 진흙으로 건축하였다. 그러므로 도적들이 벽에 구멍을 뚫고 그런 집들로 들어갈 수가 있었다(마 6:19).[128]

건축자 비유에 대한 마태와 누가의 진술의 차이에서도 수신자 관련 구조를 참고한 커뮤니케이션의 예를 발견할 수 있다. 가끔 갑작스런 폭우로 마른 개울에 맹렬한 물결이 흘러가는 경우를 이스라엘에서는 흔히 볼 수 있다. 소나기로 인한 물결이 급하게 흐르면 종종 지면을 혹심하게 파헤쳐 놓는다.[129] 그러므로 지혜로운 건축자는 반석 위에 택지를 잡았다. 그런데 이 비유에서 마태와 누가는 각각 다른 어휘들을 사용하였는데, 그것은 청중의 다양성으로 설명되어야 할 것이다.[130] 마태는 이스라엘에 살고 있는 유대인 독자들에게 편지를 썼고, 누가는 소아시아와 지중해 연안의 다른 일부 지역에 거주하는 헬라인들에게 복음서를 썼다. 따라서 마태가 기록한 건축자의 비유는 고대 이스라엘에서

---

127) Simon J. Kistmaker, 『예수님의 비유』, 김근수·최갑종 역. (서울: CLC, 1996), 70-71.
128) Simon J. Kistmaker, 『예수님의 비유』, 김근수·최갑종 역. (서울: CLC, 1996), 28.
129) *Ibid.*
130) *Ibid.*, 29.

만연된 건축법을 통해서 기록했는데, 즉 주초를 반석 위에 둔다고 하였다. 팔레스타인에는 이런 반석이 많은데, 예루살렘 성전도 거대한 반석 위에 지어졌으며, 지금도 그 흔적이 남아있는 에돔의 페트라는 길이가 1마일 이상 되는 거대한 반석으로 된 요새요 도시였다.[131] 그러나 누가는 헬라인들의 건축술로 설명하여, 건축자는 "깊이 파고 집의 주초를 반석 위에 놓는다"(눅 6:48)고 하였다. 땅을 깊이 파서 기초를 세우는 일은 지금도 일반적으로 통용되고 있는 건축법이다.

이와 같이 동일한 예수님의 비유일지라도 복음서의 저자들은 그들의 수신자의 문화에 따라 적절하게 다르게 묘사했다. 공관복음서 모두가 그리스도의 삶과 진리를 기록하였으되, 마태는 유대인들을 위해서, 마가는 로마인들을 위해서 누가는 헬라인들을 위하여 기록했으며, 그에 따라, 자신의 수신자들의 문화권에서 이해할 수 있는 양태로 표현했던 것이다.

3. 선교 커뮤니케이션의 시행자

1) 선교 커뮤니케이션에 있어서의 두 갈등

선교 커뮤니케이션에 있어서의 갈등은 주로 문화적 차이에 의해 발생하는 것이다. 그러므로 이 갈등을 극복하기 위해 이제까지 여러 가지 원리들을 소개하였다. 수신자 관련 구조를 통한 커뮤니케이션, 설득적 방법과 선포적 방법에 있어서의 제 원리들이 다 문화적 갈등을 최소화하고 보다 효과적으로 커뮤니케이션하기 위한 시도라고 보겠다.

---

131) *The Zondervan Pictorial Encyclopedia of the Bible*, vol.4(Grand Rapids: Zondervan H. 1980), 740.

선교 커뮤니케이션에 있어서 또 하나의 갈등은 곧 영적 갈등이다. 모든 메시지의 내용을 충분히 전하였다 하더라도 수신자는 결코 이해하지 못할 수 있다는 게 곧 영적인 커뮤니케이션에서 발생하는 문제인 것이다. 예수님도 말씀을 전하였을 때, 유대인들은 이해하지 못하여(마 13:34-36; 요 6:53) 그에게 찾아왔던 인해(人海)의 무리들은 도리어 걸림돌이 되어서 다 떠나가기도 하였다. 사실 유대인들은 고난당하시는 메시아에 대하여 상상할 수 없었다. 그들은 오직 영광으로 오시는 정치적 메시아만 고대하였기 때문이다. 그것은 오늘날까지 나타나는 현상으로 십자가의 도는 멸망하는 자들에게 항상 미련한 것으로 남아 있다(고전 1:18).

여기서 문화 커뮤니케이션의 한계가 드러난다. 이 사실은 "내가 땅의 일을 말하여도 너희가 믿지 아니하거든 하물며 하늘 일을 말하면 어떻게 믿겠느냐!"(요 3:12)라는 말씀에서 극명하게 나타난다. 그렇다면 선교 커뮤니케이션은 어디에 호소해야 하는가? 선교 커뮤니케이션의 종착지(destination)는 인간의 지성이 아니라 영혼이다. 그러므로 아무리 커뮤니케이션의 이론을 따라 그에게 수납되는 진리를 전한다 하더라도 그의 불신앙과 완고한 마음이 변화되지 않는다면 커뮤니케이션은 여전히 갈등으로 남아 있게 된다. 이 갈등을 영적 갈등이라 한다.

이 영적 갈등을 넘어서 그 심령을 변화시키는 메시지가 되게 하기 위해서는 오직 성령의 도움과 역사가 필요하다. 그러므로 우리는 최선을 다하여 인간의 지성과 감성에 호소하여 충격적이고 강력하며 선포적이면서 동시에 설득적인 메시지를 전하여야 하겠지만, 항상 메시지를 준비할 때부터 전파와 반응의 전 과정을 선교 커뮤니케이션의 진정한 수행자이신 성령을 온전히 의존하지 않으면 안된다. 요컨데 영적 갈등은 영적으로 풀어야 한다는 것이다.

2) 선교 커뮤니케이션 수행자로서의 성령

전술한 바와 같이 영적 갈등은 오직 커뮤니케이션의 수행자로서 오신 성령의 조명으로만 극복된다. 사도 바울은 그리스도 안에서 주어지는 구속의 선물은 인간 자신의 지성으로는 보지도 생각지도 못한다는 절대불가의 선언을 한 후, 오직 성령으로 말미암아 그 갈등이 해결된다는 사실을 선언하고 있다(고전 1:18-21). "오직 하나님이 성령으로 이것을 우리에게 보이셨으니 성령은 모든 것 곧 하나님의 깊은 것이라도 통달하시느니라"(고전 2:10) "우리가 세상의 영을 받지 아니하고 오직 하나님께로 오신 영을 받았으니 이는 우리로 하여금 하나님이 우리에게 은혜로 주신 것들을 알게 하려 하심이라"(고전 2:12) 여기서 성령은 지식의 영이다. 그는 "모든 것 곧 하나님의 깊은 것이라도" 통달시는 전지하신 하나님의 영이시다. 12절에서 "알게 한다"는 단어는 헬라어 "ειδωμεν"(에이도멘)을 사용하였는데, 사전적 의미는 "see, perceive, feel, become aware, notice" 등의 의미를 갖고 있으며, 이를 NIV와 RSV는 "understand"로 번역하였다. 즉 성령은 하나님이 우리에게 베풀어 주신 유무형의 모든 선물들을 오해나 갈등이 없이 수납되게 하시는 분이시다. 사람들은 그리스도에 대해 알지 못하였거나 오해하였다. 심지어 사도들까지도 그러하였다. 그러나 이제 "성령으로 말미암아 믿는 자들은 하나님의 능력과 지혜로 그리스도를 알게 된 것이다."[132] "성령은 그리스도를 경험적 산 신앙으로 체험하도록 인간의 마음에 역사한다. 성령은 역사적 그리스도를 영혼에 적용시킨다."[133]

성령은 또한 하나님의 계시수행자로서, 그 계시수행 과정에서 아

---

132) F. W. Grosheide, The First Epistle to the Corintians, in The New International Commentary or the New Testament (Grand Rapids, Michigan: Wm. B. Eerdmans c., 1984), 71.
133) 채은수, 『선교학 총론』, (서울: 기독지혜사, 1991), 467.

버지와 아들의 주권에 순응하신다. 마태복음 11장 25절에 "천지의 주재이신 아버지여, 이것을 지혜롭고 슬기로운 자들에게는 숨기시고(εκρυψας, 에크루파스) 어린아이들에게는 나타내심을(απεκαλύψας, 아페칼루파스) 감사하나이다"[134]라는 말씀에서 계시하거나 숨기시는 주권이 하나님께 있음을 말씀하고 있다. 27절에서도 "아들과 또 아들의 소원대로 계시를 받은 자 외에는 아버지를 아는 자가 없느니라"고 하였다.

이 커뮤니케이션의 수행에 있어서 성령은 복음의 메신저 자신에게 먼저 능력(행 1:8)과 표현력(행 4:13)과 큰 확신(살전 1:5)을 주신다. 그러므로 성령 충만한 가운데 메시지를 전하면 메시지가 짧은 언어로 정곡을 찌르게 된다. 성령의 은혜가 강하게 임하면 말씀이 영혼의 중심부에 역사하여 영과 혼과 골수를 찔러 쪼갠다. 그러므로 메신저는 오직 성령의 도구로 쓰임받기를 위하여 자신을 최선을 다해 준비시켜야 한다.

---

134) '에크루파스'(εκρύπας)는 '크룹토'(κρύπτω)의 부정과거 동사, '아페칼립스'(άπεκαλύψς)는 '아프칼립토'(απκαλύτω)의 부정과거 동사로 전자는 확실히 숨긴다는 사실을, 후자는 확실히 나타낸다는 사실을 극명하게 대조시키고 있다.

너는 말씀을 전파하라
때를 얻든지 못 얻든지 항상 힘쓰라
범사에 오래참음과 가르침으로 경책하며 경계하며 권하라
(딤후 4:2)

제7장
바울선교의 상황화

하나님의 선교 커뮤니케이션 방법에 대한 연속으로, 바울선교의 상황화를 다루는 것이 필요하다고 생각한다. 왜냐하면 바울은 기독교 선교의 1호로 가장 큰 업적을 남겼으며, 특히 유대교의 범주안에 머물던 기독교를 그레코 로망 세계에 전파하여 다수종교가 되게 하는데 중요한 역할을 한, 기독교 선교에서 많은 면에서 훌륭한 모델이 되기 때문이다. 그래서 본 장에서 별도로 다루고자 하였다.

1. 의식의 상황화

본 장에서는 바울의 의식의 상황화를 이해하기 위하여 사도행전 15장에 예루살렘회의의 결정사항에 대하여 살펴보고, 여기서 야기된 문제에 대하여 종합하면 첫째, 관습의 문제- 폴힐이 말한대로 이제까지 유대인들은 이방인 개종자들에게 할례를 포함한 모세의 규례들을 지키도록 요구해왔듯이 앞으로 예수를 믿게 되는 이방개종자들도 모두 당연히 그렇게 해야 한다는 것이다.[1] 둘째, 도덕성의 문제- 이방인들은 성적 타락과 역리적인 생활, 우상숭배, 동물의 피까지 먹는 등 잔인성 등 행위가 불경건하였으며, 기독교 공동체의 타락의 위험을 초래할 수 있다고 보았다.[2] 그러므로 그들을 올바른 그리스도인들로 훈련하기 위하여 과거의 의식들이 그들에게 엄격하게 지켜져야 한다는 것이 할례당들의 주장이며, 삶의 변화는 그런 것이 아닌 성령의 인도를 받는 삶으로 가능하다는 것이 바울의 입장이다(갈 5:22, 23).[3] 셋째, 신학적인 문제- 유대주의 신자들의 주장에 대해 나중에 바울은 갈라디아서에서 이신칭의 교리를 주장하면서 칭의와 구원은 할례와 율법준수를 통해서가 아니라 오직 그리스도를 믿음을 통해 얻어지는 것임을 증거하였다. 그러므로 행 15:1,2의 문제는 신학적인 문제를 포함한다. 그러한 문제들을 해결하기 위해 예루살렘 공회의를 소집하게 되었다.

예루살렘의 사도와 장로들이 이 일로 모여 많은 변론 후에 베드로가 자신의 영적 체험을 통하여 유대인이나 이방인이나 동일하게 주 예수의 은혜로 구원받는 줄을 믿는다고 하였다(15:7-11). 이어서 야고보가 아모스 9장 11,12절을 인용하여 이방인들이 주께 돌아오는 예언의 성취를 언급하면서 이방인 개종자들을 위하여 네 가지 금지사항을 제안함으로써 회의는 종결되었다(15:13-21).

그런데 예루살렘공회(주후 49/50)가 있은 후 오랜 시간이 지난 뒤 주후 60-62년경 바울이 쓴 골로새서를 보면(골 2:16-19, 23; 롬 14:5) 바울은 예루살렘공회가 지정한 규례들을 주장하여 중도노선을 택하지 않고, 보다

---

1) John B. Polhill, *Acts in The New American Commentary* (Nashville, Tennessee: Broadman, 2001), 320.
2) F. F. Bruce, *the Book of Acts, The New International Commentary on the New Testament* (Grand Rapids, Eerdmands, 1984), 328.
3) 이 주장이 행 15:1, 2에서는 나타나 있지는 않지만, 필자의 견해로는 갈라디아서의 바울의 가르침을 볼 때, 율법적 삶과 대조되는 것은 그리스도안에서 성령을 통한 자유의 삶이라고 이해한다.

신학적이고 영적인 입장 즉 그리스도 안에서 의식들의 성취란 점과 외적 의식의 참된 의미는 거듭남이란 점을 강조하였다.

이와 같은 바울의 입장을 볼 때, 우리는 바울이 새로운 어떤 상황화된 의식을 제정하려고 한 것은 잘 보이지 않는다. 오직 바울은 그리스도 안에서 성취된 구원을 드러내고 그것을 통해서 영혼들을 구원하는 것에 최고의 관심을 가졌다.

바울의 노력과 예루살렘공회의 주요공헌은 무엇인가? 유대의 율법주의에 갇혀있던 복음을 자유화함으로써 헬라세계에 쉽게 어필하도록 적절하게 상황화하였다는 점이다. 주후 70년 이후 유대교 그리스도교는 점점 쇠퇴해져서 3세기 경에는 자취를 감추게 되었으며, 유대교는 소수종교로 계속 유지했고, 헬라세계에 상황화된 기독교는 새로운 종교로서 로마의 다수종교로 성장하게 된다.

새 포도주는 새 부대에 넣어야 한다. 새 시대와 새 문화에 적절한 의식의 상황화의 노력은 늘 새롭게 시도되어야 한다.

2. 바울의 메시지 전달에 나타난 상황화

1) 바울의 설교에 나타난 상황화

누가는 사도행전에서 바울이 했던 여덟 개의 설교를 싣고 있다.[4] 처음 네 개는 구약주제를 해설한 설교(preaching)였으며 다음 네 개는 자신

---

4) 그는 네 개의 설교와 네 개의 연설로 구분하였는데 다음과 같다. **네 개의 설교**: ① 안디옥회당에서의 설교, ② 루스드라에서의 설교, ③ 아덴에서의 설교, ④ 밀레도에서의 마지막 설교. **네 개의 연설**: ① 예루살렘에서의 연설, ① 공회 앞에서 행한 변증, ② 벨릭스 앞에서 행한 변증, ③ 베스도와 아그립바 앞에서의 변증.

을 변호한 연설(speaking)였다.[5] 이 가운데 필자는 선교현장에서 특징을 달리하는 첫 세 개의 설교를 택하여 고찰하면서, 첫째, 청중, 둘째, 메시지의 본질적 요소, 셋째, 메시지의 상황적 요소를 간추려 보면 다음과 같다.

(1) 비시디아 안디옥에서의 설교(행 13:13-43)

제1차 선교여행에서 바울은 바나바와 함께 비시디아 안디옥에 이르러 안식일에 그 곳의 회당에서 모인 청중에게 설교하였다.

① 청중분석

안디옥은 남갈라디아의 아주 중요한 도시였으며, 그리스, 로마, 오리엔탈, 부르기아의 전통을 포함하고 있었고, 이 도시에 꽤 많은 유대인 주민들이 있었고[6] 회당이 있었다. 안디옥회당에 모인 회중은 혼합적이었다. 근본적으로 유대인들과 유대교로 입교한 헬라인들의 그룹이었다. 이 유대인들은 유대에 사는 유대인들과는 달랐다. 안디옥의 유대인들은 팔레스틴 유대인들의 협소한 부류와는 아주 다를 수밖에 없었고, 그들은 그리스어를 말하였으며, 자유로이 이동하고 자유경쟁이 이

---

[5] J. E. Adams, 『바울의 설교에 나타난 청중에의 적응』 정양숙 역 (서울: 기독교문서선교회, 1999), 11, 12. 아담스는 바울의 설교에 관한 연구에서 후자인 바울의 연설들도 연구에 포함시키면서, 그 이유를 바울은 법정을 단지 변호만을 위한 곳으로 여기지 않았고, 선교사로서 그의 메시지를 제시하는 기회로도 생각했기 때문에 그의 변호들 속에는 많은 설교적 요소들이 포함되어 있다고 하였다. 그러나 J. B. 폴힐(John B. Polhill)은 좀 더 엄격하게 사도행전에서 바울이 선교여행에서 행한 설교들을 세 편만 언급하고 있다. 첫째는 비시디아 안디옥 회당에서의 설교(13:16-41), 둘째는 아덴의 아레오바고에서의 설교(17:22-31), 셋째는 밀레도에서의 그리스도사역자들 앞에서의 설교(20:17-35)라고 하였다. John B. Polhill, 422. 이들의 차이가 나는 것은 아담스는 사도행전에서 바울이 행했던 설교 혹은 연설을 모두를 대상으로 하여 연구했고, 폴힐은 선교여행 도중에 행한 것들만 연구했기 때문이다.

[6] Mal Couch, ed., *A Bible Handbook to the Acts of the Apostles* (Grand Rapids: Kregel, 1999), 308.

루어지는 헬라적 자율정치의 도시에서 성공을 누렸다.[7] 그들은 종교적으로는 예루살렘보다 더 순수하였으며, 문화적으로는 보다 더 헬라화된 자들이었다. 이 유대인들의 신앙과 생활은 많은 이방인들에게 매력적으로 보였고, 따라서 적지 않은 개종자들을 얻어냈다. 고대세계에서는 모두 다신론 사상을 가지고 있었으므로 오직 한 분이신 창조주 하나님에 대한 예배는 강력한 호소력이 있었다. 요세푸스에 의하면, 매우 많은 유대인들이 살고 있는 안디옥에서는 대단히 많은 헬라인들이 그들의 예배에 매력을 느꼈으며 어떤 사람들은 유대인 공동체에 가담하였다. 회당에 모인 구성원들은 순수한 유대인들, 개종자들(proselytes, 할례받아 유대교로 입교한 이방인들), 경건한 사람들(God fearers, 할례를 받지는 않았으나 유대교 예배에 참석하는 자들)이었다.[8]

그들은 모두 유대교의 유일신 사상, 윤리적인 표준들, 70인역, 회당예배 등 유대주의의 사상과 토양으로 준비된 사람들이었다. 즉, "이들은 구약성경의 교훈을 이미 받아왔고, 따라서 복음화 되기에 비옥한 땅이었다고 본다"[9]. 그 이방인들은 영적인 일들에 민감성을 가진 자들이었다.[10]

② 설교의 본질적인 메시지

제임스 보이스(James M. Boice)에 의하면 바울은 그의 설교를 네 부분으로 조직했는데, 첫째, 구약의 케리그마(kerygma)를 언급하고, 둘째, 신약의 케리그마를 진술하였으며, 셋째, 지지되는 성경 본문들을 선택하였고, 넷째, 복음의 선포를 했으며, 결론으로 만일 복음을 무시한다면

---

7) Ben Witherington III, *The Acts of the Apostles in A Socio-Rhetorical Commentary* (Grand Rapids: Eerdmans, 1998), 405.
8) Michael Green, 『초대교회 복음전도』, 박영호 역 (서울: CLC, 1977), 33.
9) James M. Boice, *ACTS in Expositional Commentary* (Grand Rapids: Baker, 1997), 237.
10) *Ibid*.

심판이 올 것이라는 경고를 하였다.[11] 그리고 안디옥 회당에서의 설교는 초기 유대인 기독교회의 전형적인 케리그마가 반영된 설교였다고 본다.[12]

마이클 그린은 C. H. 다드(C. H. Dodd)를 인용하여 신약성경 자료의 세 영역- 사도행전의 설교들을 포함한 초기 크리스천의 설교, 마가의 복음서에서의 케리그마, 바울과 요한의 기록들 가운데 있는 복음의 요약-을 연구한 결과, 초대교회의 복음전파에 고정된 양식 또는 핵심(core)이 있었음이 증명되었다고 소개하였다. 그리고 그 고정된 양식은 다음의 여섯가지 사항을 포함한다. ⓐ 세례요한의 사역을 통해 메시야 약속의 성취시대가 도래했다는 것이다. ⓑ 그것은 예수의 사역과 죽음과 부활을 통하여 이루어졌다는 것, ⓒ 부활에 의하여 예수가 새로운 이스라엘의 머리로서 하나님의 우편에 올랐다는 것, ⓓ 교회에서의 성령은 그리스도의 능력과 영광이 임재하는 표시하는 것, ⓔ 메시아의 시대가 예수의 재림을 통하여 곧 절정에 도달한다는 것, ⓕ 케리그마는 항상 회개에의 촉구, 사죄와 성령의 부여, 구원의 약속, 즉 공동체에 들어갈 자들에게 도래할 시대의 생명의 약속으로 끝난다는 것 등이다.[13] 안디옥 회당에서 행한 바울의 설교는 그러한 초대교회의 케리그마를 선포한 전형적인 예라고 볼 수 있는데, 이 메시지의 전개과정에서 나타난 내용을 보면 다음과 같다.

첫째, 서론에서 구주이신 예수를 소개했다(23절).

이 말씀[14]은 서론의 끝말로서 바울이 전할 메시지의 내용을 소개한다. 또한 "이것은 케리그마(kerygma)의 요약이다."[15] 바로 하나님의 약속

---

11) *Ibid.*
12) *Ibid.*
13) Michael Green, 『초대교회 복음전도』, 103.
14) "하나님이 약속하신대로 이 사람의 씨에서 이스라엘을 위하여 구주를 세우셨으니 곧 예수라"(13:23)
15) Michael Green, 『초대교회 복음전도』, 103.

대로, 다윗의 씨에서 이스라엘을 위하여 구주를 세우셨는데, 그가 곧 예수이며 바울은 내가 이 예수를 너희에게 말하겠다는 취지를 알리고 있는 것이다.

둘째, 예수의 죽음과 부활의 과정을 사실적으로 묘사했다(26-31절).
"이 구원의 말씀을 우리에게 보내셨거늘." 여기서 바울은 예수를 가리켜 "구원의 말씀"이란 완곡어로 표현하고 있다. 이어서 예루살렘에 사는 자들과 관원들이 예수와 선지자들의 말을 알지 못하므로 예수를 정죄하여, 죽일 죄를 찾지 못하였으나 빌라도를 통하여 나무에 달아 죽였다고 증거한다(27-28절). 그리고 장사지낸 바 되었으며(29절) 하나님이 죽은 자 가운데서 저를 살리셨으며, 갈릴리로부터 예루살렘에 올라간 사람들에게 여러 날 보이셨으니 저희가 그의 증인이라고 말한다(30-31절).

셋째, 결론으로서 복음의 요점을 선포하며 사람들의 응답을 호소한다.[16]

③ 설교의 상황적 요소들

다음으로 메시지를 청중에게 적절하게 하기 위해 사용한 커뮤니케이션의 형식과 기술들에 관해 살펴 보겠다. 바울의 청중은 전술한 바와 같이 비시디아 안디옥의 회당에 모인 "이스라엘 사람들과 유대교에 입교한 경건한 헬라인들"이었다(43절). 그들은 구약성경에 익숙한 사람들이었고, 구약의 약속인 그리스도를 기다리고 있는 회중들이었다. 이 청중에게 바울은 어떻게 접근하였는가?

첫째, 청중을 정확히 파악하고 적절한 호칭을 사용하였다.
그는 회당에 모인 두 범주의 사람들을 정확히 알고 그들의 주의를 끌기 위해 서두에서 "이스라엘 사람들과 하나님을 경외하는 이방인들아. 들으라"(13:16)라고 시작하였으며, 그리스도를 소개하면서 다시 "형제

---

16) "너희가 알 것은 이 사람을 힘입어 죄사함을 너희에게 전하는 이것이며,…이 사람을 힘입어 믿는 자마다 의롭다 하심을 얻는 이것이라"고 증거하고 있다(38, 39절).

들 아브라함의 후예와 너희 중 하나님을 경외하는 사람들아"(13:26)라고 불렀다. "이스라엘 사람들"은 출생에 의해 유대인된 자들과 개종에 의해 유대인된 자들이며, "하나님을 경외하는 자들"은 하나님을 경외하는 이방인들을 가리킨다.[17] 이들은 당시 회당에 모이는 자들의 핵심그룹이었다. 그런데 결론에서 그는 "형제들아"(38절)라고 불렀다. 서두의 호칭은 그 청중을 있는 그대로 묘사한 것이며, 후자는 청중에 대해 자기를 동일시한 표현이다. 그 자신도 함께 하나님을 경외하는 백성가운데 한 사람임을 나타내는 것으로 메시지를 호소하기 위해 사용한 상황적 표현이다.

둘째, 말하는 동안 서있는 자세를 취함으로써 관습에 적응했다(16절). 데이비드 스미스(David Smith)에 의하면, 당시 헬라의 웅변가들은 서서 연설하였으며, 유대선생들은 앉아서 가르쳤는데,[18] 그는 유대선생처럼 하지 않고 헬라의 선생들처럼 말하는 동안 줄곧 서 있었다고 한다.[19] 그러나 브루스(F. F. Bruce)는 이스라엘 아브라함(Israel Abraham)의 주장을 근거로 예수와 바울의 두 회당연설에 대해 이렇게 설명하였다. 누가복음 4장 16절 이하에서 예수는 나사렛회당에서 이사야 61장 1절 본문을 일어서서 읽고 성경을 덮은 후, 앉으신 후 설교했다. 바울은 어떤 본문을 읽고 설교했는지는 알 수 없으나 일어서서 설교했다. 이스라엘 아브라함에 의하면, 두 사람의 회당설교가 예수는 앉아서 설교했고 바

---

17) Michael Green, 『초대교회 복음전도』, 33.
18) 복음서에서 예수께서 가르치실 때, 앉아서 무리들에게 가르친 예들을 자주 발견하는데, 그것은 예수가 유대인들에게 랍비와 같이 접근하였음을 나타내 준다. 예수께서 열 두 제자들과 함께 앉으셔서 말씀하신 것(마 24:3; 26:2; 막 9:35; 눅 22: 14)은 소그룹을 상대하므로 앉는 자세가 자연스럽지만, 회당에서 회중 앞에서나(눅 4:20) 성전에서 자기 앞에 나아온 많은 사람들("백성이 다 나오는지라"요 8:2, 막 12:41), 해변이나 산에서 큰 군중 앞에서조차(마 5:1; 13:2; 15:29; 눅 5:3) 앉으신 것은 당시 랍비들의 관습에 따른 것이라고 보아야 할 것이다.
19) David Smith, *the Life and Letters of St. Paul* (New York: George H. Doran Company, 1984) 92. 히브리인의 방법에 대한 성경적 예는 눅 4:16-20에 나와있다.

울은 서서 했는데, 그것은 예수의 설교는 읽은 성경본문에 대한 주석이었으며, 반면에 바울의 설교는 권면이었기 때문이라고 설명하였다.[20] 그러나 이스라엘 아브라함의 주장은 예수의 다른 설교들의 예와 비교해 볼 때 설득력이 없다. 왜냐하면, 예수는 성전에서, 산에서, 바닷가에서 큰 무리 앞에서 성경본문을 읽지 않고 설교하였지만 모두 앉아서 설교하셨기 때문이다(마 5:1; 13:2; 15:29; 요 8:2, 막 12:41; 눅 5:3).

그러므로 설교자세에 있어서 예수와 바울의 앉음과 일어섬의 차이는 성경본문을 기초로 한 주해냐 권면이냐에 있는 것이 아니라, 당시 사회의 관습에 따른 태도였다고 이해해야 한다. 비시디아(남갈라디아) 안디옥의 디아스포라 유대인들은 종교적으로는 여전히 유대인이었지만, 한 편 문화적으로는 헬라도시의 시민이었으므로[21] 이런 외적인 스타일은 헬라적으로 따랐을 것이다. 바울은 디아스포라 유대인 회당의 습관을 익히 알고 있었으며, 그에 적절한 행동을 취한 것이다.[22]

셋째, 그는 제스처를 사용하여 설교하였다.

누가는 16절에서 바울이 설교를 시작할 때 한 제스처를 특별히 언급하였는데,[23] 벤 위더링턴(Ben Witherington, III)은 디아스포라 회당에서 발견된 이 바울의 제스처 사용을 주목하며, 아마 누가가 바울을 사도행전에 나타난 바울의 첫 중요한 토론에서 위대한 연사로 묘사하려는 의도가 있다고 하였다.[24]

---

20) David Smith, *the Life and Letters of St. Paul* (New York: George H. Doran Company, 1984), 92. 히브리인의 방법에 대한 성경적 예는 눅 4:16-20에 나와 있다.
21) Ben Witherington, III, *The Acts of the Apostles in A Socio-Rhetorical Commentary*, 405.
22) 강승삼은 선교사가 새로운 문화권에 들어가서 그들의 가치기준과 사회구조를 연구하는 방안을 일곱가지로 제시했는데, 그 가운데, 하나는 그 종족의 그룹행동과 활동들을 관찰하고 적절하게 행동하는 것이라고 하였다. (1) 그들의 일상 일정표와 생활양태가 어떠한가? (2) 그들이 왕래하며 주고받는 예의범절은 어떠한가? 즉 그들의 인사예절, 선물을 주고받는 것, 관리들을 수용하거나 거절하는 것 등이다. 강승삼, "문화와 문화적응"『선교를 위한 문화인류학』한국복음주의 선교신학회 편 (서울: 이레서원, 2001), 21.
23) "바울이 손짓하여 말하되"(Paul mentioned with his hand)
24) Ben Witherington, III, *The Acts of the Apostles in A Socio-Rhetorical Commentary*, 407.

회중 앞에서 제스처를 사용하는 것은 성경을 진지하게 낭독했던 유대의 전통이라기 보다는 수사학과 웅변이 발전했던 헬라적 전통이라고 보여진다. 헬라의 연사들이 제스처를 사용했다는 근거는 데모스테네스에서 발견된다. 플루타르크는 데모스테네스가 웅변가로서 새내기였을 때에 관한 기록에서, 데모스테네스가 거울 앞에서 제스처를 연습했다는 내용을 담고 있다.[25] 물론 우리는 바울이 스스로를 헬라의 연사로 자처한 것은 아니라고 본다. 그러나, 복음을 선포함에 있어서 헬라 문화에 익숙해있던 청중을 대함에 있어서 일반적으로 헬라의 교사들이 제스처를 사용했다면 그도 그렇게 하였을 것이다.

넷째, 세례요한과 성경저자들 등 인정된 권위를 이용하였다.

그는 세례요한의 예수에 대한 증언(24-26절)과 시편의 다윗의 글을 통해 예수의 죽음과 부활을 증거했다(3-35절). 세례요한은 오랫동안 메시아를 기다려오던 이스라엘 민족공동체에, 특히 유대인 디아스포라에 멀리까지 퍼졌을 것이다.

더 나아가 바울은 네 개의 구약성경 텍스트들(시 2:7; 16:10; 사 55:3; 합 1:5)을 인용함으로써 하나님이 예수 그리스도를 통하여 성취하신 것을 지지하고 있다).[26] 여기서 인용된 구약구절들의 텍스트는 무엇이었는가? 사도행전의 헬라어 본문과 인용한 구약의 70인역 본문을 비교해 보면 33절은 70인역 시편 2편 7절과 일치하고, 34절은 70인역 이사야

---

[25] 『플루타르크영웅전 선집』, 이성규 역 (서울: 현대지성사, 1998), 208-211.
데모스테네스가 연사로서 새내기 시절에 한 집회에서 연설한 후 청중들의 반응이 좋지 않았을 때, 친구인 연극배우 사티로스에게 하소연한다. 사티로스는 데모스테네스가 외운 긴 구절을 필요한 대목마다 알맞은 표정과 몸짓을 섞어가며 구절을 외웠을 때 너무나 아름답게 들렸다고 한다. 그 날 이후 데모스테네스는 지하실을 만들어 그 안에 들어가 웅변에 필요한 표정과 몸짓, 발성법 등을 익혔다. 플루타르크는 또한, 팔레론 사람 데메트리오의 말을 인용하여, 데모스테네스는 자신의 말을 더듬는 약점을 고치기 위해 조약돌을 물고 연설하였으며, 집에서는 커다란 거울을 바라보며 자신의 몸짓을 바로 잡았다고 기록하고 있다.

[26] James M. Boice, *ACTS in Expositional Commentary*, 240.

55장 3절과 일치하며, 35절은 70인역 하박국 1장 5절을 일부 선택하여 인용한 것을 볼 수 있다.

이처럼 70인역을 정확하게 인용한 것은 당시 70인역이 회당에서 널리 읽혀지고 있었으며, 바울이 설교에서 정확하게 구약을 인용했는지는 알 수 없으나, 누가가 기록할 때, 역시 당시 통용되던 70인역을 사용하여 인용했다고 본다. 이것은 70인역에 익숙해 있었으며, 구약을 여호와 하나님의 말씀으로 받아들이고 있던 회당 공동체의 유대인들과 개종한 헬라인들에게 가장 적절하게 접근된 방식이었다고 본다.

다섯째, 구약의 역사를 인용하였다.

애굽에서의 노예생활과 가나안 정착시대, 다윗에 대한 기록은 회당에 모인 자들이면 누구나 익숙하게 알고 있는 내용이었다. 이스라엘 아브라함에 의하면, 바울의 권면은 유대의 설교구조의 입장을 따른 것인데 스데반의 변증과 마찬가지로 주로 역사적 회고(historical retrospect)의 형태로부터 시작하는 것이다. 즉 그의 조상들을 택하시고 출애굽을 통해 백성을 인도해 내심부터 다윗과 왕국의 설립에 이르기까지 하나님이 그의 백성 이스라엘을 다루시는 과정을 개괄하였는데,[27] 라이트(Wright)와 다른 이들은 구약의 케리그마는 다윗왕에서 클라이맥스를 이루는 곳에서 끝난다고 생각하였다.[28]

여섯째, 헬라의 수사학적 권면 순서를 따라서 설교했다.

바울은 손을 들어 제스처를 하며 권면적이며 노련한 형태의 수사학적 형태로 설교했는데, 그 내용은 수사학적으로 다음과 같이 구분 되는 것이었다.[29] ㉠ 엑소르디움(*exordium*) 또는 프로엠(*proem*)(6절) ㉡ 나라티오(*narratio*)(17-25절) ㉢ 프로포시티오(*propositio*)(26절) ㉣ 프로바티오 오프

---

27) F. F. Bruce, *Acts in NICNT* (Grand Rapids: Eerdmans, 1984), 271.
28) J. M. Boice, *ACTS in Expositional Commentary*, 238.
29) Ben Witherington Ⅲ, *The Acts of the Apostles in A Socio-Rhetorical Commentary*, 407.

프로포시티오(*probatio of propositio*)(27-37) ⓑ 페로라티오(*peroratio*) 또는 *final exhortation*(38-41). 수사학은 고대 헬라-로마의 가장 기본적인 교육의 내용이었으며, 크게 권면적 수사학, 법정적 수사학, 시위적 수사학이란 세 유형이 있었는데, 이 세가지 유형의 수사학은 그 목적을 보다 효과적으로 달성하기 위해 일반적으로 여섯 가지의 구성요소들을 갖고 있는 것으로 간주된다. 엑소르디움(*exordium*), 나라티오(*narratio*), 디그레시오(*digressio*), 프로포시티오(*propositio*), 콘피르마티오(*confirmatio*), 페로라티오(*peroratio*).[30] 이것은 모든 수사학적 연설문이 이 여섯가지 구성요소들을 기계적으로 갖고 있었다는 것은 아니다. 엑소르디움(*exordium*)은 '이유' 혹은 '설명'을 의미하며 연설문의 도입부분으로 자신이 말하고자 하는 내용에 대하여 청중들의 호감과 관심을 이끌어 내는 것이다(6절). 나라티오(*narratio*)는 '설화' '이야기' 등으로 번역되는데 연설가 자신이 말하고자 하는 내용의 배경을 설명하는 부분이다. 바울은 17-25절에서 구약의 케리그마를 말하므로써 이제부터 말하고자 하는 복음의 배경을 언급했다. 디그레시오(*digressio*)는 '여담'을 의미하며 연설문의 필수적인 부분은 아니며, 청중들로 하여금 자신의 다음 말에 관심과 호감을 갖도록 그 중요성을 청중에게 상기시켜 주는 것인데, 바울은 본 설교에서 이 부분은 빠뜨렸다. 프로포시티오(*propositio*)는 '논제'를 가리키며, 연설가가 청중들에게 말하고자 하는 내용의 가장 중요한 논지를 가리킨다. 26절의 부분으로 바울은 하나님이 "구원의 말씀"을 보내셨다고 소개한다. 콘피르마티오(*confirmatio*) 또는 프로바티오(*probatio*)는 '논증', '증명'을 가리키며 연설문의 가장 중요한 본론을 형성하며 주로 논제를 증명하고 설명하는 기능을 담당한다. 바울은 27-37절에서 예수 그리스도께서 나무

---

30) 장종현, 최갑종, 『사도바울 그의 삶, 편지, 그리고 신학』 (서울: 개혁주의신행협회, 1992), 131-32.

에 달려 죽게된 경위, 그의 죽으심과 부활을 중인들의 증거를 들고, 구약의 예언들을 들어 그 진실성과 당위성을 증거하고 있다. 페로라티오 (*peroratio*)는 '결론'이며 연설문의 가장 마지막 부분을 형성하는데, 연설가가 자신이 말한 주된 논증의 핵심부분을 간략하게 요약하여 청중들로 하여금 자신을 지지하도록 유도하거나 혹은 자신에 동의하여 행동하는 역할을 한다. 바울의 설교에서 38-41절이 이에 해당된다.

우리는 바울이 이와같은 헬라의 수사학적 구조로 설교한 사실을 두 가지 이유에서 설명할 수 있다 첫째, 여러 학자들이 말하는 것처럼 바울은 당시 헬라의 수사학 기술을 어느 정도 알고 있었기 때문이며,[31] 둘째, 당시 갈라디아인들이 익숙히 알고 있었던 연설 구조에 적합하게 하려는 의도가 있었을 것이라고 본다. 바울의 이와같은 설교구성은 헬라문화권에 살던 디아스포라 유대인들과 유대교에 입교한 헬라인들, 회당에 참석하던 경건한 헬라인들에게 듣기에 적절하게 잘 상황화된 것이었음에 틀림없다.

④ 설교의 결과

이 설교는 큰 성공을 거두었다. 폐회한 후에 유대인과 유대교에 입교한 경건한 사람들이 많이 바울과 바나바를 좇았다(행 13:43). 그 다음 안식일에는 "온 성"이 그들의 말을 듣고자 모였다(행 13:44). 두 개의 설교와 그 주간에 가진 토론의 결과로써, 그들이 다시 돌아왔을 때에는 교회를 조직하기에 충분한 결신자를 얻었다.[32]

---

31) 바울이 당대의 헬라수사학에 대한 체계적인 교육을 받았는지는 확신할 수 없으나 바울이 적어도 당대의 수사학 기술을 어느 정도 알았다는 것은 충분히 있을 수 있는 일이다. C. Forbes, Fairweather, Witherington,Ⅲ. 유대인 학자 David Daube는 바울 당대의 유대교가 헬라수사학의 영향을 받았다고 주장한다. 장종현, 최갑종, 177.
32) J. E. Adams,『바울의 설교에 나타난 청중에의 적응』, 25.

(2) 루스드라에서의 설교(행 14:6-16)

바울과 바나바는 이고니온에서 복음을 전하다 유대인들의 핍박을 만나 피하여 루스드라와 더베와 그 근방으로 가서 복음을 전하였다. 루스드라에서 바울은 나면서 앉은뱅이 된 자를 고쳐 주었으며 이로 인해 그들은 바나바와 바울을 제우스와(Zeus) 허마(Hermes)로 알고 제사를 지내려고 하였다.[33] 제우스는 신들 중의 최고신이었으며, 허마 또는 머큐리(Mercury)는 신들 혹은 제우스의 대변인이었다.[34] 그들은 바나바를 제우스와 동일시 했으며, 보다 젊은 바울은 말하는 사람이었으므로 허마와 동일시하였다.[35]

이 때 바울은 옷을 찢고 만류하면서 소리치며 그들에게 설교했다. 사도행전 14장 7절-9절을 미루어 볼 때, 바울은 루스드라에서 들어가면서 어느 시점에 복음을 전하였다. 바울이 전하는 복음을 듣는 자들 가운데 앉은뱅이가 있었으며, 그는 바울의 말에 주의를 기울였고, 바울은 그를 관심있게 보았으며 그가 치료받을 만한 믿음이 있는 것을 보았고,[36] "네 발로 일어서라"라고 외쳤다(14:10). 그러므로 바울은 루스드라에서

---

33) 루스드라 부근에서 발견된 비문에 의하면 제우스에게 봉헌하는 것, 그 옆에 허마의 입상이 조각되어 있다. 또 다른 비문은 제우스의 제사장들을 말하고, 기도를 듣는 자(Hearer. 즉 틀림없이 제우스)와 허마에게 봉헌하는 기록이 있다. 지역적 제우스, 제우스 암펠리테스(Zeus Ampelites)는 부조에서 수염이 난 장로로 묘사되고 있으며, 그의 동료인 허마는 젊은 남자 조력자로 묘사되었다. 청중이 바나바는 제우스로 동일시 하고, 바울을 허마와 동일시 한 것은 두 사람의 역할이 그들의 보기에 제우스와 허마의 부조와 친밀한 유사점이 있다고 생각하였다고 본다. 이 구절은 두 사람 가운데 바나바가 연장자였고, 바울이 최소한 40정도 되었을 것임을 제시해 준다. Ben Witherington III, 422.
34) Hermes('Ηρμης, 헤르메스)는 일반적으로 제우스의 아들과 마이아(Maia) 로 생각되었으며, 그의 역할은 매우 다양하였다. 그는 웅변을 다스렸고 제우스의 메신저였다. 그는 아름다운 외모와 웅변술을 가졌으며, 말(speech)과 전설(legend)의 발명가로 알려졌다. 오늘날 해석학 (hermeneutics)이란 용어는 이 단어에서 유래되었다. ἑρμηνεύω(에르메뉴오)는 "설명하다, 해석하다"라는 헬라어 단어이다. Mal Couch, 315.
35) James Montgomery, Boice, *ACTS in Expositional Commentary*, 255.
36) Ben Witherington III, *The Acts of the Apostles in A Socio-Rhetorical Commentary*, 424. Ben Witherington은 이 책에서 "구원받을 만한"이란 말을 "치료받을 만한"의 의미로 간주하고 있다.

이미 복음을 전하였는데, 누가는 그 내용은 기록하고 있지 않으며, 다만 앉은뱅이를 고친 뒤, 제사하려는 무리에게 한 메시지만 기록하고 있다. 이 설교는 매우 짧으며 바울이 순수한 이방인 청중에게 행한 첫 설교였다는데 의의가 있다.[37] 여기서는 앉은뱅이를 고친 후에 행한 설교에 대해서 고찰해 보고자 한다.

① 청중분석

루스드라에서 바울의 청중들은 교육을 받지 않은 이교도들이었다. 그들은 농부들이었는데, 로마식민지에 있던 로마인 거류민단이 아닌 비로마 시민(incolea)인 원주민들이었고, 교육수준이 낮아 많은 사람들이 미신에 사로잡혀 있었으며, 언어는 두 가지 말을 사용하고 있었다. 즉, 공용어로서 헬라어와 토속어로서 루가오니아 방언을 사용하였다.[38] 뿐만 아니라, 앉은뱅이를 고친 것을 보고 제우스와 허마신이 찾아온 것으로 생각하여 곧 제물을 가지고 제사를 지내려고 한 것을 본다면, 당시 로마와 그리스의 대도시에서 성행하던 '회의주의'가 외딴 이 지역에는 거의 영향을 끼치지 않았음을 알 수 있다.[39] 여기서는 아직 다신교가 성행하고 있었다. 13절의 "소와 화관들"이라는 간단한 묘사를 보아 그들이 축제 행사를 준비하고 있었다는 것을 알 수 있다. 파라(Farar)의 말에 의하면 이 준비와 '축제의식'은 그들이 '제사 후의 잔치'를

---

37) *Ibid.*, 425. Ben Witherington은 이 기록을 인상적인 설교요약이라고 보며, 여러가지 면에서 보다 더 긴 아레오바고설교의 그림자로 본다.
38) 그들은 바울이 사용한 헬라어를 이해하였으나, 흥분하였을 때 루가오니아 말로 되돌아갔다. 행14:11 참조.
39) J. E. Adams, 『바울의 설교에 나타난 청중에의 적응』, 35. 회의주의의 창시자는 피론(주전 320-230)이며, 철학자들을 조롱하면서 이론적 편견에서 벗어나 판단중지를 통한 아타락시아에 이르기를 요구했다. 회의주의의 네 방법은 첫째, 끊임없이 진리를 탐구한다. 둘째, 탐구는 끊임없이 계속하지만 결코 발견하지 않는다. 셋째, 항상 판단을 중지한다. 넷째, 결국 아무 것도 얻지 못한 채 끝난다. Jean-Paul Dumond, 『그리스 철학』, 이광래 역 (서울: 한길크세주, 1999), 152-54.

가지려 했던 것을 보여 준다. 그러므로 이것은 단순한 시골주민들의 동질적인 모습을 보여준다.⁴⁰⁾

"그들의 마음을 끌었던 것은 제우스와 허마가 바로 이 지역에 사는 농민들을 언젠가 한 번 방문한 적이 있었다고 하는 전설이 있었기 때문이었다".⁴¹⁾ 이 이야기는 루스드라에 잘 알려져 있음에 틀림없다. 그러므로 바울과 바나바가 이적을 행했을 때, 그 루스드라 사람들은 틀림없이 제우스와 허마가 돌아왔다고 생각했을 것이다.

② 설교의 본질적인 요소

바울은 루스드라에 진입하면서 복음을 전하였고, 그의 말을 경청하던 앉은뱅이를 명하여 하나님의 능력으로 치유되는 놀라운 경험을 하였다. 이 사실은 극단의 우상숭배라는 형태로 피드백(feedback)되어 돌아왔다. 그들의 이해가 바울이 처음 복음을 전할 때 의도했던 것과는 정반대 방향으로 돌아섰음을 알게 된 상황에서, 바울은 이 우상숭배에 빠져있는 자들에게 무슨 메시지를 전하려고 하였는가?

그것은 곧 창조주 하나님 사상이었다. 그리고 하나님의 섭리와 회개

---

40) J. E. Adams, 『바울의 설교에 나타난 청중에의 적응』, 35.
41) 오비드(Ovid)는 어떤 것으로 변형하는 것에 대한 신화적 이야기들을 모았는데, 그 한 이야기에 의하면 제우스(Zeus)와 허마(Hermes)는 한 번 루스드라 가까운 한 골짜기에 방문했는데 그들은 이 집, 저 집 문을 두드리며 방문했으나 사람들에게 거절당했다. 결국 그들은 한 가난한 사람인 빌레몬(Philemon, 도망간 노예의 주인이자 바울의 친구인 빌레몬과 같은 이름이다)과 그의 아내 바우치스(Baucis)가 살고 있는 집으로 갔으며, 이 노부부는 제우스와 허마를 영접했다. 그들은 그 집에서 밤을 지냈으며, 다음날 아침, 신들은 그 부부를 그 도시를 떠나 산으로 데려 갔다. 산에서 뒤를 돌아보았을 때, 그들은 신들이 홍수를 내리고 모든 사람들을 물로 쓸어 버리는 것을 보았다. 뿐만 아니라 신들은 그들의 가난한 헛간을 번쩍번쩍하는 금지붕으로 된 거대한 신전으로 만들어 주었다. 신들은 그들 부부에게 무엇인가 구하라고 하며 축복해 주고자 했다. 그들은 "우리는 당신들의 제사장이 되어 이 전을 지키기 원합니다. 우리가 끝까지 동반자로서 우리의 생을 다한 후, 우리 둘 다 같은 시각에 죽어서 내가 내 아내의 무덤을 보거나 아내에 의해 내가 묻혀지지 않기 원합니다."라고 구했으며, 그들의 요구는 허락되었다. Ovid, *Metamorphoses* (New York: The Heritage Press, 1961), 267-72.

를 촉구하는 것이었다. 그가 전한 하나님 사상은 다음과 같다.

첫째, 모든 생명의 창조주시다(14:15; 창 1, 2; 시 121:2; 146:6).

만물의 창조주 사상은 구약에서 가장 많이 나타나는 중심 메시지이다. "하늘과 땅과 바다와 그 가운데 있는 만물을 지었다"는 창조의 삼중적 구분은 구약에서 친숙한 것이다(출 20:11; 느 9:6; 시 146:6; 행 4:24; 17:24).

둘째, 영원한 생존자시다(14:16; 시 42:2).

하나님을 만났고 그의 계시를 받았던 사람들은 다 사라져갔지만, 하나님은 모든 세대를 초월하여 영원히 생존하시는 분이다(시 90:1-5).

셋째, 용서와 자비의 하나님이시다(16절).

"하나님이 지나간 세대에는 모든 족속으로 자기 길을 다니게 묵인하셨다"는 말씀은 그들의 행위가 무지가운데 행해졌으며, 책임을 지우기 어려울 정도였음을 암시한다(참고. 17:30하).[42] 그러나, 무지(無知)가 심판을 면할 수 있는 근거가 될 수 있다는 말이 아니라, 하나님은 오래 참으시는 분이시며, 그들의 회개를 기다리며 지금까지 심판을 유보하셨던 자비의 하나님이심을 나타낸다.[43] 그리고 과거에 우상숭배와 온갖 죄악가운데 살았다 하더라도, 이제 하나님께로 돌아오면 그동안의 죄를 허물하지 않고 용납해 주신다는 하나님의 용서와 자비를 암시한다.

넷째, 자증(自證)하시는 분이시다.

"자기를 증거하지 아니하신 것이 아니니" 뒤이어 나오는 말을 통해서 자연계시를 통하여 자기를 증거하시는 분임을 말하고 있다(시 19:1-6).

---

42) Jhon B. Polhill, *Acts in The New American Commentary*, 316.
43) 무지가 심판을 면할 수 있는 근거가 될 수 없다는 것이 성경의 입장이며, 개혁자들의 입장이다. 바울은 "하나님을 알만한 것이 저희 속에 보임이라"(롬 1: 19) 고 하였으며, 하나님의 신성과 능력이 모든 피조물들 가운데 분명히 보여 알게 되기 때문에 저희가 핑계할 수 없다(롬 1: 20)고 하였다. 사도행전 본문에서도 바울은 곧 이어 하나님이 자기를 증거하지 않으신 것이 아니니 자연적 섭리의 사역을 통해 자기를 계시하셨다고 말씀하고 있다(17절).

다섯째, 일반은총을 주시는 분이다.[44]

그러므로 바울은 우상에게서 떠나 자연 계시를 통해서 알 수 있는 살아계신 창조주 하나님에게로 돌아서라는 요지의 메시지를 전하였다. 이러한 신(神)사상은 성경 전체에서 가르치는 창조주 사상이며, 본질적인 메시지이다. 그러나, 여기서 바울은 유대인들의 방해로 인해 17장의 아레오바고에서의 설교처럼 적절한 결론에 도달하지는 못하였다.[45]

③ 설교의 상황적 요소

바울이 이러한 진리를 증거할 때, 청중과의 커뮤니케이션에서 바울이 취했던 두 가지 상황적 요소들을 분석해 보고자 한다.

첫째, 돌발상황에 대해 바울은 유대인적 습관으로 대처했다.

그들이 두 방문자에게 제사하기 위해 성문 앞에서 제우스신전의 제사장과 온 성민이 바울과 바나바앞에 나아와 제사를 할 때, 그들이 하는 일이 무슨 일인가를 깨닫게 되자, 두 사도는 "옷을 찢고 무리 가운데로 뛰어들어가서 소리질러"(행 14:14) 그 일을 만류하면서 창조주 하나님을 전하였다. 이 행위에 대해 F. F. 브루스는 "헬라어로 사람들에게 말하여 저희에게 중지하도록 간절히 촉구하였다"고 평가하였다.[46] 그러나, 옷을 찢고 무리 가운데 뛰어들어가서 소리친 태도로 보아 "간절히 촉구했다"고 보기는 어렵다. "옷을 찢은" 사실은 분노의 표현이며 아담스는 유대주의적 감정표현이라고 지적하고 있다.[47] 그것은 그의 강한 유대와 기독교적 유일신 사상에서 나온 반사적인 행동이었으며, 유대주의적인 습관이 튀어 나왔다고 볼 수 있다. 즉 바울이 옷을 찢었을 때 그는 루가오니아인에게는 루가오니아인이 되지 못했다.[48] 아담스는 여

---

44) "하늘로서 비를 내리시며 결실기를 주시는 선한 일을 하사 음식과 기쁨으로 너희 마음을 만족케 하셨느니라"(창 1:11, 12, 29, 30; 신 11:13-15, 시 104:13-15).
45) Ben Witherington III, *The Acts of the Apostles in A Socio-Rhetorical Commentary*, 427.
46) F. F. Bruce, 『바울신학』, 정원태 역 (서울: CLC, 1987), 176.
47) J. E. Adams, 『바울의 설교에 나타난 청중에의 적응』, 38.
48) *Ibid*.

기서 한 가지 문제를 제기한다. 바울과 바나바의 가장 깊은 목적이 무엇이었느냐는 것이다. 만일 제사 지내는 것을 막는 것만이 그들의 목적이었다면 그들은 청중에게 성공적으로 적응하였다. 그러나, 그들은 선교사로서 보다 더 큰 목표가 있었다. 즉 주민들을 개종시키는 것이었다. 이것은 "살아계신 하나님에게로 돌아서라"고 강하게 권고한 바울의 말속에서 뚜렷이 알 수 있다.[49]

그런 점에서 아담스는 예기치 않은 돌발상황에서 바울과 바나바가 유대주의적으로 분노를 표현함으로 인해 청중에의 적응에 실패했다고 지적한다. 그들의 폭발적인 행동이 바울의 신학적, 문화적 배경으로 보아 이해할 만하지만, 주민들의 입장에서는 매우 실망하였을 것이며 좋은 감정을 무너뜨리는 결과를 낳았다는 것이다. 즉 그들에게는 사도들의 행동이 성스러운 신전에서 제사의식을 거행하려던 자들 앞에서 뜻밖의 소동으로 비춰졌을 것이다. 그러한 분개가 곧 뒤이어 유대인들의 방해가 닥쳐왔을 때, 루가오니아의 상당수의 사람들이 유대인들의 편에 가담하게 된 원인이 되었다고 본다.[50] 여기서 바울과 바나바는 정직하게 행동하였다. 아담스의 견해를 따른다면 바울은 어떻게 했어야 했는가를 제시하고 있지는 않지만, 바울의 태도가 최선은 아니었음을 지적하고 있다. 핸드릭 크레머(H. Kraemer)는 비기독교세계에 대한 복음전도에 있어서 선교사의 성향과 태도를 중요한 접촉점의 하나로 본다.[51] 우리는 바울이 하나님의 권능을 이미 나타낸 마당에서 좀 더 하나님의 사자로서, 신적 권위의 위엄과 사랑으로 그들을 타일렀더라면 보다 좋은 결과를 가져왔을 것이란 생각을 해본다.

---
49) *Ibid.*
50) F. F. Bruce, 『바울신학』, 177-78. 이 때 그는 돌로 크게 맞았으며, 의식을 잃고 쓰러졌다(14:9). 몇 년 후 그는 고린도에 있는 성도들에게 한 번 돌로 맞은 적"이 있다고 말하고 있다(고후 11:25).
51) H. Cramer, 『기독교와 타종교』, 최정만 역 (서울: CLC, 1993), 159.

둘째, 자연계시를 예로 들어 진리를 전하였다.

바울은 구약을 전혀 모르는 루가오니아인들에게 회당에서와 같이 구약을 인용하여 전도하려 하지 않았다. 하나님을 비를 내리고 결실기를 주시며 음식과 기쁨으로 마음에 만족을 주는 일들을 예로 들어 전하였다. 이것은 성경을 알지 못하는 루스드라 사람들에게 좋은 접촉점이 되었다고 본다.

④ 설교의 결과

바울의 복음전파, 앉은뱅이의 일어남, 온 성이 그들을 신으로 모시고 제사하려하는 드라마틱한 전개는 이고니온으로부터 온 유대인들과 합세한 자들에 의해 완전히 반전되고 말았다(19절). 그럼에도 불구하고, 바울의 이적과 설교의 결과로 루스드라에서 믿는 신자들이 발생하였다. 바울은 안디옥과 이고니온에서 온 유대인늘에 의해 돌에 맞아 기절하여 성밖에 내던져졌다. 쓰러져 있는 바울을 "제자들이 둘러섰을 때에 바울이 일어나"(20절)라는 대목에서 바울을 둘러선 제자들은 곧 루스드라의 개종자들일 것으로 보인다. "둘러섰을 때"의 행동이 생략되었지만, 그들이 둘러서서 바울의 치유를 위해 기도했거나 혹은 바울의 몸이나 상처위에 손을 얹었을 가능성을 생각해 볼 수 있다.[52] 그 직후 바울은 현저하게 회복되어 곧 일어나 그 성으로 다시 들어갔다(20, 하반절). 이튿날 바울은 더베로 가서 복음을 전하였으며, 다시 루스드라와 이고니온과 안디옥으로 돌아가서 "제자들의 마음을 굳게하여 이 믿음에 거하라"(행 14:22)고 권하였다. "각 교회에서 장로들을 택하여 금식기도하며 저희를 그 믿음 바 주께 부탁하고"(23절)라는 말씀을 미루어 루스드라에도 교회가 이루어져 지도자를 세웠음을 암시하고 있다.

---

52) Ben Witherington Ⅲ, *The Acts of the Apostles in A Socio-Rhetorical Commentary*, 427. 참조. 그는 이런 사실을 확정할 수는 없지만, 가능성을 질문해 보고 있다.

뿐만 아니라, 이 기간에 믿는 자들 가운데 바울의 유력한 조력자가 된 디모데가 신자가 되었다.[53]

(3) 아덴에서의 설교(행 17:16-34)

바울은 디모데와 실라가 합류하지 않은 상태에서 홀로 아덴에 들어갔으며 아레오바고 가운데 서서 설교하였다. 폴힐은 누가가 아덴에서의 교회설립에 관해 침묵하고 있는데 대해 누가가 그 곳에 바울과 함께 없었을 것이라고 추측한다.[54] 그러나 아덴에서의 설교가 상당히 세밀하게 기록된 것으로 보아 누가가 함께 있었을 것이라고 보는게 더 타당하다고 본다. 주목되는 사실은 그 후에 바울은 고린도에서 18개월간 머물렀으며, 에베소에서는 3년간 사역하였으나 누가는 그 두 곳에서의 설교는 하나도 기록하지 않았다는 점이다. 이유는 헬라문화와 지성의 심장부인 아덴에서 행한 설교문을 이미 기록했기 때문일 것이다.[55]

① 청중분석

아덴에서의 설교의 특징은 그 대상이 루스드라인들처럼 하나님을 믿지 않는 이교도란 점이며, 반면에 교육을 받은 지식인들이었다는 점이다. 에피큐로스 철학자들(Epicureans)은 에피큐로스의 세계관을 따랐는데, 우정, 평화, 미적 명상 등과 같은 절제안에서의 즐거움을 추구하는 자들이었다. 그들은 에피큐로스의 가르침에서 더 나아가 쾌락주의(hedonism)까지 내포하였다. 그 철학은 신들의 존재를 허락하였으나 인간의 삶 속에서 행동하는 이로서는 보지 않았다.[56] 스토아 철학자들은

---

53) 디모데는 루가오니가 원주민은 아니었으며, 헬라인 아버지와 유대인 어머니사이에서 태어난 자였고 그의 외가(外家)는 일찍부터 여호와를 섬겨왔다(딤후 1:5). 그러나, 바울의 루스드라전도 때 그가 기독교로 개종한 듯하다.
54) John B. Polhill, *Acts in The New American Commentary*, 365.
55) *Ibid*.
56) Mal Couch, *A Bible Handbook to the Acts of the Apostles*, 338.

스토아(Stoa)에서 가르쳤던 제논(Zeno of Citium)을 따른 사람들인데, 제논은 특별히 금욕을 가르쳤는데 로마철학자들에게 호응이 좋았다. 그것은 이기적이며 사랑이 없는 범신론적 철학이었다.[57] 그 밖에 초월주의자들(transcendentalists)은 물질 자체는 악하기 때문에 하나님은 물질과 관계할 수 없다고 하였으며, 내재주의자들(immanentists)은 신을 범신론 안에서 세계와 동일시하였다.[58] 따라서 누가가 기록한 아덴에서의 설교의 요점은 교육받은 이교도에게 바울이 어떻게 접근하였는가를 기록한 좋은 예가 된다.

② 설교의 본질적 요소

그의 메시지에 나타난 본질적인 요소는 무엇인가? 그는 하나님께 대하여 이렇게 말하였다.

첫째, 만물의 창조주 하나님이다(17:24-25).

바울은 창조주 하나님은 만유를 지으신 신이며, 천지의 주재시라는 사실을 먼저 선언하였다.(24절) 이것은 성경의 계시에서 가져온 말이다. 지극히 높으신 하나님은 "천지의 주재"시며(창 14:19, 22), "땅과 거기 충만한 것과 세계와 그 중에 거하는 자가 다 여호와의 것"이다(시 24:1). 이 점에 있어서 헬레니즘의 이교사상에 대해 어떠한 양보도 허용하지 않았다[59]. "우주"(κόσμος, 코스모스)라는 용어는 헬라인들에게 친숙한 용어였을 것이다. 그러나 절대자로서의 창조주 하나님 개념은 그들에게 파악되기 어려웠을 것이다. 왜냐하면 그들에게 신은 하늘에서, 자연에서, 인간성에서 발견되어야 할 것이며, 따라서 만유를 창조한 세계 위에 존재하는 유일한 초월자는 전적으로 그들에게 낯선 것이었다.[60]

---

57) *Ibid.*
58) *Ibid.*, 339.
59) F. F. Bruce, 『바울신학』, 253.
60) John B. Polhill, *Acts in The New American Commentary*, 372.

그러나 바울은 그들에게 낯선 진리를 분명하게 선포하였다.

그는 계속하여 하나님은 만민에게 생명과 호흡과 만물을 친히 주시는 자이시라고 하였다(25절). "만민에게 생명과 호흡과 만물을 주시는 자"로서의 신(divinity)은 헬라의 철학과 일치한다. 그러나 철학자들의 범신론과 바울의 유일신론 사이에는 엄격한 차이가 있다. 바울의 모든 진술은 구약사상에 뿌리를 두었다. 생명과 호흡의 수여자는 구약에서 풍부하게 나타난다.[61] 그것은 모든 자연과 인간에 스며있는 내재적 원리로서의 철학적 신개념이 아니며, 피조물과 인간 위에 존재하시는 주권자인 창조주 하나님으로서 성경적 신개념이다.[62]

둘째, 섭리하시는 하나님이다(17:26-27).

이 구절들은 그의 설교의 중심을 형성한다. 이것은 두 개의 강조를 내포하는데, 즉 인간에 대한 하나님의 섭리와 하나님께 대한 인간의 책임을 강조한다.[63] 하나님은 인류의 모든 족속을 한 혈통으로 만드셨다(26절 상반절). 이 언급은 하나님과의 관계에 대한 보편성을 강조한다. 많은 나라들이 있을지라도, 그들은 공통적인 기원을 갖고 창조주 하나님과의 관계에 있어서 하나이다. 바울이 선포한 하나님은 지역적인 신이거나 유대문화의 하나님이 아니다. 그는 온 인류의 유일한 주권자시다.[64] 그는 또한 인생의 연대를 정하고 거주의 경계를 한하셨다(26절). 바울은 그의 피조물에 대한 하나님의 돌봄과 섭리를 강조하고 있다. 바울은 로마서 1장 18-20절과 사도행전 14장 17절에서도 이와 비슷하게 논증하였다. 이방인들을 포함하여 모든 백성들은 피조물에 대한 하나님의 사역을 어느 정도 깨닫게 되었으며, 그것들을 경험하고 있다.[65]

---

61) 시 50:8-15, 사 42:5.
62) John B. Polhill, *Acts in The New American Commentary*, 373.
63) *Ibid*.
64) *Ibid*., 374.
65) *Ibid*.

셋째, 하나님께 대한 인간의 책임이다(27절).

"이는 사람으로 하나님을 혹 더듬어 찾아 발견하게 하려 하심이로되"라는 말씀에서 인간의 창조와 섭리에 대한 하나님의 목적을 밝히고 있다. 하나님은 인생들이 하나님을 찾고 그에게 예배하기를 원하신다. 하나님을 찾는 사상은 구약에서 일반적이다. 그러나 폴힐은 구약저자들의 기록은 하나님을 찾는 일이 항상 언약공동체 안에 요청된 것이라고 한다.[66] 그렇다면 이 문구는 무엇을 말하는가? 이방인들에게 알려지지 않았던 하나님이 이방인들을 부르고 계신다는 것이다.[67]

바울은 이어 그들이 이 하나님의 목적과 요청에 실패하여 우상숭배에 빠졌다고 고발하며(29절) 회개하라는 하나님의 요구를 증거하고 있다(30절). 그분은 우리 각 사람에게서 멀리 떠나 계시지 않는다(27절). 그러나 회개하라고 한 하나님의 요구는 아덴 사람들에게 낯설게 들렸을 것이 확실하다.[68] 스토아 철학이나 헬라종교들에서는 회개의 개념이 없었기 때문이다.

넷째, 초월하시는 하나님이다(24절).

유리피데스는 "건축가가 세운 그 어떤 건물이 사방으로 둘러싼 벽안에 신의 형상을 가둘 수 있겠는가?"라고 반문한 바 있다.[69] 제논(Zeno)과 세네카(Seneca)는 신전들을 경멸하였다. 그러나 대개의 아덴사람들은 그런 것을 문제삼지 않았다.[70] 하지만 바울의 메시지의 이 사상은 구약에서 온 것이다. 솔로몬의 성전낙성식 기도에 나타나 있으며(왕상 8:27), 스데반의 예루살렘 성전의 비판과도 유사하다(행 7:48-50).

다섯째, 심판하시는 하나님이다(31절).

---

66) *Ibid.*
67) *Ibid.*, 375.
68) *Ibid.*, 377.
69) F. F. Bruce, 『바울신학』, 254.
70) John B. Polhill, *Acts in The New American Commentary*, 373.

이 설교의 결론부분에서 회개에 이어 증거된 심판과 예수의 죽음, 부활 등의 사상들은 아덴인들에게 매우 이방적인 것들이었을 것이다. 그러나 그의 가르침은 분명하고 충분하게 전달되었다. 하나님은 한 분이신 참된 신이시며 모든 피조물들에게 알려져야 한다. 모든 사람들은 궁극적으로 하나님 앞에 서야 하며 하나님께 대한 관계에 있어서 심판을 받을 것이다. 하나님은 이 심판을 수행하기 위해 한 사람을 정하셨는데 (17:31), 그 사람은 "인자"이신 그리스도시다 (단 7:13,14). 하나님은 그를 죽은 자 가운데서 부활하시는 이적을 통하여 이 진리를 드러내셨다.[71]

여섯째, 예수의 죽음과 부활이다 (31절).

바울이 전한 부활의 메시지는 헬라사상에 부합되지 않는 것이었으므로 조롱을 불러왔지만 그는 담대하게 증거하였다. 아레오바고 법정이 그 도시의 수호여신인 아데네(Athene)에 의해 건립되었을 때 아폴로가 다음과 같이 확언하였다고 전해진다.

> 흙이 인간의 피를 마셔버리고,
> 인간은, 일단 죽으면
> 부활이란 결코 있을 수 없느니라[72]

그러나 바울은 아덴의 회당과 저자에서 날마다 예수와 몸의 부활을 전하였으며(행 17:18), 아레오바고 법정에서 예수의 부활로 설교의 끝을 맺었다.

③ 설교의 상황적 요소들

앞서 그의 메시지의 본질적인 점을 살펴보았다. 그 가운데는 청중인 아덴사람들과 맞지 않는 이방적인 요인들이 있었지만 그는 그런 진리

---

71) *Ibid.*, 377.
72) Aeschylus, *Eumenides*, 647-648. 이행연구, F. F. Bruce, 『바울신학』, 365.

를 충실하게 증거하였다. 그러나 그는 최대한 청중에 접근하는 방식을 사용했다.

첫째, 청중에게 관련된 종교구조를 사용하여 시작하였다.

그는 그의 회중이 다신론 숭배자들인 것을 알았다. 그러나 바울은 그들을 정죄하지 않고 그들을 향해 "너희가 범사에 종교성이 많도다"(15:22)라고 칭찬조의 말을 하였다. 이 말은 그들의 다신론을 인정해 준 것이 아니라, 그들의 종교적 열심을 인정한 말이라고 본다. 또한 그들의 강한 종교성을 나타내주는 제단에 새겨진 헌정사(알지 못하는 신에게)에서 그들과의 접촉점을 찾았다[73]. 바울이 전하고자 한 창조주 하나님은 다신숭배자가 기대하는 수 많은 신들 가운데 알지 못하는 하나의 신은 아니다. 그러나 바울은 그들의 종교구조를 통하여 하나님과 그리스도를 전할 통로를 발견한 것이다. 그들의 다신론적이며 우상숭배적 종교구조는 마땅히 정죄하고 깨뜨려야 할 대상이지만, 그는 처음부터 그렇게 하지 않았다. 오히려 그것을 이용하여 새로운 신(新)사상, 즉 창조주 하나님과 예수 그리스도의 구원의 소식을 전하였다. 처음부터 그들의 종교구조를 부정하고 새로운 사상을 전하는 것은 지혜롭지 못한 태도임을 나타낸다.

둘째, 익숙해 있는 삶의 근저요소들을 사용하였다.

그는 구약의 사상들을 전하되 결코 구약을 인용하지 않았다. 구약성경에 대해 생소하던 그들에게 구약을 직접 인용하는 것을 피하고 "생명의 호흡"(25절), "혈통"(26절), "연대와 거주"(26절) 등 삶이 뿌리 내리고 있는 일반적인 근저요소들을 예로 들면서 하나님의 창조성과 섭리를 전하였다.

셋째, 헬라의 인정된 권위를 이용하여 진리를 표현하였다.

바울은 아덴에서 자신의 말을 경청하고 있는 사람들은 전혀 알지도

---

[73] *Ibid.*, 253.

못할 구약의 예언들을 인용하지 않았으며, 헬라철학의 여러 학파들의 근거가 되는, 그러한 종류의 기본원리들에서부터 시작하여 쟁론하지도 않았다. 오히려 헬라의 시인들에게서 빌린 인용문을 사용하여 설교하였다."[74] 그리고 헬라의 유명한 시인 에피메니데스의 "그 안에서 우리가 살며 기동하여 있느니라"(행 17:28)[75]라는 시구를 인용하고 있다. 바울이 그레데인인 에피메니데스의 이 4행시를 두 군데서나(행 17:28; 딛 1:12) 인용한 것을 본다면, 그가 이 시를 익히 알고 있었음이 분명하다. "우리가 그의 소생이라"(행 17:28)는 말씀은 스토아학파의 시인 아라투스(Aratus)의 시 "자연현상"(Natural Phnomena)에서 따온 것으로 단순히 인간이 전적으로 하나님을 의지하여야 한다는 교훈을 강조하였다. 그런데 이 시는 제우스에 대한 찬양으로 시작하고 있는데, 여기에서의 제우스는 헬라신화에서 나타나는 모든 신들의 아버지로서의 제우스라기보다는 스토아철학에 있어서의 지고한 존재이며, 생명의 원인으로 여겨지는 제우스(Zeus the Supereme Being)를 의미한다.[76]

제우스에 대해 먼저 말할진데
오, 사람들아! 그에 대하여 말하는 것을 잊지 말자

---

74) *Ibid.*
75) *Ibid.*, 255-256. 제우스에게 바치는 이 사행시는 Ishodad of Merv의 Syriac역본에 남아 있는데, 그 뜻은 다음과 같다.
　　'그들이 당신을 위해 무덤을 쌓았다. 가장 거룩하고 가장 높게
　　그레데인들은 항상 거짓말쟁이들이며, 악한 짐승들이며,
　　그리고 얼마나 게으른 탐식가들이기만 한가!
　　그러나 당신은 죽지 않고, 영원히 살며, 부활한다.
　　그러므로 우리가 당신안에서 살며, 기동하며, 그리고 생존한다'
　　여기서 둘째 행은 딛 1:12에 인용되었다.
76) 제우스(zoo, zao는 살아있음을 의미한다)는 스토아철학에서 생명의 원인인 동시에 모든 생물속에 들어있는 신이며, 신(theos) 또는 원인(dia, '~에 의해서'라는 뜻)이라는 이유로 '디아'(Dia)라고도 한다. 스토아철학은 물활론이자, 범신론이다. 물질은 생명을 가지며 신적이므로 신도 또한 물질적이다. 제우스와 유피테르, 정신과 숙명은 세계전체에 편재하는 뜨거운 유동체라고 한다. Jean-Paul Dumond, 『그리스 철학』, 145. 참조.

> 사람의 모든 행로와 처처마다 제우스로 충만하고
> 바다와 항구도 그로 가득하다.
> 우리 모든 인간은 모든 일에 있어서 마땅히 제우스와 함께 행해야 하니
> 이는 우리가 그의 소생인 까닭이라.[77]

바울은 이 시의 마지막 소절을 인용하였는데, 이것은 그가 헬라의 신 개념을 그대로 수용하거나 혼합주의를 시도한 것은 결코 아니다. 그의 글을 인용하여 성경적인 의미를 부여하여 창조주 하나님을 증거하였다. 즉 범신론적 신에 대한 찬양시를 빌려와 성경적 의미의 유일신을 증거한 것이다. 곧 이어 그는 "이와같이 신의 소생이 되었은즉 신을 금이나 은이나 돌에다 사람의 기술과 고안으로 새긴 것들과 같이 여길 것이 아니니라"(29절)고 하여 우상숭배를 부정하였으며, "이제는 어디든지 사람을 다 명하사 회개하라 하셨으니"(30절)라고 하여 제우스와 동일시되려히는 범신론과는 달리 인격적 회개를 요청하는 기독교 유신론(基督教 唯神論)을 증거하였다.

바울은 복음의 본질에 반대되는 스토아 사상과 혼합주의화 하지 않았으며 성경적 진리를 그대로 전하는 것을 주저하지 않았다. 동시에 그들 가운데 있는 신개념(神概念)의 형태들을 끌어와 진리의 설득을 위하여 적절하게 상황화하였다.

④ 설교의 결과

누가는 이 철학과 학문의 도시 아테네에서 홀로 들어와 전도했던 바울의 사역이 헛되지 않았으며, 좋은 열매를 맺었음을 기록하고 있다(17:34). "몇 사람이 그를 친하여 믿으니"라고 말한 것으로 보아 기독교 공동체 즉 교회가 시작되었을 가능성을 보여준다. "그를 친하여"(κολληθέντες αὐτῶ, 콜레덴테스 아우토이)라는 문구는 "그에게 붙어서"

---

77) F. F. Bruce, 『바울신학』, 256.

(cleaving to him)라고도 번역된다. 곧 그들이 많은 반대를 무릅쓰고 사도 바울 편에 가담하여 떠나지 않고 그리스도를 믿었다는 의미를 나타낸다.[78] 그리고 특별히 디오누시오(Dionysius)와 여성 다마리(Damaris)가 언급되었다. 디오누시오라는 이름은 "거룩하게 만져진"(divinely touched)이란 뜻을 가지고 있다. 아레오바고의 관원으로 불려진 그가 특별히 언급된 것은 디오누시오가 영향력있는 아데네인이었으며, 지성적이고 아레오바고 재판관들 중의 한 사람이었음을 의미한다. 바울의 설교를 통하여 디오누시오는 그리스도를 믿는 신자가 되었다(17:34). 대적자들이 진리를 거부하였을 때 그와 같은 영향력있는 사람이 주께로 돌아왔다는 것은 바울에게 격려가 되었음에 틀림없다. 다마리는 "온순함"(gentle)을 의미하며, 역시 아레오바고에서 바울의 설교를 통해 회개하였다.[79] 아덴에서의 설교의 결실에 대하여는 여러 가지 평가가 있다. 혹자들은 아덴에서의 전도의 열매는 적었다고 말한다.[80] 그러나 그것은 바른 판단이 아니다. 빌립보에서 바울이 강가에서 설교했을 때 마음을 연 사람은 루디아 한 사람 뿐이었으며(행 16:14), 점치는 소녀를 고쳐준 일로 옥에 갇혔다가 나온 후, 간수의 가정만 구원받은 사실(행 16:33, 34)을 감안할 때 아덴에서의 전도결실이 부진한 것이 결코 아니었음을 보여준다.

---

78) 박윤선, 『사도행전 주석』 (서울: 영음사, 1977), 364.
79) Mal Couch, *A Bible Handbook to the Acts of the Apostles,* 341-342. 여성으로서 철학자들로 된 청중가운데 그 녀가 있었다는 것은 비일상적이었으며, 바울의 여행동안 헬라의 여인들이 경험했던 자유를 독자들에게 나타내준다. 초기 기독교 저자들의 어떤 이들, 특히 크리소스톰은 그들이 부부였다고 말한다. 그러나 확실한 증거는 없다.
80) Staney D. Toussaint, 『사도행전』, 허미순 역 (서울: 두란노, 1987), 140. Staney D. Toussaint는 아덴에서의 바울의 사역이 실패였는지 평가하기 어렵다고 하면서 그 곳에 교회가 세워졌다는 기록이 없다고 하였다. 그리고 고전 16:15에서 스데바나의 집을 "아가야에서의 첫 열매"라고 기록한 것으로 보아 아덴에서의 결실을 부정하는 듯한 인상을 남긴다고 하였다. 박윤선은 아덴에서의 전도가 적은 열매만 거두었는데, 그것은 아덴 사람들의 지식적 교만 때문이라고 보았다. 박윤선, 『사도행전 주석』, 364.

2) 바울의 상징들에 나타난 상황화

한 단어가 다른 문화에서는 다른 의미를 가지기도 하며, 어떤 의미가 다른 문화에서는 그 의미를 담기 위해 다른 상징을 필요로 한다. 바울은 유대전통으로 포장되었던 복음의 상징들을 헬라문화에 적합하게 전환하였다. 다음의 예들에서 발견할 수 있다.

(1) 은혜(καρίς, 카리스) - 헬라적 단어로 대치

신약에서 전반적으로 카리스(καρίς)라는 단어는 그다지 중요한 용어가 아니라는 것을 베커(J. Christian Beker)는 주장하고 있다. 그 용어는 결코 예수의 입으로는 나온 적이 없다. 그러나 바울과 관련된 문헌, 즉 사도행전(17번)과 바울서신들에서 빈번히 사용되었다. 고린도전서에 8번, 고린도후서에 16번, 갈라디아서 5번, 로마서에 21번 나온다.[81] 즉, 용어 카리스(καρίς)에 대해 중추적 의미를 부여한 사람은 바로 바울이다.

이스라엘의 언약사상적 언어에 있어서 헤세드(חסד)의 중심적 중요성을 볼 때, 바울이 헤세드(חסד)에 대한 70인역의 번역인 에레오스(ἔλεος)를 채택하지 않고 대신에 카리스를 택하였다. 그가 그리스도의 구원사건에 나타난 하나님의 사랑을 표현함에 있어서 보통 70인역를 사용해 온 그의 관례를 깨뜨리고 새로운 단어 카리스(καρίς)를 사용한 의의를 세 가지 측면에서 논할 수 있다. 첫째, 의미론적으로, 70인역에서 사용한 에레오스(ἔλεος)가 그리스도의 구원 안에서의 하나님의 사랑과 은혜를 표현하는데 헬라세계에서 부적절함을 느꼈을 것이다. 둘째, 헬라세

---

81) J. C Baker, 『사도바울』, 장상 역 (서울: 한국신학연구소, 1998), 414. 여기서 그는 καρίς에 대하여 바울서신에서 사용된 개념과 베드로전서와 히브리서에서 사용된 개념이 다소 다른 의미에서 사용된 것을 볼 때, 위 용어가 헬라적 케리그마를 통하여 기독교 어휘에 들어왔다고 보면서, 그것을 기독교 교리에서 중추적 용어로 만든 것이 바로 바울서신이라고 하였다.

계에서 일반적으로 기쁨을 표현하는데 사용했던 카리스(καρίς)가 그리스도 안에서 나타난 풍성한 하나님의 은혜(그것은 구원의 즐거움과 감격이 수반되는 놀라운 선물이다)를 표현하는데 더 적절하다고 보았을 것이다. 셋째, 바울은 카리스라는 용어에 보다 풍성한 의미들을 부여하였다.

이와같이 바울은 그리스도안에서의 은혜를 증거하기 위해 단순히 전임자들의 작업을 그대로 수용하지 않고 수용자들 세계에 보다 적절한 단어를 발견하고 채택하였으며, 그것에 새로운 의미들을 부여하였다.

(2) 자유(ἐλευθερία, 엘류델리아) - 헬라의 의미와 형태를 채용

"자유"라는 개념은 구약성서에 전(前) 역사를 지니고 있지 않다. 헬라세계에서는 일반적으로 정치적 의미로서 '자유'가 많이 사용되어 노예상태와 대조로 규정된다. 플라톤이나 아리스토텔레스에게 있어서 자유는 국가의 본질적 요소로 이해되었다. 견유학파의 학자들은 그 무엇보다 자유를 가장 소중하게 여겼다.[82]

바울은 70인역의 자유개념을 사용하지 않고 헬라사상에서 빌려온 단어를 통해서 자유를 표현하였다. 그러나 바울이 사용한 자유(ἐλευθερία, 엘류델리아)의 개념은 스토아적 개념과는 현저히 다르다. 헬라문화의 어휘에다 의미변형을 시도한 것이다. 바울에게서, 자유의 개념은 삼중적 의미를 지닌다.[83] 즉, 첫째, 과거적 자유로서 죄와 율법의 속박으로부터의 자유(롬 8:2; 갈 5:13), 둘째, 현재적 자유로서 하나님

---

82) *Theological Dictionary of the New Testament* (Grand Rapids: Eerdmends, 1974), 493.
83) J. C Baker, 『사도바울』, 422. 베커와 유사하게 전경연은 바울의 개념을 네 가지로 나누어 설명하였다. 첫째, 죄에서의 해방(롬 6:18-23; 8:31-39), 둘째, 율법으로부터의 해방(롬 7:3-8:23; 갈 2:4; 4: 21-31; 5:17 등) 셋째, 육으로부터의 자유 곧 인간실존의 반신적(反神的) 성향으로부터의 자유(고전 8:9; 갈 5:11; 롬 13:14). 넷째, 죽음으로부터의 자유(고전 15:54- 57; 롬 6:21-8:21) 이 네 가지는 서로 분리할 수 없는 것으로서 예수 그리스도의 사건에서 일어난 것이 사람의 현실의 상황에 따라 그 한 면이 드러나고 강조될 수 있다.
전경연, 『고린도書信의 神學論題』 (서울: 대한기독교출판사, 1988), 137-38.

의 자녀로서 성령 안에서 기쁨을 누리는 자유(롬 14:17; 15:13; 갈 5:22; 고후 3:17), 셋째, 미래적 자유로서 영원한 하나님의 영광 안에서의 자유(고전 15:26; 롬 8:21)

바울은 그리스도 안에서 하나님의 자녀들이 누리는 이 삼중적 의미의 은혜를 표현하기 위해 당시 헬라세계로부터 사용되던 단어 엘류델리아를 차용하여 사용함으로써 복음의 풍요함을 잘 드러냈다.

(3) 양자됨(υἱοθεσία, 휘오데시아) - 헬라단어의 형태를 채용

이 단어의 근원은 물론 아들을 의미하는 휘오스(υἱός)에서 파생되었다. 그러나 바울은 양자됨(υἱοθεσία)이란 단어를 그리스도를 믿는 자들이 하나님의 양자로 받아들여졌음을 의미하여 사용하였다(갈 4:5, 롬 8:15, 엡 1:5, 롬 8:23).

그런데 이 용어는 적어도 형태상으로는 70인역에는 전혀 나오지 않으며[84] 후기 유대교에서도 양자에 관한 법률 규정이 보이지 않는다. 그러한 이유는 부분적으로 일부다처제에서 여종으로부터 자식을 얻어 상속자로 삼는 법(창 16:1-5), 수혼법(죽은 자의 형이나 아우가 그 미망인과 혼인하는 풍습, 신 25:5-10)과 후기 유대교에서 행해지던 규례였던 후견인제(guardianship)와 같은 풍습들이 이같은 필요성을 충족시켜 주었기 때문이라고 본다.[85]

이 용어는 헬라와 로마세계에서 양자를 삼는 제도에서 사용되었다. 그레데(Crete)에 있는 고르틴(Gortyn)의 시민법에서 양자삼음(adoption)의 공포는 광장에 모인 시민들 앞에서 의장을 통해서 이루어졌다. 아덴에서 양자삼는 행위는 상속자가 없는 경우에 상속자의 자리를 대신했다. 양자가 된 아들은 가족의식으로 소개되었고, 가족과 가속(household), 씨

---

84) *NICNT*, VIII, 399.
85) Leland Ryken, 『성경의 이미지사전』, 975.

족에 참여하게 되고 공공의 책에 기록되어 법적 후손이 되었다. 양자 된 사람의 이름은 변경되지 않았다[86].

우리는 70인역을 텍스트로 사용하였던 바울이 왜 70인역에 한 번도 쓰여지지 않는 용어를 선정하여 구원의 의미를 전달할려고 했는가에 대하여 음미해 보아야 한다. 필자는 양자론은 언약적 배경은 구약에 있었으나, 이 용어의 사용은 헬라의 법적 제도로부터 채택하여 사용했다고 본다.

(4) 왕국($\beta\alpha\sigma\iota\lambda\epsilon\acute{\iota}\alpha$, 바실레이아 《kingdom》) - 헬라어에서 사용을 지양함

이 용어의 예는 전술한 경우들과 반대로, 유대주의 전통과 공관복음에서 사용되었으나 헬라와 로마문화권에 들어가면서 점차 사용하지 않게 된 경우이다.

"하나님의 나라" 혹은 "나라"라는 용어는 공관복음에서 모두 104회 사용되었으며, 그것도 거의 예수 자신의 말씀 가운데 나타나고 있다. 그 가운데 마태복음에서 이 용어는 50회 이상 나타나고 있어서 사상 빈도수가 높은데[87] 그것은 마태복음이 유대인들을 위해 기록되었으며, 메시야의 강림을 고대하던 유대인들에게 "하나님의 나라"(혹은 하늘의 나라)라는 말은 충분한 전이해가 있었으므로 수용성이 높은 용어였기 때문이라고 본다. 이런 점들을 감안 할 때, 우리는 예수가 선포한 "하나님의 나라"라는 말에 대한 공관복음 기자들의 표현에서 어느 정도 선교적 인식을 발견할 수 있다.

그러나, 그 용어는 바울서신에서는 매우 드물게 나타나며, 요한복음에서는 단지 두 번 나타날 뿐이다.[88] 이러한 변화에 대하여 마이클 그

---

86) *Ibid.*, 398.
87) 최갑종, 『나사렛 예수』 (서울: CLC, 1996), 171-172.
88) Joachim Jeremias, 『신약신학』, 정충하 역 (서울: 새순출판사, 1991), 67. 복음서 이외의 용례를 살펴보면, 전체 바울서신에서 10회, 사도행전에서 8회, 히브리서와 야고보서에서

린은 이방선교라는 입장에서 다음과 같이 해석하였다.

> 이방인의 분위기에서 그것(βασιλεία/kingdom)은 특별하게 의미있는 개념은 아니었으며 더구나 대단히 잘못될 여지가 많았다. 예수께서 손수 왕국의 도래를 선포하심으로 죽음까지 맞이하셨다. 바울의 가르침이 성공하자 데살로니가의 유대인들은 전도자들이 "가이사의 명을 거역하여 말하되 다른 임금 곧 예수라 하는 이가 있다"(행 17:7)라고 위선적으로 말했다. 빌립보에서도 유사한 비난이 있었던 것 같다(행 16:21). 그러므로 '하나님 나라'라는 표현이 완전히 사라지지는 않았지만 점점 적게 사용되어 '구원'과 같은 다른 유사한 용어로 대치되었다.[89]

3) 바울의 유비에 나타난 상황화

유비는 천국의 진리를 생활 속에서 어떤 유사점을 발견하여 표현하는 것들이다. 예수께서 청중의 일상생활 속에서 끄집어낸 많은 유비들을 사용하여 진리를 전하셨다. 바울서신들을 볼 때, 분량 면에서 그분이 사용한 비유들의 예는 예수의 예에 비교한다면 매우 적은 편이다. 그러므로 이제까지 나온 성경의 비유연구는 모두 예수의 비유에 대한 연구였다. 예수의 비유들은 팔레스틴의 일상생활, 특히 주로 갈릴리의 농경생활을 반영하는 반면, 바울은 도시문화, 특히 헬라적 도시문화에서 나온 이미지들을 종종 사용하였다.

헬라와 로마문화권에서 가져온 은유나 비유들을 보면 다음과 같은 것들이 있다. 정치적 용어에서 온 비유들(빌 3:20), 헬라의 경기에서 온 비유들(빌 2:16; 고전 9:24-27), 로마의 군대와 전쟁에서 온 비유들(고후 10:4; 고후 2:14-16, 엡 6:11-17, 딤후 2:2), 로마의 감옥에서 온 비유들(딤후 2:9), 헬

각 1회, 그리고 요한계시록에서 2회 사용되었다.
89) Michael Green, 『초대교회 복음전도』, 214.

라의 상업에서 온 비유들(몬 18), 로마의 법률적 용어에서 온 비유들(갈 3:5; 4:1-2; 롬 7:1), 헬라의 노예시장(고전 7:22; 롬 7:14), 황제의 방문을 축하하는 헬라의 의식을 언급(살전 2:19)한다.[90] 또한 예수께서 이야기식 비유들을 많이 사용하신 반면 바울은 간단한 은유적 비유(metaphor)들을 많이 사용하였다.

이 가운데 몇 가지를 좀 더 면밀히 살펴 보도록 하겠다.

(1) 시민권(πολίτευμα, 폴리튜마)

당시 로마에 살던 대부분의 사람들은 로마시민권이 없었다. 그러나 로마는 여러 가지 상황 때문에 로마의 자유민 태생 외에도 적지 않은 사람들에게 로마시민권을 수여하였는데, 특히 로마의 인구를 분산시키고 질서를 유지시키기 위해 제국내의 여러 곳에 로마시민들이 거주지를 두었다. 빌립보, 고린도, 안디옥, 이고니온, 루스드라, 드로아 등 도시들도 그런 곳이었다. 바울이 빌립보 교인들에게 "우리의 시민권은 하늘에 있는지라"(빌 3:21)고 할 때, 빌립보 도시에 시민권 소지자들이 상당히 많이 있었기 때문에 먼 이야기가 아니라, 아주 현실적이었으며, 따라서 쉽게 공감되었을 것이다.

(2) 헬라의 경기에서 온 유비(고전 9:24-27)

고린도에서는 격년으로 이스트미안(Isthmian) 축제가 열렸으며, 그것은 바다의 신 포세이돈에게 바쳐졌으며, 체육을 비롯하여 음악, 연설, 연극 등의 시합이 열렸고,[91] 전승에 의하면 이스트미안 경기는 멜리세르데를 기념하여 제정되었고, 고린도가 주관하여 헬라의 모든 도시국

---

90) Joseph A. Fitzmyer, 『바울신학』, 배용덕 역 (서울: 도서출판솔로몬, 1996), 72-73.
91) Robert E. Picirilli, 『사도바울』, 배용덕 역 (서울: 도서출판솔로몬, 1986), 193.

가들이 참여하였다.[92] 바울도 이 경기들을 관람했을 것이며, 이것은 고린도전서 9장 24-27절 의 은유(metaphor)의 배경이 된다.[93] 이 은유에서 그는 ① 하나의 목표를 가져야 한다. ② 상을 얻기 위해 최선을 다해야 한다. ③ 상의 특성상 그리스도인의 상은 시들어 버리는 이스트미안 상과 대조가 된다. ④ 자기 몸을 쳐서 복종시켜야 한다는 교훈들을 주었다.

(3) 로마의 군대와 전쟁에서 온 유비들

로마의 평화는 군사력에 의해 강화된 평화였다. 군대의 수는 대단히 많았다. 아우구스투스의 사망시(주후 14년) 25개의 레기온(legion)이 있었는데[94] 그들은 20년간 복역하였으며, 공식적으로는 결혼이 허용되지 않았다. 당시 군인들은 그들을 모집한 장군이 군인들의 비용을 부담하였다. 그러므로 "누가 자비량하고 병정을 다니겠느냐"(고전 9:7), "군사로 다니는 자는 자기 생활에 얽매이는 자가 없나니"(딤후 2:4) 라고 한 말과 일치한다. 그러므로 로마 전역에서 무장한 군대의 모습을 보는 것은 아주 흔한 일이었다.

에베소서 6장 10절부터 20절은 고대근동의 군사의 모습이 아니라, 바울당시의 로마군인의 모습이었다. 왜냐하면, 고대근동, 에게해의 용사들의 모습은 방패잡은 병사를 따로 두었으며, 창은 공격용 루프에 붙여서 사용했다(삼상 17:7).[95] 그러나 로마의 병사는 유세푸스의 기록에 의하면, 한 손에 칼을 한 손에 방패를 들고 싸웠으며, 투구를 쓰고, 갑옷을 입었으며, 가슴의 급소를 보호하기 위해 흉배를 붙였으며, 기동성

---

92) F. F. Bruce, 『바울신학』, 정원태 역 (서울: CLC, 1987), 265.
93) Leland Ryken, *Dictionary of Biblical Imagery* (Illinois: I.V.P., 1998), 693.
94) 한 레기온은 120명의 기마병이 포함된 약 7000명의 군인들로 구성되었다.
95) John H. Sailhamer, *Biblical Archaeology* (Grand Rapids: Zondervan, 1989), 68.

을 위해 뾰족한 못이 촘촘히 박혀있는 신발을 신고 다녔다.[96]

이상에서 살펴본 바와 같이 바울은 복음전달을 위하여 설교에서 본질적 메시지를 전하면서도 청중에 어필되는 태도와 방식을 택했으며, 상징과 유비를 사용하면서 자신의 수신자들과 공감하려고 노력하였다. 마이클 그린은 "변증가로서의 바울의 천재성은 자신과 자신이 개종시키려는 사람들 사이의 틈을 현저하게 줄여 복음을 위해 그들을 '얻는'(gain) 그의 능력에 있다"[97]고 하였다.

3. 교회의 쟁점들에 대한 성경적 응답으로서의 상황화

신학은 공간 가운데서 이루어지지 않고 교회가 처한 상황 속에서 하나님과 말씀과의 만남과 대화 속에서 다루어져야 한다. 브라이언 윈틀(Brian Wintle)은 사도바울은 교회가 직면한 쟁점들에 대한 신학적 응답으로서 그의 서신들을 기록했으며, 상황 속에서 신학을 하였다고 하였다.[98] 그가 쓴 서신들의 대부분은 이러한 필요성에 의해서 씌여진 것이었다. 켈빈 J. 로첼은 바울서신들을 대화로서의 서신들로 보면서 사도바울과 그의 회중사이에서 논란이 되고 주고받았던 내용들을 추론하여 대화식으로 정리하였다.[99] 크리스찬 J. 베커도 갈라디아서와 로마서를 바울이 그의 청중들과 어떤 쟁점들을 가지고 대화적 차원에서 기록했다고 하면서 바울이 다룬 내용들의 상황적합성과 일관성을 아울러

---

96) Josephus, 『유대전쟁사』 II, 성서자료연구원 역 (서울: 도서출판달산, 1992), 6권, 1:6(58), 1:8(88), (85).
97) Michael Green, 『초대교회 복음전도』, 208-248.
98) Brian Wintle, "Doing Theology in Context: A Biblical Case Study" Theological Issues series, vol. 2. ed., Sunand Sumithra, (India. Bangalore: Theological Book Thrust, 1992), 13-23.
99) Roetzel J. Calvin, 『최근의 바울서신 연구』, 이억부 역 (서울: 도서출판은성, 1998), 121-76.

논증하였다.[100] 바울이 그들과의 대화 가운데서 이슈들에 대한 성경적 교훈을 제시한 사실을 바울이 교회들에 대해 주도권을 행사하려고 한 것으로 생각하는 것은 오해라고 본다. 그것은 적절한 상황화가 아니다. 다만 그들의 상황과 대화하며 그들의 문의에 대한 성경적 답변을 제공한 것일 뿐이다.

이 주제들은 너무나 광범위하므로 필자는 바울서신 가운데서 교회내적 이슈들을 가장 많이 다룬 고린도전서에 나오는 쟁점들에 한해서 다루었다. 바울은 고린도교회와 서신과 왕래를 통하여 그들의 필요에 반응하였는데, 먼저 현재 남아있지 않은 서신(고전 5:9 참조), 고린도전서와 고린도후서를 기록하여 보냈다. 특히 "너희의 쓴 말에 대하여는"(Περὶ δὲ ὧν ἐγράψατε, 페리 데 온 에그라파테)라는 서두가 고린도전서에 6회 나오는데[101] 이것들은 고린도교인들이 보낸 서면질의에 대한 바울의 응답이다.

각 문제들은 당시의 사회적 상황 가운데서 주님이 기뻐하시는 바가 무엇인가를 바울이 깨달은 바를, 어떤 경우는 주의 명령으로(고전 7:10), 어떤 경우는 자신의 판단에 따른 권면으로(고전 7:25) 상담하였다. 일반적인 교훈만 던져주는데서 머무르지 않고 특정한 정황에서 불거진 문제에 대하여 주님 앞에 묻고 주님의 지혜를 따라 적시에 상담하는 것은 목회자나 선교사에게 있어서 책임있는 태도이며 교회의 위기를 극복하고 질서와 건강을 유지하는데 아주 중요한 일이며, 상황에 대한 최적의 응답인 것이다.[102]

---

100) J. C. Baker, 『사도바울』, *Ibid*.
101) 남편과 아내의 합방과 분방에 대하여(7:1), 처녀의 결혼문제에 대하여(7:25), 우상의 제물에 대하여(8:1), 신령한 것들에 대하여(12:1), 성도를 위하는 연보에 대하여(16:1), 형제 아볼로에 대하여(16:12), 등이다.
102) 자세한 내용은 이종우, 『바울선교의 상황화』 (파주: 한국학술정보, 2006), 237-238 를 보라.

4. 교회유형에 나타난 상황화

초대교회 그리스 로마 사회에는 다양한 모임들이 존재하였는데 그리스도인들은 그런 모임에 유기적으로 관계하거나 참여하였으며, 복음전도의 기회로 삼았으며 교회 역시 그런 모임의 형태로 이루어지고 발전하였다.

1) 회당

(1) 회당을 통한 복음전도

복음이 예루살렘 밖으로 퍼져 나아가면서 회당은 유대인들 사이에 복음을 전하는데 중요한 모판역할을 하였다. 마이클 그린은 초기 신앙전파에 있어서 회당은 가장 중요한 요인들 가운데 하나라고 보았다.[103] 바울과 초기 전도자들은 유대인의 회당을 전도의 기회로 활용하였다. 기독교의 전도는 이스라엘의 역사에 뿌리를 두고 있고, 설교자와 청중을 연합하는 공통의 기원과 공통의 신앙을 강조하면서, 있는 그 자리에서 시작해야 한다."[104]

(2) 초기 기독교모임의 회당적 요소

첫 기독교인들의 구성원들은 대다수 "유대인 개종자들과 근본적으로 유대교에 매력을 가졌던 이방인들"[105]이었다. 그러므로 초기교회는 회당에서와 같이 첫째, 장로들에 의해 다스려졌으며, 둘째, 모임의 순서의 내용으로서 성경봉독, 기도, 찬송 부르는 것을 포함하였고, 셋째,

---

103) Michael Green, 『초대교회 복음전도』, 360.
104) *Ibid.*, 361.
105) James S. Jeffers, *the Greco-Roman World of the New Testament Era Exploring the Background of Early Christianity* (Illinois: IVP, 1999), 72.

방문하는 교사들은 설교하기 위해 초대되었다. 넷째, 회당과 마찬가지로, 교회는 소속의 장소를 제공하였고, 그 도시에 새로 이사온 사람들이 만날 수 있는 장소가 되었다. 도시들에서 회당과 마찬가지로, 교회도 다양한 집회가 존재하였으며, 다양한 방법으로 서로 협력하였다.[106]

2) 자발적 회합들

제임스 제퍼스(James S. Jeffers)는 처음 3세기 동안 기독교인들은 기독교가 로마에 의해 합법적 종교로 인정받지 못했기 때문에 자유로이 모임이나 예배활동을 할 수 없었으며, 따라서 로마의 관리들의 눈을 피하여 로마에서 허락되는 모임의 형태들의 하나로 등록하여 정규적으로 모임을 계속했다고 주장한다. 로마인들은 회합에 대해 별 간섭을 하지 않았다.[107] 신약성경 시대에 로마는 네 가지 유형의 회합들 즉, 직업적 모임, 종교적 모임, 장례모임, 가정모임을 허락하였는데, 이 네 가지 회합들을 살펴 보면서 초대교회와의 관련성을 탐색해 보고자 한다.

(1) 직업적 회합(Professional Associations)

직업적 회합들은 선원, 문지기, 창고지기, 빵굽는 사람, 가축상인이나 목수들 등과 같은 공통된 직업의 상인이나 도공들로 구성되었다. 에베소에서 은장색들이 바울의 복음전파로 인해 피해를 입었을 때 소요를 일으킨 사건을 통해 신상을 만들던 장색모임의 예를 발견한다(행 19장). 직업회합의 구성원들은 자주 같은 거리에서 서로 가까이서 일했다.

우리는 기독교인들이 직업적 회합들을 구성한 증거를 가지지 못했지

---

106) 물론, 교회는 이런 요소들 외에도 당연히 기독교 공동체 특유의 성찬식과 세례와 같은 특별한 행위들을 부가했다. *Ibid.*
107) *Ibid.*, 73.

만, 같은 직업을 가진 기독교인들은 회당이나 교회를 통해 서로 연결되었을 것이다. 바울이 동료 고린도에서 텐트메이커(tentmaker)인 브리스길라와 아굴라와 함께 한 것이 그 한 예라고 본다(행 18:2).[108] 사도행전 본문에서 바울이 어떻게 브리스길라와 아굴라를 만났는지 자세히 언급하고 있지 않지만, 문맥을 볼 때, 아마 안식일 전에 만났으며, 텐트메이커(tentmaker)들이 모여 있는 거리에서 서로 만났으며 바울이 그들에게로 거처를 옮겨서 동업하였다고 본다.

(2) 종교적 회합(Religious associations)
종교적 회합들은 특정한 신의 경배를 중심으로 조직되었다. 이교도들은 그들의 모국의 신이나 여신들을 자유롭게 섬길 기회가 주어졌으며 이 회합을 이교도들 가운데 가장 흔한 것이었다. 때때로 모직제조공들이나 퇴역군인들 같은 동종의 그룹들은 자신들의 직업적 회합을 만들지 않고 종교적 회합으로 묶어졌다. 한 수호신(patron deity)을 채용함으로 인해 그들은 법적으로 피신처를 찾았고, 주된 목적은 종교적인 것이었지만, 달마다 만나는 즐거움이 아마 대부분의 멤버들에게 더 중요하였을 것이다. 그러나, 로마인들은 기독교 회합을 이런 방법으로 계속 허락하지는 않았을 것이다.

(3) 장례회합(Burial association)
장례회합들은 주로 가난한 사람들로 구성되었는데, 부요한 보호자들이나 주인이 없는 해방노예(노예로부터 해방된)와 노예들을 포함하였다. 이 조합들은 주후 1세기에 로마시에서 일어났으며, 처음에 공식적 조합보다는 협력적 집단이었다. 그들은 다른 조합들과 마찬가지로 정부의 인가가 필요 없었다. 지하묘소는 이교도의 묘지지역으로 시작되었

---
108) *Ibid.*

다가, 2-3세기에 기독교인들의 묘지로 되어 4세기까지 계속되었다. 정규적인 만남들은 중요한 사회적 접촉을 제공했으며, 매달의 저녁식사는 높은 '영적 일'이었다. 로마서에서 한 문구는 초기 기독교 회중이 적어도 로마에서는 장묘회합으로서 활동했음을 암시해 준다(롬 14:1-10). 바울은 그것이 로마 기독교인 청중들에게 친숙했을 것이라고 알았기 때문에 이것을 사용했을 것이다.[109]

(4) 가정 회합들(Household associations)

로마의 관리들이나 부유한 주인들의 경우, 가정은 주인 부부, 자녀들, 그 집에 속한 하인들, 그 집을 통하여 경제생활을 영위하는 평민들 등으로 집안 회합이 구성되었다. 기록에 의하면, 그리스와 헬라화된 동방으로부터 온 자들가운데서 그 회합이 탁월했다. 가정 회합은 아우구스투스(Augustus)의 시대에 일반적이었다.[110]

노예와 자유인들의 개종은 로마귀족의 대가족속으로 복음을 침투시키는데 보다 용이했다고 본다. 바울이 빌립보교인들에게 편지를 쓸 때 가이사의 가속들 중에는 기독교인들이 있었다(빌 4:22). 바울이 로마에서 투옥되어 있을 동안 그를 지키기 위해 지명된 시위대원들 중에 실제로 회심하였거나 영향을 받은 이들이 상당 수 있었다고 보아진다(빌 1:13). 바울은 로마서 16장에서 '아리스도불로(Aristobulus)의 권속'(16:10)과 '나깃수(Narcissus)의 권속 중 주 안에 있는 자들'(롬 16:11)을 언급하고 있다. '아리스도불로의 권속'은 복수형태로 그 집안에서 다수의 사람들

---

109) *Ibid.*, 76. 기독교회는 3세기에 장묘 조합으로서 공적으로 조직되었다고 알려져 있다. 터툴리안(Tertullian)과 같은 이들은 기독교인들이 합법적 장묘조합으로 조직되었기 때문에 박해를 받아서는 안된다고 주장했다(Apology 38-39).
110) *Ibid.*, 77.

이 믿었음을 보여준다[111]. 여기서 아리스도블루스가 언급된 것은 단지 그의 가속(household)에서 믿는 자들이 있었기 때문일 뿐이다.[112] 그의 권속들은 아리스도불로에게 속해 있던 자유민들과 노예들을 가리킨다.

가정교회는 그 가정 자체가 교회의 모임 즉 작은 교회를 이루었으며(행 16:14, 15; 18:7, 8; 몬 1:1, 2), 기도모임의 장소로 사용되기도 하고(행 12:12) 저녁에는 친교(행 21:7)와 성만찬의 장소로(행 2:46) 또 철야기도와 가르침의 집회장소로(행 20:7-12) 즉석 복음집회의 장소로(행 16:32), 개인적으로 말씀을 가르쳐 주는 장소로(행 18:26) 사용되기도 하였다.[113] 바울 자신도 로마에서 세든 집에서 로마에 있는 지도자급 유대인들을 초청하여 성경을 강론하였으며(행 28:16-28), 꼬박 2년간 자기 셋집에 오는 사람들을 영접하여 복음을 가르쳤다(행 28: 30, 31). 이러한 가정집회는 여러 가지 강점들이 있다.

첫째, 변화받은 공동체의 삶을 잘 보여주는 장점이 있다.

즉 가정교회나 가정에서의 모임은 복음을 받은 개인과 공동체의 변화받은 삶을 투명하게 보여주기 때문에 복음메시지를 매우 설득력이 있게 하는 것이다. 시대마다 교회의 부패와 타락은 교회가 대형화되면서 교인들이 공동체성이 상실되고 익명성이 높아질 때 그러하였다. 가정교회나 자원적 회합들의 공동체들은 그런 기독교인의 삶의 질을 높여주고 잘 나타나게 하였다고 본다.

둘째, 따스한 교제가 이루어져 강력한 결속력이 있다. 진정한 '코이노이아'는 수백 수천 명이 동시에 거대한 성전에서 떡과 잔을 받는 것이 아니라, 공동체 가운데서 그리스도의 몸을 먹고 마시는 나눔의 정서

---

111) 투스 에크 톤 아리스토불루(τους ἐκ των Ἀριστοβούλου)를 직역하면 "아리스토불로의 권속에서 나온 자들"을 가리킨다.
112) John Murray, *The Epistle to the Romans: The International Commentary on The New Testament vol. I & II*, 230.
113) *Ibid.*, 402-403.

가운데 이루어지는 것이다.

셋째, 핍박의 상황에서도 은밀히 집회가 이루어질 수 있다. 그것은 로마시대에 3세기 동안의 기나긴 박해 속에서 교회가 살아남을 수 있는 비결이었으며, 오늘날 중국공산당 정부하에서 문화혁명 시대에서도 교회가 살아남을 뿐만 아니라 오히려 100배로 성장할 수 있었던 중요한 요인들 가운데 하나임에 틀림없다.

넷째, 가정의 자라는 자녀들에게 자연스럽게 복음이 전수될 수 있다는 장점이 있다. 중국은 18세 이전에는 종교를 믿을 수 없으며 종교생활을 법적으로 금지하고 있다. 그러나 가정교회의 모임 때문에 18세 이전부터 그들의 부모를 통하여 복음을 받고 처소교회의 지도자로 부름을 받곤 한다.[114]

다섯째, 생활 속에서 복음적 삶의 모범이 투명하게 드러나고 전해지면서 세자화사역이 용이하게 이루어질 수 있다는 점이다. 예수의 제자훈련이 가능했던 것은 소그룹이었으므로 복음적 삶이 투명하게 드러났고 전수될 수 있었기 때문이었다. 바울 공동체도 그러하였다.

여섯째, 건물을 임대하거나 건축을 해야하는 대규모의 재정적 소모가 없이 예배와 전도와 선교, 봉사에 주력할 수 있다. 이 가정교회는 이와 같은 요소들로 인해 강력한 역동성 가운데 교회가 확장되는데 기여했다고 본다. 바울은 이와 같은 가정교회와 가정에서의 집회를 활용하여 복음을 전하고 교회를 확장해 나아갔던 것이다.

초대교회의 모습은 오늘날 교회개척의 하나의 주요한 모델이 될 수 있다. 수억을 들여 빌딩의 한 층을 임대하여 예배실을 꾸며서 개척해야 교인이 온다는 고정관념을 깨뜨리고, 순수하게 그리스도밖의 영혼

---

114) 필자가 2002년 중국 안휘성의 한 도시에서 처소교회 지도자들을 교육할 때 18세가 아직 안된 사역자들도 있었는데, 그들은 법적으로는 종교생활이 금지되었으나 처소교회를 통해서 가정에서 자연스럽게 복음을 받아 들여 교회의 사역자가 되었다고 하였다.

을 향해 복음을 전하고 가정중심으로 모여서 예배 드리면서 차츰 교회를 개척하는 모델은 고린도 교회를 비롯한 초대교회가 이미 보여주었다. 뿐만 아니라, 그것은 교회의 대그룹 안의 작은 교회운동 즉 셀그룹 운동의 모델이 되기도 한다. 고린도교회의 전체모임과 가정에서의 소그룹 예배모임은 오늘날 매우 중요한 통찰력을 우리에게 주고 있다.

(5) 지역교회들에 대한 선교사 바울의 자세

롤렌드 알렌(Roland Allen)은 20세기 초 중국에서 사역을 하면서 바울의 선교방법론에 주목했다. 그는 현대의 선교사들의 한 지역에서 평생 뿌리를 박고 남고자 하는 사고를 반박하면서, 바울은 한 지역에서 기껏해야 몇 달 혹은 2년 정도밖에 체류한 적이 없다고 하였다. 소위 선교본부(mission station) 같은 것을 만들지 않았으며, 반대로 신자들에 의해 설립된 모임이 구성되자마자 그들 가운데 장로들을 택하여 지도자로 세우고 그는 떠났다고 한다.[115] 그런 결과는 결국 토착민에 의한 진정한 토착교회를 형성하게 되었다.

바울은 세례받기 위해 회심자들을 1년을 기다리게 한다거나 목회자가 되기 위해 3년간의 신학대학원을 수료해야 하는 등 경직된 과정을 세우지 않았다. 그는 교회를 굳게 세우는데 네 가지 요소가 필요하다고 생각했다. 하나의 전통이나 기본적인 신조, 세례와 성만찬, 목회의 직분, 성경 등 네 가지면 충분했다. 회심자들을 가장 단순하고 실제적인 형식으로 훈련했다. 그들에게 어떤 지도나 격려가 필요할 때는 언제든지 심부름꾼(동역자)이나 편지를 보내든지 직접 방문해서 도와줄 준비를 갖추고 있었다. 그는 꼭 필요한 것이 무엇인지 알았고 그것으로만 초심자들을 훈련했으며, 그들에게 자신이 준 것을 사용하도록 가

---

115) Roland Alen, 『바울의 선교 vs. 우리의 선교』 (서울: IVP, 2008) 135-136.

르치는 방법을 활용했다.[116)]

바울의 이와 같은 상황에 대한 교회적 자립의 입장은 오늘날 선교지에서 건강한 교회를 세우는데 좋은 방향을 제공한다. 알란 티펫(Alan R. Tippet)은 토착교회가 지녀야할 다섯가지의 특성을 이렇게 말했다. 자립기능(self-functioning), 자립 결정 능력(self-determining capacity), 경제적 자립(self-supporting nature), 자력전도의 열정(self-propagating fervor), 자력구제에의 헌신(devotion to self-giving).[117)] 토착교회는 그 자신의 환경가운데서 그리스도의 사역과 말씀과 생각과 활동을 연결하여 자신을 보는 교회이다.

교회의 형태에 대한 바울의 입장은 무엇이었는가? 그것은 그가 어떤 한 가지 혹은 몇 가지로 유형화하려고 시도하지 않았다는 것이다. 그는 토착 지도자들을 세워 그들에 의해 교회가 이루어지도록 자립정책을 위하였고, 모든 상황에 적절하게 대처하여 그리스도인 공동체를 형성하려고 노력하였다.

5. 지도력에 나타난 상황화

1) 토착교회 지도력을 세움

순회전도자로서 바울의 사역의 스타일은 처음부터 지역교회가 그들 자신의 삶에 대한 책임과 권리를 갖도록 격려하였다. 그는 교회의 성도들이 그들의 지도자들의 권위에 복종하고 그들을 사랑하며, 섬기라고 가르쳤다(고전 16:15-16, 살전 5:12)고 하였다.[118)] 그런 결과는 결국 토착

---

116) *Ibid.*, 172-173.
117) Allan Tippett, *Verdict Theology in Mission Theory* (Pasadena, CA: William Carey Library, 1973), 155-158.
118) Dean S. Gilliland, *Pauline Theology & Mission Practice* (Grand Rapids: Baker, 1993),

민 지도자들의 리더십을 견고하게 해주며 세워주어서 토착민에 의한 토착교회를 이루게 되었다. 그러므로 바울은 그 자신과 고린도교회 사이에 심각한 긴장이 있었을 때 그 문제를 수습하기 위해 사람을 보내는 일을 자제했다(고후 1:24).

선교지에서 엄청난 선교적 열매를 거두었다 하더라도 토착 리더십을 세우기 전에는 성공이라고 할 수 없다. 선교사가 떠나도 그 교회를 인도할 수 있는 토착인 지도자들을 양육하고 세워야 하는 것이다. 이것은 네비어스 정책 가운데 자치(self-goverment)원리에 해당된다. 교회사에서 이 부분에서 실패함으로 한 때 창성했던 교회들이 타종교에 의해 소멸된 경우가 적지 않다. 예컨대, 로마가 기독교를 국교로 삼았을 때 북아프리카는 기독교 지역으로서 아주 중요한 지역이었으며 터툴리안, 어거스틴, 키프리안 등 탁월한 기독교 지도자들을 배출한 곳이었다. 그러나 그들은 예배에서 현지어를 사용하지 않고 라틴어만 사용하였다. 현지 토착인들을 존중하지도 않았고, 토착인 지도자들을 세우지 않았으며 로마인들이 계속 지도자로 사역하였다. 이슬람이 공격해 왔을 때 라틴출신의 지도자들이 로마로 떠난 후 평신도들이었던 베르베르인들과 카르타고인 그리스도인들은 쉽게 이슬람의 탄압과 회유에 굴복하고 말았다.[119]

네스토리우스교가 당나라에까지 와서 선교하여 많은 열매를 맺었고, 당에 이어 몽골제국, 즉 원대에도 창성하여 중국과 인도, 페르시아에서 수 많은 박해 가운데서도 선교하면서 약 7세기간 존속하였으나 결국 소멸하고 말았다. 그 중요한 이유 가운데 하나는 토착 리더십을 세우지 않았다는데 있다.[120]

276-277.
119) Paul Pierson, 『기독교 선교운동사』, 임윤택 역 (서울: CLC, 2009), 202-203.
120) Ibid., 195-196.

2) 상황에 따라 다양한 리더십을 발휘함

바울의 리더십은 본질적으로 그리스도의 섬김의 리더십을 따르려고 힘썼으며, 그가 대하는 교회의 상황에 따라 유모적 리더십을 발휘하거나 혹은 부성적 리더십 혹은 사도적 리더십 형태를 취하였다. 즉, 데살로니가교회와 같은 어린 교회에는 유모적 리더십으로(살전 2:7), 고린도교회와 같은 성숙한 교회에는 부성적 리더십으로(고전 4:14-15), 율법주의의 공격을 받던 갈라디아교회나 지역적으로 미신과 신비주의 이단이 성행했던 에베소교회, 골로새교회, 바울의 사도권을 의심했던 고린도교회에는 사도적 리더십을 발휘하였다(갈 1:1; 고전 1:1; 고후 1:1; 엡 1:1; 골 1:1).

또 후배 동역자들과의 관계에서 그 자신의 인격적 특성은 매우 강직하고 독선적이며 목표일변도적인 성격임에도 불구하고, 따스한 관계지향성을 바탕으로 하여 강력한 목표지향성을 아울러 겸비하였으며, 상대방의 인격적 특성 즉 기질의 차이에 따라 적절하게 대하였음을 보았다. 예를 들어 여리고 나이가 어린 디모데에게 보낸 편지와 강하고 나이든 디도에게 보낸 편지는 권면방식이 완연한 차이가 나는 것을 볼 수 있다. 전자에겐 따스한 격려를 충분히 언급하고 나중에 명령을 하였으며, 후자에게는 처음부터 직접적인 임무를 말하고 있다.[121]

이런 점들을 미루어볼 때 바울은 매우 유연한 리더십을 발휘하였음을 볼 수 있다. 폴 허세이(Paul Hersey)와 케네스 브랜차드(Kenneth Blanchard)는 리더십의 유형을 지시형(directing), 코치형(coaching), 보조형(supporting), 위임형(delegating)으로 분류하면서, 가장 좋은 유형은 상황에 따라 달라질 수 있기 때문에 어느 특정 유형이 최고의 모델이 될 수 없다고 하였다.[122]

---

121) 이종우,『바울선교의 상황화』(파주: 한국학술정보, 2006), 306-314.
122) 김기제,『섬기며 이끌며』(서울: 도서출판혜본, 2002), 93-95.

6. 맺는 말

유대문화의 토양 속에 있던 기독교 복음을 그리스-로마의 문화적 토양속에 뿌리내리게 하는데 결정적인 공헌을 했던 바울의 상황화를 살펴보았다. 유대 그리스도인들이 할례와 모세율법의 의식들을 이방신자들이 지켜야 할 것은 주장에 반대하여, 구약의 모든 의식들이 그리스도를 나타내 주기 위한 그림자요 모형임을 인식하고, 다시 의식주의로 돌아가는 것을 반대하고 그리스도와의 생명적 연합을 강조하였다. 우리는 그에게서 그리스도 중심성과 구원을 목표로 하는 그 열정을 오늘날 의식의 상황화를 도모하는 마음자세로 삼아야 한다고 본다.

또한 바울은 전도설교를 할 때, 창조주 하나님과 그리스도 안에서의 구원을 분명하게 선포하였으며, 아울러 청중의 이해와 상황에 적응하여 설교했다. 오늘날 선교사는 먼저, 선교지의 언어와 문화를 충분히 이해하고, 현장의 문화적 토양과 그들의 전 이해를 고려하여 복음을 증거하여야 할 것이다.

뿐만 아니라, 예수께서 유대의 농민들 가운데서 농업적인 비유들을 사용하셨던과 반대로 바울은 헬라-로마적 도시문화에서 빌려온 유비들을 적절하게 사용하였다.

그는 또 교회들의 다양한 쟁점들에 대하여 성경적으로 응답하였으며, 토착교회 리더십을 세우고, 교회의 성숙도에 적절하게 리더십을 융통성있게 조절하였다.

1960대 이후 등장한 행동신학들은 사회구조를 변화시킴으로써 새 인간, 새 사회를 가져온다는 우를 범하였다. 그럼으로써 죄로부터의 구원관을 각종 억압으로부터의 자유, 즉 인간화로 대치하였다.

또 종교다원주의자들-힉(J. Hick)의 코페르니쿠스의 신중심주의, 칼 라너(Karl Rahner)의 포괄주의, 파니카(R. Panikkar)의 혼합주의 등-은 타종교의 구원관들을 수용하며, 성경의 계시관 복음관과 구원관을 상실하였다. 여기서는 선교의 필요성이 부인된다.

종교다원주의는 바울의 상황화와 두 가지 점에서 크게 다르다.

첫째, 목적의 차이이다. 종교다원주의는 대부분 타종교와의 대화의 목적에서 기독교를 상황화하였으며, 바울은 오직 복음을 효과적으로 증거하고 청중들에게 잘 수납되게 하기 위하여 상황화를 시도하였다. 바울도 종교다원주의자들처럼 많은 헬라의 종교들을 만났지만(행 13:6; 14:11; 17:16, 22; 19:19, 24, 35) 그들과 진리 면에서 동일시하려 하지 않았으며, 그들을 그리스도 앞으로 인도하여 구원하려는 목적에 끝까지 충실했다.

둘째, 상황화의 범위의 차이이다. 종교다원주의자들의 공통성 가운데 하나는 확장된 신관, 확장된 그리스도관, 확장된 구원관을 주장한다는 점이다. 즉 종교다원주의는 기독교를 타종교와 상대주의화하며, 기독교의 신관을 철학적 개념 혹은 범신론적 개념으로 확대 혹은 변형시키며 그리스도관도 확장시키려 한다. 그러나 바울은 복음의 본질을 철저히 고수하는 가운데서 그것의 외적 표현만 달리하였다.

복음사역자들은 복음의 보편성(본질)과 상황성, 어느 한편만을 강조하여 다른 편을 버려서는 안된다. 복음의 보편성과 상황성을 역동적으로 관계하면서 사역해야 한다. 또한 선교의 상황화는 구령의 목적과 복음의 관심에서 시작되고 어떻게 복음을 수신자의 상황에 적절하게 표현할 것인가를 고민하는 가운데 실행되어야 할 것이다.

제8장
선교 커뮤니케이션의 역사적 모델들

1. 로마 가톨릭의 선교

1) 무력, 혹은 정치력에 의한 집단개종

역사적으로 가톨릭 선교는 자주 군사력을 적극적으로 활용하여 무력에 의한 집단 개종을 하였거나 혹은 왕이나 고위층을 전도함으로서 정치력에 의한 집단개종을 한 경우가 많다.

콘스탄틴 대제의 개종과 밀라노 칙령(313년), 그리고 데오도시우스 황제가 로마제국의 모든 사람들은 기독교인이 되어야 한다는 칙령(370년)을 선포한 후 로마세계에서는 이교도들이 정치력을 통한 집단개종으로 기독교로 돌아왔다. 기독교는 힘이 있었으며, 강제개종된 이들에 대해 복음으로 양육해야 하는 과제가 요구되었으나 그들은 그런 점에서 성공적이지 못했다.

800년 신성로마제국 황제의 왕관을 받은 샤를마뉴(Charlemagne) 대제는 유럽 북쪽의 침략자들인 색슨족에 대해 군사력으로 진압하고 선교사들을 보내 기독교화하도록 하였다. 때로 그는 저항하는 자들을 하루에 4,500명을 처형하기도 하였다. 그리스도교 규칙 가운데 "감독이나 사제나 집사를 살해한 자는 사형에 처한다 세례를 기피하는 자는 사형에 처한다. 이교도들과 작당하여 그리스도인에 대한 음모를 꾀하는 자는 사형에 처한다"와 같은 잔학한 규칙들이 있었다.[1] 이런 군사력과 기독교 선교사들의 합작적인 노력이 얼마나 색슨족의 마음에 변화를 일으켰을지는 의문이다.

16세기 라틴 아메리카에 상륙한 스페인과 포르투갈 정복자들은 가톨릭 신앙을 원주민들과 아프리카에서 들려온 노예들을 강제로 가톨릭 신앙을 가지도록 하였다. 사제들은 하루에도 수천 명에게 세례를 베풀곤 했다. 그러나 그들에게 기독교신앙의 진수를 거의 가르치지 않았다. 저들을 양육할 사제의 수도 턱없이 부족하였으며, 처음부터 성모 마리아와 성인들에게 신앙의 기본 초점을 맞추면서 원주민들, 노예들의 이전 신앙전통과 혼합된 종교 혼합주의가 성행하게 되었다.[2]

이상과 같은 가톨릭의 집단개종의 예들은 부정적인 결과를 많이 야기하였음을 볼 수 있다. 그럼에도 불구하고 집단개종의 예는 성경에도 나와 있으며 긍정적 측면도 있다. 개신교는 독일의 루터교를 제외하고는 대부분 정교분리를 원칙으로 하며, 서구 선교사들은 개인적 회심만 강조하는 점이 많지만, 성경에서 기브온 족속의 구원과 요나의 선포 후에 니느웨가 구원받은 예가 있는데 연구할 필요가 있다. 종족개념과 공동체성이 강한 아시아와 아프리카의 경우 집단개종은 전략적으로 필요한 측면이 많다. 서구사회는 개인주의가 강하지만, 기독교로 개종할 경우 가족과 지역사회로부터 추방당해야 하는 사회에서는 상층부의 감동과 설득, 영적 전투의 결과 등으로 집단개종이 효과적이다. 19세기와 20세기에 북인도의 나가랜드, 인도네시아, 파푸아뉴기니, 아

---

1) Paul Pierson, 『기독교 선교운동사』, 임윤택 역. (서울: CLC, 2009), 92-94.
2) *Ibid.*, 609-610.

프리카 등지에서 집단개종이 있었다. 집단개종의 경우, 반드시 후속적 양육이 필수적이다.

2) 그레고리 1세의 선교정책

그레고리 1세는 로마 감독이 되자 어거스틴과 수십 명의 수도사들을 영국에 선교사로 파송했다. 어거스틴과 선교단은 영국을 복음화 하면서 수천 명의 개종자들에게 세례를 주면서 이방의 전통문화와 기독교신앙 간에 갈등을 느끼게 되었다. 이방신앙의 의식들과 기독교가 공존할 수 있을 것인가? 이 문제에 대하여 그레고리 1세(Gregory the Great, 540-604년)는 로마 가톨릭의 중요한 선교정책을 세웠는데, 그 후 수 세기 동안 가톨릭교회의 선교 방법이 되었다.

> 이방인들의 신전을 꼭 헐어버릴 필요는 없다. 다만 그 속에 모셔져 있는 우상들만 치우면 되는 것이다. 만약 건물이 훌륭한 것이라면 그 건물을 사용하여 참되신 하나님을 경배하고 마귀를 좇아내는 일을 하는 것도 좋은 생각일 것이다. 만약에 이들이 귀신에게 제사하기 위하여 모여서 황소를 죽이는 일 등에 익숙하다면 그 의미와 내용을 바꾸어 축제로 삼는 것도 유익할 것이다. 그 사람들은 자신들이 죽이는 짐승이 귀신에게 제사지내는 것이 아닌 하나님을 경배하고 자신들이 먹기 위한 것임을 알아야 한다. 만약 이들에게 너무 딱딱한 신앙의식만을 강요하지 않고 이러한 즐거움을 허락해 준다면 신앙으로 인한 마음속의 참된 희락도 느끼게 될 것이다. 미신에 찌들린 이들에게서 모든 불신앙의 요소를 즉각적으로 제거하는 일은 불가능한 일이다. 산을 정복하듯 한 걸음 한 걸음 복음사역을 진행해 나아가야 한다.[3]

---

3) Ruth Tucker,『선교사 열전』, 49.

3) 마테오 리치의 수신자 중심 선교정책

마테오 리치(Matteo Ricci, 1522-1611)는 예수회의 선교사로 처음 인도의 고아에서 4년간 사역한 후 중국으로 갔다. 중국에서의 그의 선배선교사들의 사역은 언어와 풍습의 장벽으로 곤욕을 치루고 있었다. 리치가 수학, 천문학, 지리학에 조예가 깊다는 소문을 들은 슈힝(Shiuhing)의 주지사 왕판(Wangp'an)은 리치를 자기 성으로 초대하였으며, 리치는 그의 세속적 재능들을 선교사역을 위해 유감없이 발휘했다. 또한 여러 가지 과학기계들, 시계, 악기, 천문학기구, 항해기구, 과학서적, 그림, 지도 등을 가져 갔는데, 이것들은 중국 학자들을 놀라게 했다.

리치와 그의 선배 루지에리는 선교를 위해, 삭발을 하고 불교승의 복장을 하였다. 얼마 후 리치는 불교승의 의복을 유학자의 복장으로 바꿔 입었다. 이런 차림새가 중국인들에게 보다 많은 존경을 받았기 때문이다. 리치는 대중들을 점점 이해하기 시작했고, 만약 중국인들에게 유교는 단지 철학과 학문에 불과하다는 것을 보여준다면 중국인들은 쉽게 기독교를 받아들일 수 있을 것이라고 생각했다. 언어적 문제에서도 그는 토착화를 도모하여 하나님의 명칭을 하늘을 말할 때 쓰던 천(天), 혹은 상제(上帝)라고 표현했다. 이런 리치의 노력은 중국인들에게 호감을 주었으며, 개종자들의 수가 많이 늘어났다. 그러나 그는 중국 개종자들이 기도를 드리면서 드리는 제사도 허락하였다. 그는 제사를 다만 죽은 조상들에 대한 존경의 표시일 뿐이라고 강조하였다.[4]

리치의 선교 방법은 곧 논쟁거리가 되었고, 도미니크회와 프란시스회는 맹비난을 가하였다. 리치는 그 후 완 리의 초청으로 북경으로 갔

---

4) 브룸홀(A. J. Broomhall)은 이에 대하여 이렇게 지적한다. "지식인들에게 제사나 다른 종류의 유교의식은 결코 미신이나 종교적 행위가 아닌 국민적 의무나 정치적 관습일지 모르나 평민들에게는 분명히 영혼숭배의 종교의식이다" 루스 터커, 「선교사열전」, 78.

으며, 황제에게 괘종시계를 진상하고 동료 선교사와 함께 황제의 궁전에서 '태엽 감는 직위'를 맡게 되었다. 그는 북경에서 10여 년 사역하다 죽었다.

그의 선교로 약 2,000명 정도의 개종자가 있었으며, 이들은 사회적으로 높은 신분의 사람들이 많았으므로 중국에 커다란 영향을 끼쳤다. 그 중의 한 명은 폴 슈(Paul Hsu)인데, 그는 중국의 한림원 학사로서 가장 저명한 학자들 중의 한 사람이었다. 그는 진실하게 믿었고, 그의 자녀들에게 몇 대에 걸쳐 기독교 신앙이 유지되었다. 그의 세 딸은 일찍이 미국으로 유학을 다녀왔고, 첫째는 저명한 기업가의 아내가 되어 복음전도 활동을 했으며, 둘째는 중국의 국부(國父)로 일컫는 손문의 부인이 되었고, 셋째는 장개석 총통의 부인이 되었다.[5]

가톨릭의 선교정책은 수신자들의 관습을 가급적 인정해 주며 그들의 상황에 맞추는 수신자 중심적이었다고 평가된다. 그러나 역사적으로 가톨릭의 선교는 우상숭배를 용납하고 여신 숭배 풍습에 순응하기 위해 마리아상을 제정하고 마리아 신모돈(神母論)을 수용하는 능 진리에서 벗어났다는 점에서 성경의 본질을 벗어난 상황화를 하였다.

---

5) 그 놀라운 세 여인에 대한 영화가 "송가황조"라는 제목으로 상영되었다.

2. 초기 개신교 선교

1) 진젠도르프 백작과 모라비안

진젠도르프는 독일의 부유한 귀족집에서 태어나 복음적 경건주의 가정에서 자랐다. 어느날 십자가에서 고통받고 있는 그리스도의 그림을 보고 그리스도께 헌신하기로 결심하였으며, 1722년 가톨릭의 박해를 피하여 온 기독교인들을 위하여 자신의 영지 헤른후트(Herrnhut)에서 그들의 지도자가 되어 공동생활을 해나갔다. 1727년 8월 13일 예배에서 강력한 성령의 임재를 체험한 후 선교에 대한 헌신을 하게 된다. 진젠도르프 자신도 선교에 헌신하여 인디안들을 위해 수년간 봉사하였으며, 선교사들을 후원하고 살피는 일에 33년간 해외에서 보냈다.[6] 그의 방법은 실제적인 검증을 거친 것으로 매우 단순한 것이었는데 다음과 같은 특성들이 있다.[7]

(1) 대부분의 모라비안 선교사들은 성직자가 아니고 평신도 전도자들이었다(tentmaker).

이들은 신학훈련이 아니라, 복음전도의 훈련을 받은 전도자들이었다. 이들 평신도 자급 선교사들은 개종자들과 함께 일하며 말이 아닌 실생활로서 자신들의 신앙을 증거하였다.

(2) 이들은 원주민들보다 부유한 생활을 하지 않고 함께 어울려 살았다(성육신적 삶).

심지어 진젠도르프 백작 자신도 마음속에서 일어나는 귀족으로서의

---

6) Ruth Tucker, 『선교사 열전』, 87.
7) *Ibid.*, 87, 88

우월감을 억누르며 광야에서 비참한 생활을 감내하고 인디안들과 함께 지내기도 하였다.

(3) 주된 메시지는 복음전파였으며, 교리보다는 영적 체험을 중시했다.
이들의 주된 사역은 복음전파였으며, 지역의 정치나 경제적인 문제에 휘말리는 것은 되도록 삼갔다. 그들은 그리스도의 사랑이라는 아주 간단한 메시지만을 전하였고, 회심하기 전까지는 일부러 어떤 교리도 가르치지 않았다. 회심 후에는 신학적 가르침보다 신비한 체험 등을 강조했다.

(4) 단순한 마음과 생활(simple life style)
모라비안 교도들은 단순한 삶을 즐겼다. 그들은 선교사역을 제일 중요하게 여겼으며, 이를 위해 아내와 가족들을 떠나기도 하였다. 젊은 이들은 되도록 독신으로 있기를 원했으며, 결혼하는 경우 그 배우자를 제비뽑기를 통해 결정하기도 하였다. 진젠도르프 자신도 아내와 아이들을 남겨두고 유럽이나 해외로 자주 여행하였으며, 그 기간이 10년이 넘는 경우도 있었다. 그는 아내 에르드무트가 죽은 후 그는 아내에게 너무 소홀했던 것에 대해 양심의 가책을 느끼고, 후처를 얻은 후에는 그녀(안나 니취만)와 선교여행 때 동반하였다.[8]

2) 한스 에게드와 크리스쳔 데이비드

그린랜드의 에스키모인들에게 선교한 이 두 대조되는 선교사들의

---

8) 진젠도르프의 후처인 안나 니취만(Anna Nitchman)은 매우 신분이 낮은 여자로서 천한 여자와 결혼했다는 이유로 가족들의 반대가 많았기 때문에 1년 이상이나 그녀와의 결혼을 숨겼다. 그러나 그녀는 신분은 비천했으나, 매우 헌신적인 모라비안 자매로서 영적인 신비주의자로서 진젠도르프에게 많은 영향을 끼쳤다.

사역의 특성은 우리에게 많은 교훈을 제공해 준다. 한스 에게드(Hans Egede)는 노르웨이의 루터교인으로서 선교에 대한 열망이 뜨거웠다. 어렸을 때, 스칸디나비아로부터 수 세기 전에 그린랜드로 건너가 살고 있는 기독교인에 대한 이야기를 들어왔으며, 100년 전 행운아 라이프(Lief the Lucky)란 사람에 의해 그린랜드에 복음이 전해졌다는 소식을 들었다. 그의 아버지 에릭은 살인사건으로 인해 노르웨이로부터 그린랜드로 추방당하였다. 12세기경 이 교회는 자체적으로 감독을 세울 만큼 크게 성장하였으나 나중에 교회는 쇠퇴하였고 교인들은 이방신앙에 빠져버렸다.

에게드는 아내 기어트루드와 4명의 아이들을 데리고 큰 위험을 무릅쓰고 그린랜드로 갔다. 그린랜드에서 에스키모인들의 생활에 적응해 가는 그가 겪은 고생은 가히 초인적이었다. 더욱 절망스러운 것은 수 세기 전에 존재했던 기독교 신앙은 흔적조차 찾을 수 없었다. 여러 군데를 조사한 결과 그는 노스(Norse)의 폐허에서 교회였던 자리와 유럽식 건축물의 잔재를 찾을 수 있었다. 그러나 그의 선조들에게서 건너갔던 기독교 신앙의 자취는 찾아 볼 수 없었다.

한스 에게드의 선교 방법은 자문화 중심적이었으며, 기독교 정통교리와 율법을 가르치는 방법이었다. 그는 기독교와 이방문화는 아무런 공통점이 없으므로 에스키모인들은 그들의 잘못된 문화를 버려야 한다고 주장했다. 그는 에스키모인들의 부적과 미신적인 춤과 노래, '마귀적인 요술'들을 모두 없애버리라고 요구하였다. 따라서 기독교와 그들 종교간의 공통점 같은 것을 전혀 제시해 줄 수 없었다.

게다가 기독교신앙을 심어 주기도 전에 그들을 '문명인'으로 만들려고 시도했다. 이런 식의 접근 때문에 그들은 이방종교에 깊이 뿌리박힌 세대보다는 어린이 선교에 집중하게 된다. 그래서 부모들의 허락을 받아 어린이들에게 세례를 주고 기독교 진리를 심어 주었다.

그가 다소 그들의 호의를 산 점은 음악을 통해서였는데, 에게드는 노래를 들려줌으로써 그들의 호의를 샀다고 한다. 또한 천연두가 휩쓸고 지나갈 때 그와 그의 아내는 열과 성을 다하여 그들을 간호하였으며, 그들에게 깊은 감동을 주었다. 그러나 이때 얻은 병 때문에 그의 아내는 1738년 숨을 거두었다. 그의 아내가 죽은 후 그의 아들 폴이 뒤이어 그린랜드인을 위하여 사역했는데, 그들의 언어에 능숙했던 폴은 큰 성공을 거두었다.

한스 에게드보다 11년 늦게(1733년) 모라비아 선교사들이 그린랜드에 도착하였다. 그들은 루터교의 에게드가 그린랜드 선교를 포기한다고 잘못 알고 이 곳에 들어갔다. 그들은 고참인 한스 에게드의 방법에 대해 비판적이었다. 대표인 크리스천 데이비드(Christian David)는 평신도 목수로서 진젠도르프로부터 칭찬을 들을 만큼 대담무쌍한 설교자요 사도적인 세계적 정신의 소유자요 동시에 자기 중심적이며 남의 의사에 대하여 편협한 사람이었다고 평가한다. 그들은 에게드의 방법과 전혀 다른 접근방법을 택했다.

그들은 그리스도와 십자가만을 전파하기로 작정하고 복음에 나타난 하나님의 사랑을 강조하여 전했다. 그 결과 청중은 크게 반응했으며 이전에 행하던 야만적인 행위들을 청산하고 이렇게 하여 십자가에 달린 구세주를 아는 확고한 지적 토대가 마련되었다. 선교사들은 곧 십자가의 구주에 대한 지식으로 말미암아 젊은 개심자들의 마음속에 죄에 대한 혐오와 하나님과 이웃에 대한 도덕적 의무에 대한 강렬한 동기가 일어나고 있는 사실을 발견하였다.[9]

루터교 사역자였던 한스 에게드와 모라비안이었던 크리스천 데이비드 두 사람은 똑같이 열정을 가지고 에스키모인들의 복음화를 위해 수

---

9) Stephen Neil, 『기독교 선교사』, 홍치모·오만규 역 (서울: 성광문화사, 1979), 297, 298.

고하였다. 그러나 에게드는 루터교의 정통교리를 가르치며 자문화 중심적 사고를 가지고 수고하였으며, 노력에 비해 결과는 미약했다. 크리스천 데이비드의 사역은 그린랜드의 원주민들에게 적중했다. 그들에게 적절하게 상황화하였기 때문이다. 크리스천 데이비드의 방법이 더 좋았기 때문이라기보다는 에스키모인들에게 그의 방법이 더 적절하게 어필하였다는 것이다.

3. 교회성장운동의 창시자-도널드 맥가브란

도널드 맥가브란(Donald A. McGavran)은 19세기 말 인도에서 선교사 부모에게서 태어났다. 그의 조부모 역시 아프리카의 희망봉을 돌아 항해하여 인도에 파송된 선교사 가족이었다. 그는 예일과 콜럼비아 대학을 졸업하였고, 히말라야를 등반하였고, 영화 제작에도 관여한 바 있으며, 한 선교단체를 이끌기도 하였고, 나환자 병원과 각급 학교의 운영을 감독하기도 하였다. 북인도(Hindi)말과 차티스카르히말을 유창하게 구사할 수 있으며, 유행성 콜레라를 박멸시킨 적도 있고, 한 유명한 선교원의 초대원장을 맡기도 하였다. 23권에 달하는 선교와 교회성장에 관한 저술을 남기고 있으며, 전 세계 대부분을 다니며 복음을 전하고 강연을 하였다.[10]

그는 인도에서 당시 활동해온 선교단체들이 수십 년 동안 피나는 노력을 쏟고도 고작 20-30개의 소규모 정체된 교회들을 세울 수밖에 없는 부진한 성과를 보며 강한 문제의식을 가졌다. 그리고 하나님의 축복에 의해 많은 교회들을 확산시키는 방법 또한 반드시 있을 것이라는

---

10) C. peter Wagner, 『교회성장학 개론』, 이재범 역 (서울: 솔로몬말씀사, 1987), 9, 10.

강한 확신을 가지고 교회성장학 이론들의 기반을 다지기 위해 17년간 교회를 개척하는 일에 헌신하여 약 1,000명의 인도 사람들을 회심시키는 괄목할 만한 결과를 가져왔다. 그는 자신의 활동들을 통해서 얻은 통찰을 가지고 1955년 『하나님의 가교』(The Bridges of God)를 출판하게 되었고, 이 책은 곧 교회성장운동을 태동시킨 이정표가 되었다.

여기서 거론된 주요 쟁점들은 신학적인 문제, 윤리적인 문제, 선교학적인 문제 그리고 기독교도화의 단계 문제 등 네 가지 범주로 구분될 수 있다.

1) 신학적인 문제

선교의 중심적인 목표는 길을 잃고 방황하는 사람들을 발견하여 그들에게 그리스도의 복음을 전하고 교회의 책임 있는 일원으로 받아들이는 것이어야 하며, 또한 복음전도 활동은 그 성과를 무시하고 단순히 복음을 선포하는 것이 아니라, 주님의 제자로 훈련시켜 나아가는 과성으로 이해되어야 한다는 것이다.

2) 윤리적인 문제

이는 실용주의적 관점에서 제기되는 문제이다. 맥가브란은 너무나 엄청난 하나님의 자원들이 과연 그 자원들을 활용하여 추진하고 있는 각종 프로그램들에 의해 하나님 나라가 진전되고 있는가에 대한 진지한 검토 없이 무분별하게 소모되고 있는 것을 보고 놀라움을 금치 못했다.

따라서 맥가브란은 그리스도인으로서의 청지기직을 보다 책임있게 수행할 것과 모든 활동을 그 성과에 따라 평가할 것을 주장하였다. 그러므로 교회성장운동은 성경에 근거하기보다는 지나치게 실용주의적이란 비판을 받기도 했다.

3) 선교학적인 문제

이는 맥가브란의 대중운동이론(people movement theory)이다. 그는 복음전도 전략에 문화인류학이 의식적으로 도입되기 이전에, 의사결정 과정들이 문화유형에 따라 매우 다를 수밖에 없다는 사실을 깨닫고 있었다.

대부분의 서구 선교사들은 개인주의적인 복음을 전하고 있었으며, 한 사람씩 따로 그리스도에게 나아올 것을 초청하고 있었다. 그러나 맥가브란은 그에게 영향을 주었던 피켓(Waskon Pickett) 감독의 조언에 따라, 그들의 세계관에 따리 다른 방식을 취하도록 하였다. 인도를 비롯한 대다수의 피선교지의 주민들은 어떤 카스트, 가족, 씨족, 부족, 촌락 공동체의 일원이며, 따라서 그들이 그리스도인이 되도록 하려면 집단적이며 상호의존적인 개종 과정을 통해야만 되는 것이란 것을 통찰하였다. 그는 이런 과정을 대중운동(people movement)이라고 불렀다.

대중운동으로부터 추론된 것이 곧 '동질집단원리'(homogeneous unit principle)이다. 맥가브란은 사람들은 인종적, 언어적, 계급적인 장벽을 넘지 않고 그리스도인이 되기를 원하고 있다고 하였다.

이 원리는 교회성장원리들 가운데 가장 치열한 논쟁거리가 되었는데, 비판적인 학자들은 그것을 계급주의적이며 인종차별주의적인 것으로 해석해 왔기 때문이다. 그러나 그런 해석은 맥가브란에 대한 오해이다. 맥가브란은 인종차별주의자가 아니었으며, 그의 의도는 사람들의 문화적 성향에 맞는 전도전략을 주장한 것일 뿐이다.

맥가브란의 '동질집단원리'는 그 이후 미국을 비롯한 여러 나라 교회에 도입되어 교회성장에 활력을 불어 넣었다.

4) 기독교도화의 단계 문제

그는 기독교도화를 두 단계로 보았는데, '제자화'(discipling)와 '완전화'(perfecting)이다. 제자화란 믿지 않는 개인이나 집단을 그리스도와 그리스도의 몸 된 교회에 헌신하도록 인도하는 것을 말하며, 완전화란 신자들의 평생의 삶을 통해 진행되는 영적, 윤리적 성화과정을 의미한다.

그는 그리스도께서 주신 선교 강령이 제자화를 요구함에도 불구하고, 너무나 많은 선교사들이 완전화(성화) 쪽으로 방향을 전환하고 있다고 지적했다. 그는 아직 세계 인구의 70퍼센트가 제자화 되지 못하고 있다는 사실을 강조하면서 전 세계의 교회들이 더욱 많은 일꾼들을 추수마당에 보내야 한다고 주장하였다.

우리는 성화를 무시한 제자화 사역에 문제를 삼아야 한다. 그렇지만, 성화 사역에 안주하여 제자화 사역에 대한 강한 목표와 도전의식을 상실할 때, 교회는 정체하고 만다는 사실을 발견하며, 맥가브란의 도전을 깊이 숙고해야 한다고 본다.

4. 돈 리차드슨의 구속의 유비[11]

돈 리차드슨(Don Richardson)은 그 아내 캐롤, 아이들과 함께 인도네시아의 파푸아뉴기니에 사위(the Sawi) 부족에게 사역한 선교사이다.

그는 그들과 함께 하면서 그들의 독특한 문화와 세계관으로 인해 복

---

11) Don Richardson, 『화해의 아이』, 김지찬 역 (서울: 생명의말씀사, 1987).

음이 받아들여지지 않음을 깊이 고민하였다.

즉 400개로 추산되는 부족들 가운데 그들은 주변의 부족들과 서로 의심하고 대적하기 때문에 배반의 윤리가 추앙받고 있었으며, 그런 세계관에서 예수보다 오히려 가룟 유다가 존경을 받는다는 사실을 알고 당혹해 했다. 그리고 유대 땅에 오신 예수와 그들과는 아무런 관계가 없는 듯 했다.

그는 그들 부족간의 싸움을 종식시키고 화해시키기 위해 노력했다. 그 일은 너무나 힘든 것이었으며, 그 과정에서 그는 놀라운 사실을 깨닫게 되었다.

즉 서로 대적하는 그들이 진정으로 화해하기 위해서는 그 어떤 선물도 통하지 않으며 오직 하나, 서로 자신의 아이를 주고받는 일뿐이었다. 아이를 주는 것은 곧 목숨을 주는 행위이기 때문에 그것만은 배신할 수 없으며, 결코 배신해서는 안된다는 불문율이었다.

그들이 화해하는 날, 어린아이들의 어머니들이 통곡을 하며 끔찍한 아픔 가운데서 양 부족은 아이들을 서로 교환하였다. 그때 교환되는 아이들을 '타로프'(tarop)라고 하였는데, 곧 '화해의 아이'(Peace Child)라는 의미이다. 그제야 그들은 서로 어깨동무를 하며 화해하는 잔치를 벌였다.

이 일을 통해서 돈 리차드슨은 '타로프'가 곧 이리안 자야의 문화 속에 있는 그리스도 예수에 대한 구속의 유비임을 발견했다. 그리고 그들에게 도전했다. "여러분은 왜 하나님이 보낸 '타루프'를 거절하고 있습니까?" 그러나 그들은 정색을 하며, "그런 일은 없으며, 만일 그렇다면 우리는 천벌을 받아 마땅하다"고 하였다. 돈 리차드슨은 예수가 곧 하나님이 보낸 타로프라는 사실을 증거 하였으며, 그를 거절하는 일은 하나님의 최대의 선물을 거절하고 의심하는 무서운 일이라고 강조하였다. 그들은 깊이 뉘우치고 예수를 구주로 받아들였다.

그 후 그는 사위 족의 언어와 전설들 속에 있는 그리스도의 죽음과 부활, 재림에 대한 상당수의 유비들을 발견하여 활용하였으며, 그것은 복음이 그들에게 스며들고 삶의 변화를 가져오는데 아주 유효하게 작용하였다.

그리하여 돈 리차드슨은 각 문화마다 과거의 전설과 기록들 가운데 구속에 대한 유비들(redemptive analogies)이 있으며, 그것을 발견하고 그것을 통하여 복음을 가르칠 것을 주장하였고, 선교학계에서는 대체로 이에 동의하는 편이다.

결론적으로 말하면 문화적으로 적절하게 상황화되지 못한 교회는 그 사회에서 사람들의 존경과 사랑을 받지 못하고 이국적인 단체로 남다가 소멸되고 만다. 라마불교가 성행하는 몽골에서 기독교는 아직 서구적이며 이국적인 종교로 인식되고 있다. 복음의 진리가 변질하지 않으면서, 보다 지혜로운 상황화의 시도가 필요할 것이다. 당나라 때 중국에 들어와 고위 관리층에 널리 퍼졌던 기독교의 일파인 경교(네스토리우스파)가 그 후 민중 속에 뿌리 내리지 못하고 소멸된 원인들 가운데 하나가 학자들은 상황화에 실패했기 때문이라고 본다. 우리의 과제는 성령의 지도하심 가운데서 성경적이면서 토착적인 건강한 교회를 세워 나아가는 일이다. 아울러, 커뮤니케이션의 시행자이신 성령의 지도하심과 도우심이 없이는 영혼을 변화시키는 진정한 커뮤니케이션은 불가능하다는 것을 철저히 인식하며 선교는 발로 뛰고 말로 하기 전 언제나 무릎 꿇어 시행해야 할 것이다.

나의 달려갈 길과 주 예수께 받은 사명
곧 하나님의 은혜의 복음 증거하는 일을 마치려 함에는
나의 생명을 조금도 귀한 것으로 여기지 아니하노라
(행 20:24)

제9장
상황화의 실제

앞 장에서 기독교 선교의 역사의 케이스들을 살펴 본 바와 같이 선교를 위해 적절한 상황화의 문제는 필수적인 요소이다. 그렇다면 선교에서, 어떤 영역에서 상황화를 시도해야 할 것인가? 상황화 되어야 할 필요성이 있는 여러 영역들이 있을 것이다. 우리는 대체로 다음과 같은 영역들에서 실제적인 상황화 작업을 해야 할 필요성을 인식한다.[1]

1. 진리전달을 위한 접촉점

어느 문화에서나 의미의 전달은 두 가지 파트, 즉 형태(form)와 의미(meaning)로 구성된다. 의미들은 전달자의 마음 가운데 있는 것이며, 이 의미들은 오직 피차 공유하는 문화적 형태를 통해서만 한 사람에게서 다른 사람에게로 전달될 수 있다.[2] 그러므로 문화적 형태들이란 의미

---

[1] 안영권, "Contexualization" 『선교인류학』 (아세아연합신학대학교, 2002년 강의노트), 347-366.
[2] Charles H. Kraft, *Anthropology for Christian Witness* (Marknoll: Orbis Books, 1996), 140.

를 송신자에게서 수신자에게로 보내는 도구들이다. 사람들이 문화적으로 공유하는 형태들이 없이는 의미는 전달될 수 없다.

이 과정은 또한 성경진리의 전달에 적용된다. 성경진리를 전달하기 위해 우리는 수신자가 이해할 수 있는 낱말들, 노래들, 게임, 의식, 신념들과 같은 것들을 문화적 형태로 전달해야 한다.

이것은 성경진리가 문화에 의해서 결정되기 때문이 아니라, 인간이 의미를 인식함에 있어서 문화적으로 결정되기 때문이다. 성경의 진리는 변화되지 않는다. 그것은 문화에 의해 결정될 수도 없고, 바꾸어 질 수도 없다. 그러나 성경진리를 전달하는데 사용하는 도구는 수신자 문화에 따라 변화될 필요가 있다. 찰스 크래프트(Charles H. Kraft)는 이 과정의 좋은 예를 보여준다.

성경 번역가들은 자주 그 사람들이 그 개념에 대한 분명한 단어를 갖고 있지 않다는 것이 나타날 때 아이디어를 어떻게 표현해야 할지에 대해서만 자주 고민한다. 한 그룹의 번역가들은 특별한 언어에서 용서에 대한 낱말을 찾고 있었다. 그들은 계속 물었다. "용서에 대한 낱말은 무엇인가?" 몇몇 지원자들의 제안이 있었지만, 아무도 꼭 맞게 보이지 않았다. 그런데 그들 가운데 한 사람이 상황의 묘사를 통해서 그 문제를 접근해 보기로 결정했다. 그래서 그는 물었다.

"만일 두 사람의 적이 있는데, 그들이 화해하기로 결정한다면, 그들이 서로 용서하였다는 것을 상징화할 때 무엇을 해야 하느냐?" 그 사람들은 대답했다. "그들은 서로의 앞에 땅바닥에 침을 뱉을 것이다. 그들은 약간의 팥수수를 서로에게 건네주고, 그것을 씹고 서로의 앞에 땅에 침을 뱉아야 한다." 성경 번역에서 용서의 의미를 번역해야 할 형태가 정해졌다. 즉 "하나님은 우리들 앞에 땅에 침을 뱉으신다"라는 말로 번

역된다.[3]

이 접촉점을 만들 수 있는 몇 가지 영역들이 있다.

1) 그들의 세계관과 신념들로부터 시작한다.

복음전달자는 일시적으로 사람들의 세계관을 채용해야 한다. 왜냐하면, 사람들의 세계관은 성경진리가 그것을 통해 사람들의 마음으로 들어갈 수 있고, 그들의 삶을 변화시킬 수 있게 하는 문이기 때문이다. 예를 들면, 선교사가 강력한 애니미즘의 신앙을 가진 집단의 사람들에게 복음을 전하고자 할 때, 전달자는 여러 영들의 근원을 성경적으로 설명하고, 성령은 그들이 두려워하는 영들보다 더 강력하며 십자가의 복음과 성령은 이 두려움으로부터 그들을 자유롭게 할 수 있다고 설명할 수 있다.

2) 그 문화가 가지고 있는 고등신을 위한 용어들 사용한다.

많은 문화들은 하나의 능력 있고 초월적인 신을 믿는다.[4] 사람들은 자주 초월적 존재들 위에 뛰어난 최고신에 관한 어렴풋한 관념들을 가지고 있다. 이 개념은 기독교적 관념을 그것에 채움으로써 성경의 '하나님'의 관념을 전달하는 데 채용할 수 있다. 예를 들어, 한국에서 하느님, 중국에서 상제와 같은 것들이다.

---

3) *Ibid.*, 144.
4) Paul G. Hiebert, Eloise Hiebert, Meneses, *Incarnational Ministry: Planting Churches in Band, Tribal, Peasant and Urban Societies* (Grand Rapids: Baker Book House, 1995), 148.

3) 성경진리의 핵심인 복음을 상황화한다.

이것은 복음의 의미가 문화에 따라 변화되어야 한다는 것을 의미하는 것이 아니다. 오히려 복음을 전달하기 위해 문화적 접촉점을 통해서 복음을 전달할 필요가 있다는 것을 의미한다. 그러므로 우리는 복음을 전달하기 위해 이런 접촉점들을 발견하도록 노력해야 한다. 이와 관련하여, 전술한 대로 돈 리차드슨의 "구속의 유비"론이 참고가 될 것이다.

즉 하나님이 모든 문화에 예수 그리스도의 구속적 진리를 전달하기 위해 준비하셨기 때문에, 선교사는 그가 사역하는 문화에서 그러한 유비들을 찾아야 한다는 것이다.

4) 중요한 진리들에 대하여 수신자 문화 속에서 예증, 비유, 은유들을 발견하여 적용한다.

예수는 그가 사역하던 사람들에게 적절한 비유들과 예증들을 활발하게 사용하셨다. 사도 바울은 종종 거룩한 진리를 설명하기 위해 인간 육체, 군대, 그리고 운동경기들과 관련된 은유들을 사용하였다. 복음전달자는 사람들에게 성경진리를 효과적으로 전달하기 위해 문화적으로 적절한 예증들을 발견하고자 열심히 노력해야 한다.

5) 자연현상 가운데서 진리의 유비들을 발견하여 만들어 낼 수 있다.

자연은 하나님을 보여주는 계시로 제2의 교과서이기 때문이다. 다윗은 여러 차례 자연의 유비들을 통하여 하나님의 진리들을 노래했고(시

8편; 19편; 121편 등), 예수께서도 자연을 통한 유비들을 통해 천국진리를 증거하셨다(마 13장; 요 15:1-7). 우리는 자연의 변화와 특성에 대한 유의 깊은 관찰과 묵상을 통해 그런 유비들을 발견해 낼 수 있다. 그러므로 설교자는 언제나 떠오르는 영감을 메모해 두는 습관을 가져야 한다.

2. 사람들의 필요에 응답함

사람들은 문화에 따라 느끼는 필요성이 다르다. 선교사는 사람들이 느끼는 필요들을 발견하고 복음을 위하여 접촉점을 사용할 필요가 있다. 오순절교회들이 제3세계에서 번창하고 있는 주된 이유의 하나는 복음을 사람들의 필요에 잘 연결시켰기 때문이다.

오순절교회들은 백성들의 당면한 필요들, 즉 건강, 번영, 성공 등과 같은 것들을 이야기하며, 복음으로 그들의 필요들을 만나도록 촉구한다. 물론, 사람들의 당면한 필요에 응답하는 것은 사람들이 복음과 만남에서 출발한다. 그러한 접촉점을 사용하면서, 우리는 성경진리로 그들을 설명하고, 육성시킬 필요가 있다.[5]

더 나아가, 사람들은 그들의 문화가 대답해 줄 수 없는 궁극적 질문들이나 영적 질문들을 가질 수 있다. 선교사들은 문화에 의해 만족하게 대답이 주어지지 않는 영적, 궁극적 질문들을 발견하고 증거해야 한다. 만일 크리스천의 메시지가 사람들의 질문에 답변을 줄 수 있다면, 그것은 기독교에 그들의 마음을 열고 더 나아가 그들의 삶을 위한 대답을 찾게 할 수 있는 좋은 출발점이 될 수 있다. 그러므로 상황화 영역들의 하나는 기독교적 시각에서 그들의 질문들과 그 질문들에 대한 답변

---

5) Paul G. Hiebert, *Anthropological Reflections on Missiological Issues* (Grand Rapids: Baker Book House, 1994), 229-233.

을 찾아내는 일이다.[6]

3. 사회적 이슈들에 응답함

모든 사회는 중요한 사회 이슈들을 갖고 있다. 많은 사회들에서 그러한 이슈는 사회-경제적 억압의 문제이며, 어떤 사회에서는 윤리적 차별이 중요한 사회이슈이다. 다른 곳에서는, 부도덕이 사회이슈이다. 교회는 성경적 가르침의 기초 위에서 그것들에 응답하도록 노력해야 한다.

한국의 민중신학과 남미의 해방신학은 그런 류의 상황화에서 나온 시도들이다. 그러나 그들의 약점은 성경교훈에 충실하여 사회적 이슈들에 접근하지 않고 오히려 자신들의 정의를 위하여 이데올로기를 정당화하기 위해 성경과 신학을 이용한다는 데 있다.

오늘날 각종 사회이슈들에 대해 교회의 강단은 그 문제점을 지적하고 방향을 제시해야 한다.

돈의 문제, 복권, 주식투자, 인터넷의 사용, 동거문화의 확산, 동성애, 이혼, 낙태 등에 대해 우리는 어떻게 가르칠 것인가? 십계명에 대한 해석은 칼빈이나 루터의 해석으로 족할 수 없다. 십계명에 대한 이 시대적 문제들에 대한 응답으로서의 재해석이 필요하다. 예수께서도 간음하지 말라는 말씀과 여러 가지 말씀을 재해석하셨다. 오늘날 "도적질하지 말라"라는 계명은 커닝, 불법복사, 논문인용 등에까지 적용되어야 할 것이다.

---

6) Charles H. Kraft, *Anthropology for Christian Witness*, 45.

4. 교회 이슈들에 응답함

사도 바울은 교회가 직면한 이슈들에 대한 신학적 응답으로서 그의 서신들을 기록했다. 다시 말해서, 사도 바울은 상황 속에서 신학을 하는 한 좋은 본보기이다.[7] 딘 길리랜드(Dean Gilliland)가 지적한 바와 같이 사도바울은 신학 논문이나 완전한 기독교 사상의 시스템을 기록하려고 의도하지 않았다. 오히려 그는 교회가 당면한 다양한 이슈들에 대해 다이나믹한 상호작용의 일부로서 그의 편지를 기록했다.[8]

예를 들면, 고린도전서에서 바울은 교회 내의 여러 파당들 사이에 일어났던 분열에 관한 보고들에 대해, 근친상간의 문제에 대해, 이방법정에조차 서로 고소하는 문제에 대해, 결혼에 대해, 우상에게 드려진 음식을 먹는 일에 대해, 영적 은사에 대해, 몸의 부활에 대해, 예루살렘에 사는 가난한 자들을 위한 연보에 대해 성경적으로 응답하였다.

5. 신학적 균형잡기

사람들은 그들의 사고에서 균형을 상실하는 경향이 있다. 교회에서도 마찬가지이다. 교회는 신학과 사역에서 다른 영역을 위하여 하나의 영역의 신학과 사역을 지나치게 강조함으로 인해 다른 영역은 소홀하거나 취약해지는 약점을 가질 수 있다. 그러므로 우리가 참여하는 교회들의 신학과 사역을 보고, 그 신학과 사역들에서 균형을 발견하기 위

---

7) Brian Wintle, "Doing Theology in Context: A Biblical Case Study" *Theological Issues series*, Vol. 2. ed. Sunand Sumithra.(India. Bangalore: Theological Book Thrust, 1992), 13-23.
8) Dean S. Gilliland, *Pauline Theology and Mission Practice* (Grand Rapids: Baker Book House, 1983), 11.

해 그들을 도울 필요가 있다.

자연적 교회성장 운동가들(NCD)이 물통의 예를 들어 통의 가장자리가 가장 낮은 높이만큼만 물이 담겨진다고 하면서 사역이 골고루 균형을 이룰 때 건강한 교회를 이룰 수 있다고 한 것은 옳다고 본다. 지체론을 통해 보아도 우리 몸 전체가 골고루 건강할 때 건강한 삶을 유지할 수 있는 것과 마찬가지라고 본다.

1) 십자가 신학과 부활 신학의 균형

십자가 신학은 고난 받는 그리스도를 강조하며 그 뒤를 따를 것을 추구하는 신학적 경향이며, 부활 신학은 하나님의 영광스러운 간섭을 확증하며, 현세에서 하나님의 영광과 능력을 경험하는 것을 강조한다.

어떤 교회들은 십자가 신학만을 지나치게 강조하는데, 이유는 그들의 상황에서 그리스도를 따르는 자들은 고통과 박해를 견뎌야만 하기 때문이다. 반면 어떤 서구 교회들은 부활의 신학을 지나치게 강조하는데, 그것은 성공, 축복, 건강, 그리고 부를 의미하기 때문이다. 그들에게는 십자가의 신학을 위한 자리가 없다. 양자가 다 그리스도인의 영성을 추구하는데 있어서 균형을 상실한 경우이다. 폴 히버트는 균형의 중요성에 관해 다음과 같이 설명한다.

> 우리는 우리 편에서의 고난과 희생을 포함하는 전체적인 복음을 강조해야 한다. 유혹은 개인적으로 우리에게 유익을 주는 부분만을 강조하려고 하는 것이며, 또는 그것이 치료든지, 평화, 또는 정의든지 간에, 오직 한 측면에 관해서만 관심을 쏟는 것이다. 그러나 그렇게 할 때, 우리는 중심을 그리스도로부터 우리 자신에게로 옮겨놓는 위험에 빠지는 것이다. 그러면 그리스도는 바깥에 있고, 우리는 우리가 설교하는 복음을 정당화하기 위해 주로 그 분을 이용하게 된다.[9]

---

9) Paul Hiebert, *Anthropological Reflections on Missiological Issues*, 249.

2) 하나님의 주권과 인간의 책임의 균형

어떤 교회들은 하나님의 선택을 지나치게 강조하여 인간의 책임을 희생하는 경향이 있다. 하나님의 주권에 대한 극단적인 강조는 교회의 영적 활력을 상실하게 하는 원인이 된다. 그러므로 요한 웨슬리는 이에 반기를 들고 인간의 책임을 강조하는 복음을 외침으로써 영국 교회를 살렸던 것이다. 반대로, 어떤 교회들은 우리의 삶에서 하나님의 섭리를 희생하고 인간의 책임을 지나치게 강조한다. 이러한 교회들은 많은 열정과 노력을 나타낸다. 그러나 펠라기아니즘의 위험을 피할 수 없다. 즉 노력으로 구원을 얻는 것이며, 그것은 구원의 선물을 받는데 있어서 하나님의 자유로운 은혜의 측면을 상실하는 요인이 된다. 우리는 우리의 신학에서 하나님의 주권과 인간의 책임성 사이에 균형을 가질 필요가 있다.

3) 하나님의 능력과 말씀 사이의 균형

어떤 교회들은 우리의 삶에서 하나님의 능력을 나타내는 것을 지나치게 강조하고 성경진리를 가르치는 것을 소홀히 한다. 이것은 흔들리는 기초 위에 집을 세우는 격이다. 다른 교회들은 오직 성경진리만을 강조하고 능력은 성경 안에만 있다고 하면서 현실 가운데 역사하는 하나님의 능력을 무시한다. 하나님은 성경말씀을 통해서 우리를 가르치시고 인도하시며, 말씀을 통해 치료하신다. 뿐만 아니라 하나님은 우리의 삶에 개입하셔서 그의 능력으로 우리를 치료하시고, 구원하시고, 복주시고, 인도하신다. 이런 균형은 곧 말씀의 강조와 기도의 강조가 균형있게 나타나야 한다.

그 외에 성령의 인격성의 강조와 은사 강조의 균형이 필요하며, 하나님의 남성성(주권, 심판 등)과 여성성(위로, 자비)의 균형, 하나님의 사랑과 공의의 균형 등이 필요하다.

오랜 시간 반복해서 한 가지 측면만 자랄 때 성장학적으로 유익한 점도 있지만, 반드시 부작용을 초래하게 되고 만다. 그러므로 사역자들은 교회와 공동체의 불균형을 잘 파악하여 부족한 부분을 채워나감으로써 균형 잡힌 건강한 교회를 이루도록 해야 할 것이다.

6. 교회의식의 상황화

기독교가 문화 속으로 소개될 때, 교회는 두 가지 이유 때문에 의식의 상황화라는 이슈를 피할 수 없다.[10] 첫째, 문화는 이미 그들 자신의 예식들을 가지고 있기 때문이며, 둘째, 기독교회 자체가 여러 가지 의식들을 가지고 있기 때문이다.

예를 들면 그들은 출생의례, 성년식, 결혼식, 장례식 등과 같은 전통적인 삶의 통과의례들과 매년의 축제들을 갖고 있다.[11] 추가해서 대부분의 종교의례들은 점쟁이, 마술사, 무당, 그리고 다른 종교 지도자들에 의해 수행된다. 교회가 자신의 비기독교적 의례들을 가지고 있는 문화에 의해 둘러싸여 있을 때, 교회는 그것들에 대한 응답을 요청받는다. 교회는 전통적인 의례들에 대하여 세 가지 가능한 대답을 줄 수 있다. 한 극단은 그들에게 주의조차 기울임 없이 옛 의식들을 거부하는 것이며, 다른 극단은 타당한 숙고함이 없이 옛 의례들을 수용하는 것이다. 세 번째 가능한 응답은 그 옛 의례를 적절한 절차를 통하여 옛 의례

---

10) Paul G. Hiebert, *Cultural Anthropology* (Grand Rapids: Baker Book House, 1983), 375-376.
11) Paul G. Hiebert, *Anthropological Insights for Missionaries* (Grand Rapids: Baker Book House, 1985), 183

들을 다루는 것이다. 폴 히버트(Paul Hiebert)는 이 접근방식을 '비판적 상황화'라고 부른다.[12]

예컨대 한국교회는 출생의례와 결혼예식, 활발한 사회참여로부터 요청된 의례인 환갑, 설, 추석, 등과 같은 전통적 통과의례들을 수용해왔다. 그러나 한국교회는 전통적 장례식의 봉사와 조상숭배를 거부해왔는데 그 이유는 그런 행위들이 온전한 종교적 의미가 되고, 이들 의례로부터 옛 의미를 분리하는 것이 불가능한 것으로 생각하기 때문이다. 그러므로 교회들은 그런 전통적 의례들을 기독교적 의례들로 대신해 왔다.[13]

폴 히버트는 전통적 의식들에 대하여 비판적 상황화를 요청한다. 첫째, 가까이 있는 전통적 관습들을 모아서 분석하는 것이며, 둘째, 그 문제와 관련하여 성경의 교훈을 연구하는 것이며, 셋째, 신자들 공동체가 성경교훈의 빛에서 그들 자신의 과거의 관습들을 비판적으로 평가하고 그들의 의식을 스스로 결정하도록 하는 것이다.[14]

교회가 상황화해야 할 또 다른 이유는 교회는 교회자신의 의식들, 즉 정규적인 교회예배들, 그리고 세례와 같은 특별한 의식들, 성만찬, 그리고 출생의식, 결혼식, 장례식과 같은 통과의례들을 갖고 있기 때문이다. 또한 부활절, 오순절, 추수감사절, 성탄절과 같은 기독교적 축제들을 갖고 있다. 교회가 다른 문화권에서 세워질 때, 이런 기독교 의식들이 역시 소개된다. 이때 두 가능성이 있다. 하나는 수용자 문화 내에서 이들 의례들을 상황화하기를 피하고 오직 선교사의교회에서 시행하던 것과 똑같은 형태를 지키는 것이다. 그러면 교회의례들은 자칫 사람들

---

12) Ibid., 171-192.
13) These are examples of "functional substitution" see Paul G. Hiebert, *Anthropological Insights for Missionaries* (Grand Rapids: Baker Book House, 1995), 189.
14) Ibid., 188-189.

에게 이국적인 것으로 남게 된다.[15] 또 다른 가능한 접근은 수신자 문화 안에서 이들 기독교 의식들을 상황화하는 것이다. 그렇게 할 때 기독교는 그들 자신의 종교로 친근하게 받아들여질 수 있을 것이다.

더 나아가 기독교적 신념들을 전달하기 위해서 그들 문화에 토착적인 형태로 새로운 상징들과 의식들을 창조하는 것이다.[16]

십자가나 성찬은 기독교 복음을 담고 있는 중요한 상징들이며, 의식이다. 뿐만 아니라 결혼예식의 반지교환, 성경 위에 손을 얹고 기도하는 일, 촛불점화 등은 모두 중요한 메시지를 담고 있는 상징들이다. 결혼식에서 먼저 양가 어머니들이 나와서 각각 촛불을 켠다. 그 촛불을 신랑신부가 결혼선포 후 커다란 하나의 초에 불을 옮겨 붙이고는 먼저의 두 개를 끈다. 이 행위를 통해서 모든 사람은 이제부터 두 사람의 삶은 하나로 합하여 빛을 발할 것이라는 의미를 깨닫게 된다.

우리는 시대화 상황에 맞는 상황화된 의식과 심벌을 개발하는 노력을 해야 한다. 특히 이교와의 갈등이 심한 경우에 더욱 강화된 의식적 (ritual) 작업을 할 필요가 있다. 조상숭배의식이 강한 지역에서 양복차림에 설교로만 진행되는 장례식이나 추모식은 조상에 대해 너무나 소홀히 한다는 비판을 받기 쉽다. 이런 곳에서는 검은 가운을 입은 목사, 가운을 입은 성가대, 죽은 자에 대한 약력 소개, 죽은 자를 슬퍼하는 조사 등등 엄숙하고 진지한 의식을 통해서 죽은 자에 대한 충분한 존경심이 나타나게 할 때, 오히려 감동을 주고 전도에 유익이 될 것이다.

---

15) 당 태종 때 중국에 들어왔던 경교가 중국의 교회로 인식되지 못하고 항상 "페르시아교", "시리아"로 인식되었다는 것은 상황화의 실패를 나타내며 안타까운 일이다.

16) Paul G. Hiebert, *Anthropological Insights for Missionaries*, 189.

7. 교회정치와 행정의 상황화

 선교사들은 선교 영역에 저들의 모체 교회의 정책을 심으려고 하는 대신 지역사회의 질서를 고려하여 교회정치와 행정이 조화되게 해야 한다. 예를 들어 의사결정의 과정에 있어서 서구교회들은 다수결을 좋아한다. 그러나 동양의 많은 경우에는 그것은 혼란을 초래하며, 여론과 만장일치, 혹은 어떤 사회에서는 교회장로들의 합의로 결정하는 것이 바람직하다.
 한국교회에서 투표에 의한 장로선출은 교회문화의 한 부분이 되었는데 그것은 장로교회의 강한 영향 때문이다. 그래서 미국의 순복음교회들은 지도자들을 지명하는데 반해, 한국의 순복음교회는 담임목사를 세우는데 조차도 이 정책을 채용했다.
 교회 내의 조직을 제직회의 위원회 중심으로 구성하는 경우나, 사역팀별로 구성하는 경우, 혹은 지역 단위로 구성하는 경우, 다양한 방법들이 있으며, 목회사의 목회마인드에 따라 결정할 수도 있으며, 그 사회의 정서를 감안하는 것이 바람직할 것이다.

8. 목회 훈련의 상황화

 서구에서 목사들을 훈련하는 방법은 여러 가지 방법에서 세속적 교육체계를 따른다. 무엇보다도, 서구의 교회들은 목회자 훈련학교에 들어가기 위해 고등학교 교육을 우선으로 요구하며, 목사로서 석사 수준의 신학적 교육을 요구한다. 둘째, 교과과정은 학문적이며 분석적인 성향이 있다. 그 커리큘럼은 보통 행동가들 대신에 유능한 학자들과 사고자들을 훈련하려고 한다. 셋째, 신학대학이나 대학원 과정에 입학하기 위해 높은 수준의 희생이 요구된다.

그러나 동남아나 중국의 형편은 그렇지 못하다. 대개 노회나 목사의 추천으로 학교에 입학하게 되며, 단기코스로 공부하는 과정이나, 혹은 2년 정도 합숙하여 훈련한다. 중국의 처소교회의 어느 교단은 3개월 숙식하며 집중 수업하고 한 달 전도실습하는 식으로 1년간 수업하여 목회자를 배출해 낸다.

자주 서구에서 발전되어온 커리큘럼이 세계 어디서나 일치하게 요구될 수는 없다. 커리큘럼은 교회와 사회의 필요와 상황에 적절하게 상황화될 필요가 있다.

9. 교회건물의 상황화

1) 예배당을 짓기 전에 성도들의 믿음을 세워야 한다.

어떤 선교사들은 그들의 예배처(교회당)를 빨리 짓고 싶어 한다. 그래서 모국 교회에서 헌금을 모아 성급하게 예배당을 짓는다. 그러나 선교지 성도들의 신앙의 성숙과 그들 스스로가 예배당을 짓고자 하는 의식과 의지가 없는 가운데 선교사가 한국교회와 함께 일방적으로 짓는 것은 그들의 신앙을 나약하게 하며, 선교사가 떠난 뒤 그 집은 텅 빈 건물이 되고 만다. 그러므로 한국교회가 선교열의 때문에 선교지에서 교회를 지어주는 일은 고려해야 할 일이다. 소위 몇 백 만원만 있으면 선교지에서 예배당 하나 짓는다는 이유가 교회를 지어주는 이유가 되어서는 안 되는 것이다. 우리 한국이 네비우스 정책에 따라 미국 교회가 한국교회를 지어주지 않고 한국교회 스스로 교회를 짓도록 자립을 추구했기 때문에 오늘날의 한국교회가 있다는 점을 명심해야 한다.

선교사는 예배당을 짓는 것이 자신의 업적이 되는 것이 아니라, 그들 스스로 예배당을 지을 수 있는 믿음을 길러주는 것이야말로 진정한 보람이라는 사실을 기억해야 한다. 그리고 교회당을 지어준다 해도, 그들의 헌신이 밑받침이 된 가운데 도움을 주는 형식이 되어야지 지어주는 식이 되어서는 안된다. 그래야만 그 교회가 건강하고 든든하게 설 수 있다.

심지어 교회 이름을 지어준 한국교회의 이름을 따라 '필리핀 ㅇㅇ교회'라는 식으로 짓는 일은 어처구니 없는 일이다. 그것은 결코 자랑스러운 일이 아니다. 현지인들에게 그 이름이 무슨 의미가 있단 말인가! 국내에서도 히브리어나 헬라어, 성경의 지명을 따라 지어서 신앙이 깊은 신자가 아니면 알 수 없는 이름을 내건 교회들도 상당수 있는데, 선교적으로 보면 바람직스럽지 않다. 불신자들이 볼 때 쉽게 이해가 되고 마음에 다가와야 좋은 이름이라 할 수 있다. 그러므로 예배당 이름은 그 지역 명칭을 따르는 게 바람직하고, 혹은 쉽게 다가 오는 우리말을 써야 할 것이다(예, 사랑의교회, 온누리교회, 소망교회, 평화교회 등).

2) 예배처에 대한 고정관념을 버리고 유연성을 가져야 한다.

초대 교회도 주후 3세기가 되어서야 예배처를 위한 현대적 의미의 교회당을 지었으며 그 이전까지는 교회당이 없이 예배드렸다. 미국의 한인 교회들은 처음 오랫동안 미국교회당을 빌려서 오후에 모였다. 모스크바에 있는 한국 선교사들은 예배를 위해 극장을 빌렸다. 중국에 있는 한인(韓人)교회 가운데 하나는 예배를 위해 호텔을 사용하며, 많은 중국 교회들은 가정에서 모이고, 어떤 처소교회는 삼자교회를 빌려서 예배드리기도 한다. 일정한 형태의 교회당을 짓고자 하는 자세보다는 지금이 정말 교회당을 지어야 할 때인가라는 판단을 잘 해야 할 것이다.

3) 교회건물의 건축 양식의 스타일 또한 상황화될 필요가 있다.

서구에서 교회건물은 건축 양식의 기술과 스타일을 발전시켜 왔다. 선교 현장에서, 사람들의 건축미에 대해 느끼는 감각은 다를 것이다. 선교사들은 현지인들이 건물 양식으로부터 종교의 집임을 인식할 수 있는 교회건물을 발전시키도록 열려있어야 하고, 노력해야 한다. 즉 선교사가 원하는 스타일이 아닌 그들이 원하는 스타일로 토착화되어야 한다. 그렇지 않으면 교회는 그들 마음에서 먼 이국적인 건물로 남게 될 것이다.

4) 교회가 전통적 종교사원들과 사당, 설비들을 사용하는 가능성을 고려할 필요가 있다.

교인들 가운데 전통적 종교들의 건물을 사탄적이거나 사탄의 능력을 가진 장소로 그리스도인들에게 해로울 것이라고 생각하는 경향이 있다. 이런 견해는 하나님과 사단의 영적 능력에 대한 이원론적 이해로부터 온 결과이다. 영적 능력에 대한 성경적 교훈은 하나님만 영원하시며 전능하시다. 사단은 다만 하나님의 허락 한도 내에서만 역사할 뿐이다. 파푸아뉴기니의 한 선교사는 탈리아보 주민들에게 성경을 가르치기 위해 무당의 집을 빌려서 사용하였는데 성경공부를 다 마칠 동안 아무 해도 없었다. 사역자는 전통적 집을 완전히 제거하기보다는 리모델링하거나 성도들의 확신을 위해 예배와 기도같은 절차를 통하여 하나님을 위한 목적으로 사용할 수 있다.

10. 교회음악의 상황화

　음악 역시 문화에 따라, 시대에 따라 다르다. 중세기에 한 때 교회에서는 삼박자로 된 음악만 사용하였다. 처음 4박자 곡이 나왔을 때 삼위일체에 어긋나기 때문에 그것은 사단의 음악이라 하여 부르지 못하도록 금지했던 일이 있었다. 지금 생각해 보면 박장대소할 유치한 일이다. 그러므로 어떤 사역자가 한 음악의 장르만 고집하는 것은 자신의 편견이지 주님의 뜻이 아니다. 선교사의 음악이 아닌 그들의 음악적 정서를 살려 찬송하도록 해야 한다.

　훌륭한 사역자는 자신의 정서보다 자신의 청중의 정서를 잘 파악하여 교회음악을 고려하는 지혜가 필요하다. 사람은 자신의 코드에 맞는 음악으로 부를 때 은혜를 받기 때문이다. 찬양사역자들은 자신이 리드하는 청중이 10대인가, 40대인가, 60대인가 그들의 정서를 잘 파악하여 선곡하여야 한다. 청중의 정서에 비해 너무 앞서가거나 너무 뒤떨어진 찬양 사역은 청중을 은혜의 물가로 인도할 수 없기 때문이다.

　수신자 구조 찬양은 영적 부흥을 가져오는 중요한 열쇠가 되기로 한다. 파푸아뉴기니인들은 음악의 은사가 있는 사람들이라고 한다. 누구나 기타를 잘 치고 즉흥 연주로 찬양한다. 그러나 안타깝게도 어느 곳이나 미국스타일 노래를 배워 미국스타일로 찬양을 하는데, 한 여선교사가 그들에게 북을 돌려주고 그들의 곡조로 찬양하도록 하자 영적 부흥이 일어났다고 한다. 자신들의 문화에 대해 심한 열등감을 가졌던 현지인들에게 문화를 구속하여 예배드리도록 돕는다면 사단의 묶음을 푸는 영적 전쟁의 예배가 될 것이며, 민족과 개인의 아픔을 치유하는 예배가 될 것이다.[17]

---

17) 김마리, "짧게 경험한 선교지 현장 이야기" 『난곳 방언으로』 (2004. 3/4) 25-26.

결론적으로 말해서 교회가 두 측면 즉 인간적 차원과 신적 차원을 갖고 있으므로 상황화는 교회 사역에서 전부가 아니다. 하나님의 은혜와 성령의 능력이 없이 단지 인간의 노력만으로는 참된 회개, 순수한 하나님께의 위탁과 헌신, 신령과 진정의 예배와 같은 신적인 것은 결코 일어날 수 없다. 그러므로 교회 사역자들은 그들의 전 마음으로 하나님께 응답해야 한다. 오직 기도, 오직 경건의 자세로 하나님 앞에 나아가야 한다.

뿐만 아니라 우리 사역자들은 교회 사역의 다양한 방면에서 자신의 사역을 점검하며 문화적으로 적절한 교회를 발전시키도록 노력해야 한다. 그래서 신자들이 교회는 그들의 영적인 집이며, 찬송은 은혜의 노래라고 느낄 수 있도록 지혜롭게 상황화 작업을 해야 할 것이다.[18]

---

18) 세 가지 점들을 주의함으로써 상황화의 필요성과 그 한계를 가리킨다. 첫째, 커뮤니케이션은 수신자문화의 언어로 되어야 한다. 둘째, 그러나 만일 그것이 진실한 복음전달이라면, 그것은 그것이 사용하는 언어로 이해의 방법이 구체화된 문제를 철저하게 요구할 것이다. 만약 그것이 진실한 계시라면 부정과 회심을 위한 요청, 급진적인 회개(μετανοια)를 부를 것이다. 셋째, 이 급진적인 회심은 어떤 인간의 설득이나 웅변으로 성취될 리 없다. 그것은 오직 하나님의 사역일 것이다. 그러므로 참된 회개는 복음의 커뮤니케이션이 바라보는 적절한 목표이며, 오직 하나님의 사역이며, 일종의 기적-자연적인 것이 아니라, 초자연적인 것이다. Leslie Newbigin, *Foolishness to the Greeks* (Grand Rapids: William B. Eerdmans, 1986), 5-6.

부 록

■ 강한 자극을 주는(impactive) 메시지의 준비법 ■[1)]

1. 주제(메시지)를 먼저 정하라.

성경본문에서 그 시간에 전할 주제를 하나만 선택하라.

2. 서론

(1) 그 주제에 관해 문제의식을 발견하라.
  스스로가 문제의식을 강하게 느끼면 청중도 동화될 것이다.
(2) "왜?"라는 질문을 던져보라.
(3) 청중의 관심을 사로잡아라.
  ① 청중의 식욕을 돋구라.
  ② 주변에서 일어난 최근의 사건(뉴스, 신변잡기 등)을 연결하여 서론을 만들라.
(3) 금기
  ① 사과하지 마라.
  ② 자기가 잘났다는 생색을 내거나 자랑하려 하지 마라.
  ③ 품위를 떨어뜨리지 마라.

---

1) Steve Brown, 『청중의 귀를 사로잡는 사람은 말하는 것이 다르다』 (서울: 아가페, 1993), 245-246 참조.

3. 본론

(1) 심오성을 갖게 하라.
　① 내용이 그저 무덤덤한 것은 현대인들에게 도전을 줄 수 없다.
　② 성경의 강해에서 깊고도 심오한 맛을 느끼도록 충분히 연구하고 묵상하라.
　③ 이미 알고 있는 복음을 심오하게, 심각하게, 새롭게 만드는 것이 설교자의 책임이다.

(2) 통일성을 갖게 하라.
　① 중심초점 (Center Focus)이 있어야 한다.
　② 깔대기의 원리를 생각하라.
　③ 방대한 자료들 중 핵심적인 내용을 추려서 체계화하는 작업을 하라.

4. 결론

(1) 결론은 짧아야만 한다.
(2) 결론은 최종적인 느낌을 주어야 한다.
(3) 본론과 다른 주제를 또 끄집어내지 말라.

■ 효과적 커뮤니케이션을 위한 스피치론 ■[2]

1. '피치'(pitch)와 '볼륨'(volume)의 변화

(1) 처음부터 끝까지 같은 음량에 같은 음높이로 말하면 단조롭고 졸립다.
(2) 항상 큰 소리로 말하는 설교도 무엇을 강조하는지 알 수 없고, 듣는 이를

---
[2] 박찬석, "스피치커뮤니케이션" 『기독교연합신문』, 673, 676, 678, 681 참고.

피곤하게 한다.
(3) 음성에 볼륨의 변화를 주라(강약)-부드럽게, 강하게.
(4) 음의 피치를 살리라(고저).
(5) 잠깐 쉬는(pause) 기법으로 중요성을 부각하라.
(6) 중요한 부분에서 크고 높은 피치를 쓰는 것도 좋지만, 간절한 청원이나 결단을 요구할 때는 저음으로 호소하는 것이 더 낫다.

2. 원고를 들여다 보고 읽지 말고, '아이-컨택'(eye-contact)을 유지하라.

(1) 원고를 충분히 소화하여 매이지 않고 하도록 하라.
(2) 원고를 의존하지 말고 성령의 역사하심에 의존하라.
(3) 원고를 충분히 숙지했다면 요점을 메모하여 활용하는 것도 좋다.

3. 감동을 줄 수 있는, 간결한 종지형을 사용하라.

(1) "~하는 것입니다"라는 종지형은 분명한 청원형이나 호소형으로 바꾸라.
(2) "이 시간 뜨거운 역사가 우리와 함께 하시기를 믿으시기 바라는 것입니다"
"…우리와 함께 하시기를 믿으시기 바랍니다."
(3) "우리 다함께 동참하여 주님의 사랑을 나누시기 바라는 것입니다"
"여러분, 다함께 동참하여 주님의 사랑을 나누십시다!"
(4) 종지를 빙빙 돌리지 말고 간결하게 하라.
(5) 제3자 입장에서 내용을 묘사하지 말고 증인의 입장에서 증거하고 호소하라.

4. 수동형 표현은 책임이 애매하며 감동이 느슨해진다.

(1) 수동형은 자연스럽기는 하지만, 화자에 대한 신뢰감을 떨어뜨린다.
  "이번 태풍은 우리 국민들에게 큰 타격을 주었다고 생각되어 집니다."
  "이번 태풍은 우리 국민들에게 큰 타격이 되어졌다고 생각되어 집니다."
(2) 능동형으로 간결하고 분명하게 하는 것이 시원스럽고 신뢰감을 준다
  "이번 태풍은 우리 국민들에게 큰 타격을 주었다고 봅니다."
  "이번 태풍은 우리 국민들에게 큰 타격을 주고 지나갔습니다."

■ 표어들과 중요 어구들 ■[3]

1. 표어

(1) 남포교회: "너나 잘해!" "너 죽을래?"
(2) 명성교회 : 칠 년을 하루같이!
(3) 또 하나의 이산가족을 찾습니다(가족초청주일).
(4) 자연, 쉼, 회복(전교인 수련회)
(5) 교회 땅 밟기 운동(특별새벽기도회)
(6) 봉사하는 손길 통해 퍼져가는 예수사랑(이웃을 향한 봉사)
(7) 이 산지를 내게 주소서(청년부 단기 선교).
(8) 알고 계시죠? 이웃초청주일!
(9) 기도하고 계시죠! 내가 구원할 영혼을 위해(이웃초청주일)
(10) 학생부 표어
  ① 2001년: 하나님의 사람들이 되자.
  ② 2002년: 삶으로 아멘을 말하자.
  ③ 2003년: 우리는 예배를 예배하지 않는다. 우리는 하나님을 예배한다.

---
3) 이 표어들은 수업시간에 학생들이 제출했던 자료들을 모은 것이다.

(11) 죽은 영혼 살리고, 자는 영혼 깨우고, 병든 영혼 고치자! (광은 기도원)

(12) 2002년 교회표어: 주님이 디자인하신 신약교회를 이루어가자!

　　① 뜨겁게 기도하는 교회

　　② 성령이 충만한 교회

　　③ 전설적인 사랑의 공동체를 이루는 교회

(13) 2002년 구호: "기뻐서 좋아서 즐거워서 미쳐서 죽을 때까지"

(14) 여름집회 주제: 성령받고 내가 한다.

(15) 여름 영성훈련 기도제목: 여호수아의 칼을 받자!

(16) 전문요양원 153일 작정기도 기도제목: 153의 축복을 받자!

(17) 먼지 위에 뒹구는 성경을 내 품안에!

(18) 학생회 특별새벽기도회: 하나님과의 특별한 새벽 미팅!

(19) 큰 종이 아닌 참된 종이 되자! (킹더마이저신학교 표어)

(20) 교회와의 관계를 회복하라!(가면 갈수록 부흥하는 교회)

(21) 성도와의 관계를 회복하라!(사귀면 사귈수록 정이 드는 성도)

(22) 목사와의 관계를 회복하라!(보면 볼수록 은혜로운 목사님)

(23) 불평의 조미료보다 감사의 조미료를 넣자!(식사봉사)

(24) 감사로 장식된 제단을 만들자!(꽃꽂이 봉사)

(25) 교회차는 움직이는 교회얼굴이다(차량봉사).

(26) 회비를 쓰지 말고 자비를 쓰자.

(27) 하나님 나라에서 임원되기를 소원하라.

(28) 임원은 회원을 힘써 섬기고, 회원은 임원에게 힘써 협력하라.

(29) 허무는 자가 아니라 세우는 자가 되라.

2. 중요어구

(1) 세계는 나의 교구다(요한 웨슬레).

(2) 그리스도는 해답이시다!(Christ is the Answer. 스탠리 탬)

(3) God opens the window, when He closes the door.

(4) 고난은 포장된 축복이다.
(5) 두드리라. 그러면 열릴 것이다(예수). / 주는 것이 받는 것보다 낫다(바울).
(6) Go! or Send!(오스왈드 스미스)

3. 예배경구

(1) 천국행 열차는 11시 정각에 출발합니다(주일예배).
(2) 주님은 비오는 수요예배에 오십니다(수요예배).
(3) 당신이 잠자고 있는 동안 지옥은 활활 타고 있습니다(금요기도회).
(4) 구역부흥이 교회성장입니다.
(5) 초신자를 배려하고, 낙심자를 위로하고, 불신자를 이해하라.
(6) 구역장은 세 번이라도 구역예배를 드려라.
(7) 활활 타는 장작더미에는 생나무도 잘 탄다(부흥회, 기도회, 연합집회 참여권면).
(8) 연합은 선하고 아름다운 일이다(연합집회).

4. 언어

(1) 입술에 20초, 가슴에 20년.

5. 설교

(1) 설교의 최종결어
  ① 여러분은 저 교회 문을 나서기 전에 대답하셔야 합니다.
     여러분의 믿음은 어디에 있습니까?
  ② 여러분이 ooo 사람이 되기를 예수 그리스도의 이름으로 부탁드립니다.
  ③ 이제 저는 예수님의 이름으로 묻겠습니다. 여러분은 어떤 선택을 하시겠습니까?

④ 여러분은 세상을 이길 검인 하나님의 말씀을 손에 붙잡고 교회를 나설 준비가 되었습니까?

⑤ 교회를 나서려고 하는 여러분은 지금 하나님을 손을 붙잡고 나설 준비가 되어 있습니까?

(2) 설교제목

① 하나님은 사랑의 추적자이십니다(창 3:22-24).

② 부드러운 힘으로 세상을 변화시켜라(에 4:13-16).

6. 우리의 외침

(1) 내가 불이 있어야 세상 사람들이 불구경 온다.
(2) 성도는 성경을 읽지만, 세상 사람들은 성도의 삶을 읽는다.
(3) 어려울 때 이웃을 모르는 자는 배불러도 못한다.
(4) 우리는 모든 일에 사람을 남긴다.
(5) 믿음이 능력이다.
(6) 당신은 알고 있는 것을 전할 용기가 있는가?
(7) 진정한 승리는 예수 그리스도를 아는 인격에서 나온다.
(8) 세속적인 신자는 기도를 중단하고 기도하는 신자는 세속을 중단한다.
(9) 인간은 함께 하는 시간에 따라 영향 받는다.

7. 최성규 목사(인천순복음교회)의 설교에 나타난 구호성 단문들

(1) 아시안 게임에 참석한 북한 선수들이 "예수의 피가 묻어서 돌아가게 하자!"
(2) 예수천국! 효도축복!
(3) 효가 살면 나라가 산다.
(4) 성경은 누구의 책인가? 아버지 하나님의 책이다!
(5) 아버지 하나님의 3대 명령-구원받아라! 성령 받아라! 복 받아라!
(6) 김재준 목사의 말 인용

① 누구든지 한 곳에서 10년을 일했으면 그 앞에서 모자를 벗으라.
② 누구든지 한 곳에서 20년을 일했으면 그 앞에서 허리를 숙여라.
③ 누구든지 한 곳에서 30년을 일했으면 그 앞에서 무릎을 꿇어라.

(7) 3대 혁명: 기도혁명, 신앙혁명, 생활혁명
(8) 기도에 미쳐라. 선한 일에 미쳐라.
(9) 기독교는 기도하며 기다리다 기적이 일어나는 종교다.
(10) 믿음이 있는 사람은 기다리는 사람이다.
(11) 소원을 갖고 기다리라.
(12) 당신의 소원을 말하라. 당신의 미래를 예언하리라.
(13) 학문은 "왜"(question)로 시작하고, 신앙은 "예"로 시작한다.
(14) 문제가 오면 기적이 온다.
(15) 약속도 복음이고 명령도 복음이다.
(16) 약속은 단맛이고 입맛을 돋운다. 명령은 쓴맛이고 몸을 돋운다.

8. 최순직 박사의 어록 중(허광재 목사의 3주기 추모사에서)

(1) "이론 없는 실천은 뿌리 없는 나무요, 실천 없는 이론은 열매 없는 나무와 같다."
(2) "최 목사님은 학문에는 진리, 신앙은 정통보수, 인간관계는 뜨거운 정이 흐르는 분이었다."

참고문헌

〈성경 및 사전류〉

Annotated Reference Bible, Lawsenceville: Dake Bible Sales Inc., 1963

Bauer, Walter. ed. *A Greek-English Lexicon of the New Testament,* Chicago & London: the University of Chicago Press, 1979.

Brown, Francis.; Driver, S. R.; Briggs Charles A. *A Hebrew and English Lexicon of the Old Testament,* Oxford: Claredon Press, 1978.

Kittel Gerhard. *Theological Dictionary of the New Testament. vol.* 1. Grand Rapids, Michican: Wm. B. Eerdmans Publishing Company, 1964.

Kittel Gerhard. *Theological Dictionary of the New Testament. vol.* 3. Grand Rapids, Michigan: Wm. B. Eerdmans Publishing Company, 1974.

Simson, D. *Cassell's New Latin-English English-Latin Dictionary,* London: Cassell & company Ltd, 1975.

Strong, James. *The New Strong's Exhaustive Concordance of the Bible.* Nashville, Tennessee: Thomas Nelson Press, 1984.

Strong, James. *Strong's Hebrew and Chaldee Dictionary.* Nashville, Tennessee: Thomas Nelson Press, 1984.

The Layman's Parallel Bible, Grand Rapids, Michingan: Zondervan Bible Publishers, 1981

The New Encycropedia Britannica. macropedia, vol. 4. Chicago: Encyclopedia

Britannica, Inc., 1982.

The Zondervan pictorial Encyclopedia of the Bible, vol. 4. Grand Rapids, Michigan: Zondervan Publishing House, 1980.

Guralnik, David B. ed., *Webster's New International Dictionary of the American Language*, New York: Simon & Schuster, Inc., 1984.

Wigram, George V. *The Englishman's Hebrew and Chaldee Concordance of the Old Testament*. Grand Rapids, Michigan: Baker Book House, 1980.

『그리스도교 대사전』. 그리스도교 대사전 편찬위원회 편, 서울: 대한기독교서회, 1981.

이응백 감수.『국어 대사전』. 서울: 교육도서, 1984.

Ryken, Leland. *Dictionary of Biblical Imagery*. Illinois: IVP, 1998.

〈국내 도서〉

김기제.『섬기며 이끌며』서울: 도서출판혜본, 2002.
김의환.『聖經的 祝福觀』, 서울: 성광문화사, 1985.
김의환. "선교사적 측면에서 본 한국교회 100주년"『복음주의 선교신학의 동향』. 서울: 생명의말씀사, 1990.
김재은.『한국인의 의식과 행동양식』. 서울: 이화여대출판부, 1987.
김희보.『舊約이스라엘史』. 서울: 총신대학출판부, 1985.
김희보.『舊約호세아註解』. 서울: 총신대학출판부, 1984.
라병술.『心理學槪論』. 서울: 형설출판사, 1981.
민영순.『敎育心理學』. 서울: 교육출판사, 1981.
박기호.『한국교회 선교운동사』. 서울: IAM, 1990.
박윤선.『이사야서 주석』. 서울: 영음사, 1991.
박윤선.『사도행전 주석』. 서울: 영음사, 1977.
박형용.『성경해석의 원리』. 도서출판엠마오, 1991.
배제민. "히브리인의 평화관"『새로운 형태의 구약연구』.서울: 총신대학출판부, 1986.
신성종.『신약신학』. 서울: CLC, 1983.

안영복.『구약역사』. 부산: 양문출판사, 1982.
이원호.『敎育史 槪論』. 서울: 제일문화사, 1981.
이종우.『바울선교의 상황화』 파주: 한국학술정보, 2006.
장종현, 최갑종,『사도바울 그의 삶, 편지, 그리고 신학』서울: 개혁주의신행협회, 1992.
전경연.『고린도書信의 神學論題』서울: 대한기독교출판사, 1988.
全浩鎭.『宣敎學』. 서울: 개혁주의 신행협회, 1986.
차배근.『커뮤니케이션학 槪論』(上). 서울: 세영사, 1978.
채은수.『선교학 총론』. 서울: 기독지혜사, 1991.
최갑종.『나사렛 예수』서울: CLC, 1996.
최갑종.『플루타르크영웅전 선집』이성규 역. 서울: 현대지성사, 1998.
최창섭.『교회와 커뮤니케이션 총론』. 서울: 성바오로출판사, 1978.
최한구.『기독교 커뮤니케이션論』. 서울: 양서각, 1988.
한상복. 이문웅·김광억.『文化人類學槪論』, 서울: 서울대학교출판부, 1990.
홍기선.『커뮤니케이션론』. 서울: 도서출판나남, 1991.
홍치모. "최근 개혁신학에 있어서의 선교신학의 동향" 김의환 편저,『福音主義 宣敎神學의 動向』. 서울: 생명의말씀사, 1990.

〈번역서〉

Adams, James Edward,.『바울의 설교에 나타난 청중에의 적응』 정양숙 역. 서울: CLC, 1999.
Alen, Roland.『바울의 선교 vs. 우리의 선교』. 홍병룡 역. 서울: IVP, 2008.
Archer, Greason L.『구약총론』. 김정우 역. 서울: CLC, 1985.
Bandura, Albert.『사회적 학습이론』. 변창진·김경린 역. 서울: 중앙적성출판사, 1984.
Barman, J. D.『현대설교학입문』. 정장복 역. 서울: 양서각, 1983.
Bavinck, Herman.『일반은총론』. 차영배 역. 서울: 총신대학출판부, 1980.

Bavinck, Herman.『하나님의 큰 일』. 김영규 역. 서울: CLC, 1984.
Baker, J. C.『사도바울』. 장상 역. 서울: 한국신학연구소, 1998.
Berkhof, L.『뻘콥 組織神學』. 제1권. 序論. 고영민 역. 서울: 기독교문사, 1980.
Bosch, David J.『선교신학』. 전재옥 역. 서울: 두란노서원, 1980.
Brown, Steve『청중의 귀를 사로잡는 사람은 말하는 것이 다르다』. 서울: 아가페, 1993.
Bruce, F. F.『新約史』. 나용화 역. 서울: CLC, 1984.
Bruce, F. F『바울신학』. 정원태 역. 서울: CLC, 1987.
Calvin, J. Roetzel.『최근의 바울서신 연구』. 이억부 역. 서울: 도서출판은성, 1998.
Craigie, C.『기독교와 전쟁문제』. 김갑동 역. 서울: 성광문화사, 1985.
Cremer, H.『기독교와 타종교』 최정만 역. 서울: CLC, 1993.
Dumont, Jean Paul .『그리스 철학』. 이광래 역. 서울: 한길크세주, 1999.
Eavey, C. B.『기독교 교육사』. 김근수·신청기 역. 서울: 한국기독교교육연구원, 1980.
Foster, Richard J.『영적 훈련과 성장』. 서울: 생명의말씀사, 1978.
Gandhi, M. K.『간디 自敍傳』. 박석일 역. 서울: 박영사, 1976.
Green, Michael.『초대교회 복음전도』. 박영호 역. 서울: CLC, 1988.
Hammond, J.『열왕기상』. 풀핏구약주석, 박홍관 역. 대구: 보문출판사, 1981.
Hesselgrave David J.『선교 커뮤니케이션론』. 강승삼 역. 서울: 생명의말씀사, 1990.
Hendriksen,William.『핸드릭슨 성경주석 마태복음 하』. 김경래 역. 서울: 아가페 출판사, 1984.
Hendriksen,William.『헨드릭슨 성경주석 로마서 상』. 손종국 역. 서울: 아가페 출판사, 1984.
Hendriksen,William.『헨드릭슨 성경주석 로마서 하』. 황영철 역. 서울: 아가페 출판사, 1984.
Hendriksen, Walter A.『훈련으로 되는 제자』. 서울: 네비게이토출판사, 1980.
Jensen, L. Irving.『출애굽기』. 김만풍 역. 젠센 40 시리즈, 서울: 아가페출판사,

1981.
Jeremias, Joachim.『신약신학』. 정충하 역. 서울: 새순출판사, 1991.
Josephus『유대전쟁사』II, 6권. 성서자료연구원 역. 서울: 도서출판달산, 1992.
Kaiser, Walter C.『구약성경신학』. 최종진 역. 서울: 생명의말씀사, 1985.
Kane, J. Herbert.『선교사의 생활과 사역』. 백인숙 역. 서울: 두란노서원, 1986.
Kane, J. Herbert.『선교신학의 성서적 기초』. 이재범 역. 서울: 도서출판 나단, 1988.
Kistemaker, Simon『예수님의 비유연구』. 김근수·최갑종 역. 서울: CLC, 1996.
Knudsen, Robert.『기독교 세계관』박삼영 역. 서울: 도서출판 라브리, 1988.
Kuyper, Abraham.『삶의 체계로서의 기독교』. 서문 강 역. 서울: 새순출판사, 1987.
Ladd, George Eldon.『신약신학』. 신성종·이한수 역. 서울: 대한기독교출판사, 1984.
Lee, Francis Nigel.『문화의 성장과정』. 최광석 역. 서울: 개혁주의신행협회, 1989.
Leupold.『반즈 신구약성경주석, 이사야(상)』. 최종태 역. 서울: 크리스천서적, 1988.
Longenecker, Richard N.『사도행전』. Edited by Frank E. Graebelein『엑스포지터스 성경연구주석』. 서울: 기독지혜사, 1982.
McGavran, Donald A.『교회성장이해』. 전재옥·이요한·김종일 역. 서울: 대한예수교장로회 총회출판국, 1987.
McQuail, D. and Windahl, S.『커뮤니케이션 모델』. 임상원 역. 서울: 도서출판나남, 1988.
Mepeter, H. Henry.『칼빈주의』. 박윤선·김진홍 역. 서울: 개혁주의신행협회, 1990.
Merrill, Eugene & Jack Deere.『민수기, 신명기』. 두란노 강해시리즈 3. 서울: 도서출판두란노, 1983
Nelson, Marlin L.『오늘의 아시아 선교』. 윤두혁. 서울: 보이스사, 1976.
Niebuhr, H. Richard.『그리스도와 문화』. 김재준 역. 서울: 대한기독교서회, 1990.

Pierson, Paul.『기독교 선교운동사』. 임윤택 역. 서울: CLC, 2009.

Pennington, C.『말씀의 커뮤니케이션』. 정장복 편역. 서울: 대한기독교서회, 1990.

Picirilli, Robert E.『사도바울』. 배용덕 역. 서울: 도서출판솔로몬, 1986.

Robertson, O. Palmer.『계약신학과 그리스도』. 김의원 역. 서울: 기독교문서선교회, 1983.

Sawyer, John F. A.『바클레인패턴 구약주석, 이사야(상)』. 장귀복 역. 서울: 기독교문사, 1987.

Sovik, Arne.『오늘의 구원』. 박근원 역. 서울: 대한기독교출판사, 1981.

Stein, Robert H.『비유해석학』. 오광만 역. 서울: 도서출판엠마오, 1990.

Stott, John R. W.『그리스도의 십자가』. 황영철 역. 서울: IVP출판사, 1989.

Stott, John R. W. "성경적 선교관" 김의환 편저『福音主義 宣敎神學의 동향』. 서울: 생명의말씀사, 1990.

Staney D. Toussaint.『사도행전』허미순 역. 도서출판두란노, 1987.

Tarl, Mell.『급하고 강한 바람같이』. 정운교 역. 서울: 나단출판사, 1986.

Underwood, L. H.『언더우드』. 이만열 역. 서울: 기독교문사, 1990.

Vangemeren.『예언서 연구』. 김의원·이명철 역. 서울: 도서출판엠마오, 1990.

Vantil, Henry R.『칼빈주의 文化觀』. 이근삼 역. 부산: 성암사, 1977.

Vicedom, George F.『하나님의 선교』. 박근원 역. 서울: 대한기독교출판사, 1980.

Wagner, C. Peter.『교회성장에 대한 신학적 이해』. 이요한 역. 서울: 성서연구사, 1986.

Wagner, C. Peter.『교회성장을 위한 지도력』. 김선도 역. 서울: 광림출판사, 1985.

Walker, F. Deaville.『윌리암 케리』. UBF교재연구부 역. 서울: 대학생성경읽기선교회, 1992.

Webber, Robert E.『기독교 문화관』. 이승구 역. 서울: 도서출판 엠마오, 1987.

Wessel, W. W.『마가복음』. Edited by Gaebelein, Frank E.『엑스포지스터스 성경연구주석』. 서울: 기독지혜사, 1982.

Whitelaw, Thomas. 『창세기(상)』. 풀핏성경주석, 송종섭 역. 대구: 보문출판사, 1982.
Wight, Fred H. 『성지 이스라엘의 관습과 예의』. 김정훈 역. 서울: 보이스사, 1984.
Wood, Leon J. 『이스라엘의 역사』. 김의원 역. 서울: CLC, 1985
Wood, Leon J. 『이스라엘의 선지자』. 김동진 역. 서울: CLC, 1990.
Young, Eward J. 『선지자 연구』. 정충하 역. 서울: CLC, 1991.

〈외국 도서〉

Abbey, Merrill R. *Communcation in pulpit and Parish*. Philadelphia: the Westminster Press, 1972.

Aristoteles. *The Rhetoric of Aristotle*, Translated by Lane Cooper. New York: Appleton-Century-Crofts, 1960.

Bassham Rodger C. *Mission Theology*. Pasadena: William Carey Library, 1980.

Bayerhaus, Peter. *Mission; Which Way? Humanization on Redemption*. Grand Rapids: Zondervan House, 1971.

Benedict, Ruth. *Patterns of Culture*. New York: Mentor Books, 1950.

Berne, E. *Games Peole Play: The Psychology of Human Relationships*. New York: Grove Press, 1964.

Brunner, Emil. *The Divine Imperative*. Philadephia: The Westminster Press.

Boice, James M. *ACTS in Expositional Commentary*. Grand Rapids: Baker, 1997.

Bruce, F. F. *Acts in NICNT* (Grand Rapids: Eerdmans, 1984), 271.

Bruce, F. F. *the Book of Acts, The New International Commentary on the New Testament*. Grand Rapids, Eerdmands, 1984.

Calvin. *Institutes of Christian Religion.1*. Edited by McNeill, John T. Translated and Indexed by Battles, Ford Lewis. Philadelphia: The Westminster Press.

Calvin. *Institutes of Christian Religion.2*. Edited by McNeill, John T. Translated and Indexed by Battles, Ford Lewis. Philadelphia: The Westminster

Press.

Carey, William. *An Enquiry*. Pretlove, John L. Dallas, TX: Criswell Publications, 1988.

Conn, Harvie M. *Eternal Word and Changing Worlds*. Grand Rapids: Academie Books Zondevan Publishing House, 1984.

Conn, Harvie M. "The Book of Deuteronomy" The International Commentary of The Old Testament. Grand Rapids, Michigan: William B. Eerdmans Publishing company, 1976.

Couch, Mal. ed., *A Bible Handbook to the Acts of the Apostles*. Grand Rapids: Kregel, 1999.

DeVito, J. Communication: *Concepts & processes*. Englewood Cliffs, New Jersey: Prentice Hall, 1976.

DeVito, J. *Communicology: An Introduction to Study of Communication*. New York: Harper & Row Press, 1978

Faules, D. F. & Alexander, D. C. *Communication and Social Behavior: A Symbolic Interaction perspective*. California: Addison-Wesley Publishing Company, 1978.

Grasser, Artur F., McGarvran, Donald A. Contemporary *Theologie of Mission*. Grand Raids: Baker Book House, 1983.

Gilliland, Dean S. *Pauline Theology & Mission Practice*. Grand Rapids: Baker, 1993.

Grosheide, F. W. The First Epistle to the Corintians. *The New International Commentary of the New Testament*, Grand Rapids: Wm. B. Eerdmans Publishing Company, 1984.

Gudykunst, William B. & Toomey, Stella Ting. *Culture and Interpersonal Communication*. Califonia: Sage Publications, Inc., 1988.

Guthrie, Donald. *New Testament Theology*. Downers Grove, Illinois: Intervarsity Press, 1981.

Hayakawa, S. I. *Language in Thought and Action*. London: Geoge Allen & Unwin Ltd, 1964.

Hesselgrave, David J. *Communicating Christ Cross-Culturally* (Grand Rapids, Michigan: Zondervan Publishing House, 1991)

Hiebert, Paul G. *Anthropological Insights for Missionaries*. Grand Rapids: Baker Book House, 1985.

Hiebert, Paul G *Cultural Anthropology*. Grand Rapids: Baker Book House, 1983.

Hockendyk, J. C. The Church Inside Out. Philadelphia: The Westminster Press, 1966.

Hockendyk, J. C. *The Concilian Evangelical Debate: The Crucial Documents*. Donals McGavran, ed., pasadena: William Carey Library, 1977.

Jandt, F. E. *the Process of Interpersonal Communication*. San Francisco: Comm. Field Press, 1976.

Jeremias, Joachim. *The Parables of Jesus*. London: SCM Press, 1983.

Jeffers, James S. *the Greco-Roman World of the New Testament Era Exploring the Background of Early Christianity*. Illinois: IVP, 1999.

Kane, J. Herbert. *The Christian World Mission: Today and Tomorrow*. Grand Rapids: Baker Book House, 1981.

Keil, C. F. & Delitzsch, F. *Commentary on the Old Testament. vol. I*. Grand Rapids: Wm B. Publishing Company, 1983.

Keil, C. F. & Delitzsch, F. *Commentary on Old Testament. vol. II*. Grand Rapids: Wm B. Publishing Company, 1982.

Kraft, Charles H. *Christianity in Culture*. New York: Orbis Book, 1979.

Kraft, Charles H. *Communicating the Gospel in God's Way*. New York: Orbis Book, 1979.

LaSor William Sanford, *The Dead Sea Scrolls and the New Testament*, Grand Rapids, Michingan: Eerdmans Publishing Company, 1972.

Lusbetak, Louis. *The Church and Cultures: An Applied Anthropology for the Religious Worker*. Pasadena, CA.: William Carey Library, 1975.

Martens E. A. *God's Design*. Grand Rapids: Baker Book House, 1981.

McDavid, J. W. & Harari, H. *Psychology and Social Behavior*. New York: Harper& Row Press, 1974.

Murray, John. *The Epistle to the Romans: The International Commentary on The New Testament vol. I & II*. Grand Rapids: Wm. B. Eerdmans Publishing Co., 1984.

Nida, Eugene A. Customs and Cultures. Pasadena, CA.: William Carey Library, 1975.

Nida, Eugene A. *Meaning Across Cultures*. New York: Orbis Books, 1981.

Nida, Eugene A. *Message and Mission*. Pasadena, CA.: William Carey Library, 1979.

Ovid, *Metamorphorses*. New York: The Heritage Press, 1961,

Polhill John B. *Acts in The New American Commentary*. Nashville, Tennessee: Broadman, 2001.

Roger, E. M. & Shoemaker, F. F. *Communication of Innovations*. New York: Free Press, 1971.

Sailhamer, John H. *Biblical Archaeology*. Grand Rapids: Zondervan, 1989.

Schramm, W. "How Communication Works" *The Process and Effects of Mass Communication*. Urbana: University of Illinois Press, 1954.

Schweizer, Eduard. *"The Portrayal of the Life of Faith in the Gospel of Mark"* Mays, James Luther. ed., Interpreting the Gospels. Philadelphia: Fort Press, 1981

Smith, David. *the Life and Letters of St. Paul*. New York: George H. Doran Company, 1984.

Stott, John R. W. "The Biblical Basis of Evangelism" in *Let the Earth Hear His Vois*. Edited by J. D. Douglas. Minneapolis, Minnesota: World Wide Publications, 1975.

Thankard, Severin. *Communication Theories*. New York: Hastings House, 1979.

Tippett, Allan. *Verdict Theology in Mission Theory*. Pasadena, CA: William Carey Library, 1973.

W. C. C., *The Church for Others*. Geneva: W. C. C., 1968.

Wintle, Brian. "Doing Theology in Context: A Biblical Case Study" *Theological Issues series*, vol. 2. ed., Sunand Sumithra, India. Bangalore: Theological Book

Thrust, 1992.

Witherington, Ben Ⅲ, *The Acts of the Apostles in A Socio-Rhetorical Commentary*. Grand Rapids: Eerdmans, 1998.

〈Video 자료〉

New Tribes Mission, Korea "EE-TAOW"
- 파푸아뉴기니 모크족에게 일어난 성령의 역사.

선교·문화 커뮤니케이션
Mission·Culture Communication

2005년 9월 1일 초판 발행
2011년 8월 29일 개정증보판 발행

지은이 | 이 종 우

펴낸곳 | 사)기독교문서선교회
등록 | 제16-25호(1980. 1. 18)
주소 | 서울시 서초구 방배동 983-2
전화 | 02) 586-8761~3(본사) 031) 923-8762~3(영업부)
팩스 | 02) 523-0131(본사) 031) 923-8761(영업부)
홈페이지 | www.clcbook.com
이메일 | clckor@gmail.com
온라인 | 국민은행 043-01-0379-646, 기업은행 073-000308-04-020
　　　　　예금주: 사)기독교문서선교회

ISBN 978-89-341-1153-5 (93230)

* 낙장·파본은 교환해 드립니다.